教員
採用
試験

2025年度版

教職教養
らくらく マスター

実務教育出版

本書の特長と活用法

　本書は，教員採用試験の最近の過去問を分析し，教職教養試験によく出るところを選んでわかりやすく解説した要点チェック本であり，本書1冊で「教職教養」をひととおり学習することが可能である。

本書の活用法

1．頻出度

　各テーマ・項目の頻出度を，今後の出題可能性も加味してA～Cの3段階で示す。

　A：非常によく出題される　　　B：よく出題される

　C：出題頻度は高くないが出題される

　また，項目ごとの頻出度とともに，その項目の出題が目立っている自治体があれば，これを表示している。スペースの面から数に限りはあるが，各自治体の出題傾向研究の参考としてほしい。なお，数多くの自治体で特によく出題されている項目については，個別の自治体名ではなく，★超頻出★のアイコンを入れてある。

2．ここが出る！

　各テーマ内で，どのような内容や形式が出題されているかを具体的に示す。また，特に押さえておくべき事項などについても触れている。

3．重要語句

　最も重要な語句・覚えるべき事項は赤字になっている。付属の暗記用赤シートで赤字を隠すことにより，空欄補充問題を解いているような感覚で暗記することができる。また，次に重要な語句は黒の太字で示されているので，こちらもしっかり押さえよう。

4．ストップウォッチアイコンをスピード学習に役立てよう！

　重要度が高い項目には，🕑のアイコンを付けてある。🕑の付いた項目を覚えていけば，学習時間の大幅な短縮も夢ではないだろう。特に本番の試験まで時間がなくて「困った！」というような場合に活用しよう。

● 教育原理（基礎論）

教授・学習理論

頻出度 **A**

ここが出る！ ▶▶
・教授段階論は最頻出。ヘルバルトの4段階説，ツィラーとラインの5段階説をしっかり覚えよう。
・理論の名称と概要，ならびに提唱者の名前をセットで覚えよう。これらを結びつけさせる問題がよく出る。

B 1 教授理論 頻出 富山

近代教授学は，実物の観察や直観を通して知識が獲得されると考える。

● 実物教授と直観教授

□● 実物教授 】…実物を提示したり，それに触れさせたりして，対象に関する正確な認識を生徒に獲得させること。**コメニウス**が提唱。

□【 直観教授 】…感覚的直観を媒介にして，生徒に知識を伝達する過程。**ペスタロッチ**は，直観から認識へと至る筋道を明らかにした。

● 教授段階論

教授・学習の過程を，学習者の認識過程に依拠して区分けされる。

提唱者	学説	段階の区分
□ヘルバルト	4段階説	明瞭－連合－系統－方法
□ツィラー	5段階説	分析－総合－連合－系統－方法
□ライン	5段階説	予備－提示－比較－総括－応用

A 2 学習理論 頻出 栃木，東京，沖縄

● 海外の理論・実践

□【 プロジェクト・メソッド 】…**キルパトリック**が提唱した単元学習の方法。生徒による自発的な生活経験学習。目的立て，計画立て，実行，判断の4段階からなる。

□【 ドルトン・プラン 】…**パーカースト**が実践した自学自習法。学習は，生徒の自主的な仕事として行われる。遂行すべき学習の配当表（アサインメント）に依拠して，自分のペースで学習する。

□【 イエナ・プラン 】…従来の年齢別学年学級制を廃止し，集団活動を基軸とした基幹集団を形成。**ペーターゼン**が提唱。

□【 ウィネトカ・プラン 】…個別学習と集団活動を組み合わせたも

32

◇試験直前ファイナルチェックと実力確認問題で力を試そう！

「試験直前ファイナルチェック」として，各科目の終わりには，全問○×形式の問題を設けてある。本番の試験で合格するために必要な知識の理解度をもう一度確認しておこう。

「実力確認問題」は，教員採用試験の問題と同形式のオリジナル問題である。ひととおり暗記したら，自分の知識がどのくらい定着したかを確かめるためにトライしてみよう。解けない問題があれば，問題文の最後に参照テーマが書いてあるので，そこへ戻ってもう一度復習しよう。

出題傾向と対策

　教職教養は大きく，4つの領域に分かれる。教育原理，教育史，教育法規，そして教育心理である。どういう事項が出題されるかを，順に説明しよう。

【 教育原理 】

　教育の原理的な領域である。

ア）学習指導要領：教育課程の国家基準である。総則の空欄補充問題が試験によく出る。授業時数，卒業までに習得させる単位数などの数字も押さえること。特別の教科である道徳，総合的な学習の時間，特別活動の目標や内容の骨格も知っておこう。

イ）学習理論：歴史上の著名な教授・学習理論が頻出。コメニウスの実物教授，ヘルバルトの4段階教授法，パーカーストのドルトン・プラン，バズ学習などだ。教授法の名称と提唱者を結び付けさせる問題が多い。

ウ）生徒指導：文部科学省の『生徒指導提要』が頻出。生徒指導の意義について述べた文章が大変よく出題される。この資料で言われている，教育相談の技法もよく出る。問題行動については，いじめ防止対策推進法と不登校への対応の在り方を重点的に見ておこう。

エ）特別支援教育：障害のある子どもに対する教育である。それを担う特別支援学校の目的と，対象となる障害の種類・程度はどのようなものか。通常の学校で行われる特別支援教育の概要（特別支援学級，通級による指導）も押さえよう。通常学級に2〜3人の割合でいると言われる，発達障害児の理解を深めておくことも重要だ。

オ）人権教育：人権教育の指導方法を指南した，2008年の資料がよく出る。人権教育で育むべき3つの資質・能力を覚えよう。同和問題や人権教育に関わる制度や政策史も頻出。各自治体も，独自の条例等を定めている。受験する自治体のものは押さえておこう。

カ）教育時事：文科省の通知や中教審の答申等がよく出る。出題頻度が

高いのは，令和の学校教育の構想について述べた答申だ。個別最適な学びという概念をしっかり覚えよう。今年度から実施されている第4期教育振興基本計画，2021年に制定された「わいせつ教員対策法」も要注意。また教員の過重労働が問題になり，働き方改革が目指されている。そのアウトラインも押さえておきたい。

【 教育史 】

教育がたどってきた歴史であり，西洋と日本に分かれる。

ア）西洋教育史：著名な教育思想家について問われる。ルソー，ペスタロッチ，デューイ等，近代以降の人物の出題頻度が高い。ある人物の名前を提示されたら，即座に主著やキーワードが浮かぶようになるまで，赤シートのチェック学習を反復すること。ルソーなら主著は『エミール』，キーワードは「子どもの発見」「消極教育」といった具合だ。

イ）日本教育史：江戸期で私塾を作った人物や，明治期において教育の近代化に寄与した人物についてよく問われる。年表もよく出る。1872年の学制，1886年の諸学校令，1941年の国民学校令等，重要な政策は知っておきたい。時代順に並べ替えさせる問題も散見される。

【 教育法規 】

学校に行かせてもらえない子ども，虐待を受ける子ども…。こういう問題を念頭に置きながら，法規の条文を音読しよう。

ア）基本法規：日本国憲法と教育基本法である。憲法26条，教基法第1条，第4条，第5条，第9条あたりの出題頻度が高い。教基法第4条では教育の機会均等，第5条では義務教育について規定されている。

イ）学校の法規：学校教育法で定められている学校の定義，各学校の目的・目標の空欄補充問題が頻出。学校の休業日，臨時休業，1学級の標準人数，教科書の採択権者といった細かい事項が出題されることもある。最近では，住民が学校運営に参画する制度も実施されている。

ウ）児童・生徒の法規：児童・生徒に対する懲戒と体罰禁止について定めた，学校教育法第11条はしっかり覚えよう。児童虐待防止法も出題頻度が増している。児童虐待の種類，虐待防止の上で教職員に課され

ている義務について知っておきたい。

エ）教職員の法規：教育公務員特例法が定める教員研修と，地方公務員法が定める教員の服務について問われる。教員の不祥事が続発していることもあり，後者の出題頻度は高い。職務上の 3 つの義務，身分上の 5 つの義務をしっかり頭に入れよう。

【 教育心理 】

教師たる者，子どもの発達や学習の仕組みを知っておくのは不可欠だ。

ア）発達：ピアジェの認知の発達段階説，エリクソンの発達課題説，ヴィゴツキーの発達の最近接領域説等がよく出る。各段階の説明文を選ばせたり，順番に配列させたりする問題が多い。

イ）学習：出題頻度が高いのは，条件づけの理論である。古典的条件づけと道具的条件づけの区別をつけること。学習の源泉は欲求であるが，マズローの欲求階層説もよく出る。

ウ）人格：著名な人格テスト，カウンセリングの基本的な技法等について問われる。教師も教育相談の一翼を担うので，代表的なものは知っておきたい。欲求不満に対処する防衛機制の出題頻度も高い。

エ）評価・知能：ブルームの教育評価の類型論が頻出。学習の途中で実施する評価を形成的評価という。ピグマリオン効果，ハロー効果，中心化傾向といった，評価を歪める心理効果も頭に入れておきたい。

【 過去 5 年間の自治体別頻出テーマ早わかり表 】

教職教養の内容と頻出事項は以上であるが，どの部分がよく出題されるかは自治体によって異なる。4 領域からまんべんなく出題する自治体もあれば，心理などは度外視で，お堅い法規にウエイトを置いている自治体もある。また，特定の事項を毎年欠かさず出題する「こだわり」を持っている自治体も見受けられる。

効率のよい学習のためには，各自治体の過去問を分析し，こうした「クセ」を見抜くことも必要になる。本書は103のテーマからなるが，それぞれの内容が過去 5 年間で何回出題されているかを，自治体別にまとめてみた。8 ～ 23ページの表である。

「5」は毎年欠かさず出題されている必出，「4」は5年間で4回出題されている頻出のテーマだ（丸数字は2023年度試験での出題テーマ）。表を全体的に見て「5」や「4」の数字が結構あることに気づく。受験者が最も多い東京都をみると，教授・学習理論，高等学校の教育課程の編成，特別活動，教育相談，教員の服務①・②，心理学の重要人物が**必ず出題されている**。東京都の受験者は，まずもってこれらのテーマを押さえるべきである。

　福島県，茨城県，長野県，名古屋市，鳥取県，岡山市，広島県では，過去5年間で教育史と教育心理は全く出ていない。これらの自治体の受験者は，この2つは思い切って捨てる，という戦法も考えられる。教育原理と教育法規に絞った深い学習もいいだろう。福岡県と宮崎県では，毎年欠かさず出題されているテーマ（「5」）が多く，傾向がはっきりしている。

　次に角度を変えて，表をヨコに見てみよう。20～23ページの頻出度欄には，5年間で2回以上出題の自治体の数を掲げている。この数は，全自治体でみた場合の出題頻度（重要度）を測る指標になる。これが30以上のテーマを拾うと，小・中学校の教育課程の編成，いじめの防止，日本国憲法，児童・生徒の保護，教員研修①，教員の服務①・②，心理学の重要人物，となっている。教職教養の中でも重要なテーマばかりだ。これらについては，受験する自治体を問わず押さえておくべきであろう。教員の不祥事が続発しているが，服務規程はしっかり押さえておきたい。

　教職教養の内容は広範であるが，**ド真面目に全部をくまなく学習する必要はない**。受験する自治体のデータを見て，過去5年間で全く出題されていないテーマ（「0」）は，思い切って捨てるのもアリかもしれない。その代わり，「5」ないしは「4」のテーマは必ず押さえておくべきだ。まずはこれらの「必出」「頻出」のテーマをつぶし，徐々に学習の射程を広げていくやり方がよい。

　さあ，学習を始めよう。まず客観的なデータをもとに，あなた自身の合理的な学習プラン（戦略）を立ててみよう。

		北海道	青森	岩手	宮城	秋田	山形	福島	茨城	栃木	群馬	埼玉	千葉	東京	神奈川
教育原理	1　教育の基本概念	0	0	0	0	0	0	0	0	0	0	0	0	0	0
	2　教授・学習理論	2	③	2	1	③	2	0	0	④	0	1	0	⑤	2
	3　教育課程の概念	0	1	0	0	0	0	0	0	1	0	0	0	0	0
	4　小・中学校の教育課程の編成	⑤	④	1	1	③	②	⑤	0	2	4	①	⑤	2	⑤
	5　高等学校の教育課程の編成	0	0	0	0	1	0	⑤	⑤	0	0	0	④	⑤	③
	6　道徳教育	1	0	0	0	1	①	1	0	0	3	0	0	0	②
	7　特別の教科・道徳	2	0	0	0	0	0	④	0	0	1	0	1	②	1
	8　外国語科，外国語活動	1	0	0	0	0	0	0	0	0	0	0	0	0	2
	9　総合的な学習の時間	0	0	0	0	①	0	0	0	1	0	0	0	④	1
	10　特別活動	①	1	0	1	2	0	④	0	0	0	0	1	⑤	1
	11　学習指導要領の変遷	2	0	0	0	0	0	0	0	0	0	0	0	②	0
	12　新学習指導要領のポイント	1	1	1	0	2	1	1	0	①	0	4	2	②	0
	13　学習指導	0	0	1	0	0	0	0	0	1	0	0	0	②	0
	14　学力調査	0	0	0	1	0	0	0	0	0	①	0	2	3	0
	15　学習評価	1	0	0	0	1	1	0	0	①	①	1	1	0	2
	16　生徒指導提要	④	2	2	0	⑤	2	1	0	0	1	②	1	②	1
	17　教育相談	②	0	2	2	2	0	0	0	1	⑤	3	②	⑤	4
	18　いじめの防止	1	⑤	④	3	⑤	③	⑤	3	②	1	⑤	⑤	④	③
	19　不登校	①	0	1	②	③	0	0	1	0	1	②	2	2	②
	20　自殺の予防	1	0	0	0	0	0	0	0	0	0	0	0	1	0
	21　体罰の禁止	1	0	①	0	0	0	0	0	0	0	①	0	1	0
	22　特別支援学校の目的・対象と運営	0	0	1	①	2	1	④	0	0	1	②	0	③	1
	23　特別支援学校の教育課程	1	0	1	2	1	0	⑤	0	1	2	1	③	1	②
	24　通常の学校における特別支援教育	2	0	2	④	③	2	0	②	0	2	④	1	④	①
	25　発達障害	0	1	3	2	0	1	0	①	2	1	1	0	2	2
	26　特別支援教育の推進について（通知）	1	0	2	2	1	0	0	0	2	1	2	0	0	1
	27　インクルーシブ教育システム	0	1	1	2	1	0	1	0	1	0	2	0	1	1
	28　障害者の権利に関する条約・障害者基本法	0	0	2	0	0	0	0	1	1	0	①	0	1	0
	29　障害を理由とする差別の解消の推進	①	0	0	2	1	0	0	1	2	0	0	0	0	①
	30　医療的ケア児の支援	0	0	0	0	0	0	①	0	①	0	1	0	0	0
	31　障害のある子供の教育支援の手引	①	0	0	0	①	0	①	0	①	0	0	0	0	0

※丸数字は2023年度試験での出題テーマ（以下，同じ）

		北海道	青森	岩手	宮城	秋田	山形	福島	茨城	栃木	群馬	埼玉	千葉	東京	神奈川
教育原理	32 同和問題と人権教育	1	0	1	1	0	0	1	0	0	1	0	1	③	0
	33 人権教育の推進	1	0	0	0	0	0	0	0	0	1	0	0	2	0
	34 社会教育・生涯学習	0	0	0	0	2	2	0	0	0	0	0	0	0	0
	35 学校経営・学級経営	0	0	1	0	1	0	0	1	2	0	0	1	1	1
	36 学校評価	0	0	2	0	0	0	0	0	0	0	②	0	1	0
	37 キャリア教育	0	0	0	0	1	0	0	0	0	3	0	2	2	0
	38 学校安全	②	0	1	0	0	0	0	0	2	④	0	0	0	0
	39 学校防災	0	1	0	④	0	0	①	0	0	3	0	1	0	0
	40 食育	0	0	0	0	0	1	②	1	0	2	0	3	1	1
	41 情報教育	1	①	1	③	1	0	0	②	1	③	①	3	④	0
	42 性同一性障害の児童生徒への対応	1	0	0	①	0	0	0	0	0	0	0	②	0	1
	43 教育振興基本計画	1	0	1	0	2	0	0	1	0	①	④	①	1	0
	44 教員の資質能力の向上	1	0	①	0	1	②	0	1	0	0	1	⑤	③	0
	45 学校における働き方改革	0	0	1	1	0	1	0	3	0	0	0	3	1	0
	46 部活動改革	0	0	0	②	0	0	0	0	0	0	0	0	①	0
	47 教育機会確保法	0	0	0	0	0	0	0	0	0	0	0	1	0	1
	48 子どもの貧困	0	0	0	①	0	1	0	2	0	1	0	②	0	0
	49 令和の日本型学校教育	②	0	②	0	②	1	1	②	0	①	0	①	①	0
	50 わいせつ教員対策法	0	0	①	①	0	0	①	①	0	①	0	0	0	0
教育史	1 西洋教育史の人物と業績①（古代～中世）	0	2	1	0	0	1	0	0	①	0	1	0	0	1
	2 西洋教育史の人物と業績②（近代）	0	2	2	1	③	2	0	0	1	0	1	0	2	2
	3 西洋教育史の人物と業績③（現代）	2	④	4	1	④	2	0	0	2	0	③	0	4	4
	4 日本教育史年表	2	1	1	①	④	0	0	0	0	0	0	0	③	0
	5 日本教育史の人物と業績①（中世～近世）	0	0	1	0	2	2	0	0	②	0	2	0	1	0
	6 日本教育史の人物と業績②（近代以降）	0	③	③	0	1	2	0	0	1	0	0	0	0	0
教育法規	1 日本国憲法	0	2	2	0	0	③	3	②	1	2	0	0	④	④
	2 教育基本法①－前文，第1条，第2条－	0	③	③	2	2	②	⑤	0	1	2	2	1	0	3
	3 教育基本法②－第3条～第6条－	1	2	②	0	③	1	⑤	③	②	②	①	①	②	③
	4 教育基本法③－第7条～第13条－	0	1	2	0	2	0	2	2	2	1	2	1	1	1
	5 教育基本法④－第14条～第17条－	0	0	1	0	0	0	1	0	0	0	0	0	1	2
	6 教育を受ける権利	0	2	③	0	①	0	3	2	1	3	①	0	①	2

自治体別頻出テーマ早わかり表② (2019〜2023年度の出題回数)

		北海道	青森	岩手	宮城	秋田	山形	福島	茨城	栃木	群馬	埼玉	千葉	東京	神奈川
教育法規	7 義務教育	1	0	1	0	0	1	③	0	0	1	0	①	①	③
	8 教育の中立性	0	0	0	0	0	0	0	0	0	0	0	0	1	0
	9 学校とは	0	0	0	0	0	0	②	0	0	0	0	0	③	1
	10 各学校の目的・目標①	1	0	0	0	0	1	1	0	0	0	②	1	①	0
	11 各学校の目的・目標②	0	0	0	0	0	0	④	1	0	0	0	0	0	0
	12 学校図書館・読書活動	0	0	1	0	0	①	0	1	0	1	0	2	1	0
	13 学級の編制	0	0	0	0	0	0	0	0	0	0	0	0	①	0
	14 教育活動の日程	①	0	3	1	2	0	0	1	1	0	①	1	2	2
	15 学校保健	①	③	3	1	1	②	④	1	0	④	2	0	①	2
	16 教科書・著作権	0	0	1	②	0	0	1	②	0	0	1	0	2	0
	17 開かれた学校運営	0	1	1	①	0	1	0	0	0	①	2	1	2	0
	18 子どもの就学	0	0	1	0	0	1	①	0	0	1	0	1	3	1
	19 就学に関する諸業務	0	0	0	0	0	0	0	0	0	0	0	0	1	0
	20 懲戒	1	1	3	3	2	0	②	③	1	1	②	④	2	2
	21 健康診断と感染症予防	①	0	2	2	2	1	4	③	3	1	①	2	②	3
	22 指導要録と出席管理	0	0	2	①	2	0	0	0	0	0	1	1	③	1
	23 児童・生徒の保護	②	0	①	3	0	0	3	3	1	1	2	1	④	2
	24 教職員の配置	0	0	0	0	0	0	②	0	0	0	0	0	2	2
	25 教職員の職務	0	0	0	0	0	0	1	0	0	0	0	0	2	1
	26 教職員の任用	0	0	0	0	0	0	0	0	0	0	0	0	2	0
	27 教員免許状	0	0	1	2	1	1	1	1	0	0	0	0	1	1
	28 教員研修①	1	②	3	2	1	2	④	③	②	2	1	0	③	1
	29 教員研修②	1	0	2	①	0	1	1	1	1	0	0	0	③	0
	30 教員の服務①	0	②	⑤	2	④	③	⑤	③	③	2	④	2	⑤	1
	31 教員の服務②	0	2	③	2	③	1	4	2	1	2	2	1	⑤	2
	32 教員の処分	0	①	2	0	1	0	0	0	0	2	1	0	0	1
	33 教員の勤務規則	0	0	1	0	0	0	0	0	0	0	0	0	1	0
	34 教育委員会	0	0	0	0	0	0	1	2	0	0	2	0	④	0
教育心理	1 人間の発達	2	1	0	0	②	0	0	0	②	1	1	0	1	0
	2 発達の理論①	1	2	2	1	④	0	0	0	1	②	1	0	③	④
	3 発達の理論②	②	1	1	0	②	0	0	0	2	1	0	0	②	④

		北海道	青森	岩手	宮城	秋田	山形	福島	茨城	栃木	群馬	埼玉	千葉	東京	神奈川
教育心理	4	発達の理論③	0	0	0	0	②	0	0	0	2	0	0	0	②	②
	5	動機と欲求	2	①	1	0	1	0	0	0	0	2	1	0	①	②
	6	学習の理論	0	1	④	0	2	1	0	0	②	1	1	2	④	3
	7	人格の理論	0	2	2	1	1	0	0	0	1	0	1	0	1	0
	8	防衛機制	1	0	0	0	0	①	0	0	2	1	0	0	1	1
	9	カウンセリング・心理療法	0	①	1	①	0	0	0	0	②	②	0	0	1	②
	10	集団の性質と指導	0	①	0	0	1	0	0	0	0	0	0	0	2	1
	11	教育評価	1	1	②	0	③	0	0	0	3	1	③	①	2	③
	12	知能	0	0	1	0	0	0	0	0	0	①	0	0	1	1
	13	心理学の重要人物	⑤	⑤	⑤	2	④	1	0	0	③	④	3	0	⑤	⑤

自治体別頻出テーマ早わかり表③（2019〜2023年度の出題回数）

		新潟	新潟市	富山	石川	福井	山梨	長野	岐阜	静岡	愛知	名古屋市	三重	滋賀	京都
教育原理	1 教育の基本概念	0	0	0	0	0	0	0	0	0	0	0	0	0	0
	2 教授・学習理論	3	1	④	②	2	③	0	0	2	1	0	1	③	0
	3 教育課程の概念	0	0	②	1	1	0	1	0	0	0	1	0	0	0
	4 小・中学校の教育課程の編成	0	0	0	1	2	⑤	3	0	④	⑤	0	①	③	0
	5 高等学校の教育課程の編成	0	0	0	0	③	0	3	0	0	⑤	0	0	0	0
	6 道徳教育	0	0	0	0	③	2	1	0	1	0	0	1	0	②
	7 特別の教科・道徳	0	0	1	0	4	0	2	0	0	1	0	0	0	1
	8 外国語科，外国語活動	0	0	0	0	0	1	0	0	0	1	0	0	0	0
	9 総合的な学習の時間	0	0	0	0	③	0	1	0	0	1	0	0	0	0
	10 特別活動	1	0	0	0	②	③	⑤	0	0	①	0	0	0	0
	11 学習指導要領の変遷	0	0	0	0	1	0	0	0	0	0	1	1	1	0
	12 新学習指導要領のポイント	0	0	0	1	3	4	1	1	0	0	1	4	1	⑤
	13 学習指導	1	0	0	1	0	0	0	0	0	1	0	0	1	0
	14 学力調査	0	0	2	0	0	0	1	0	0	0	0	1	0	2
	15 学習評価	1	1	0	0	②	0	0	1	0	0	0	③	1	0
	16 生徒指導提要	1	0	0	0	3	⑤	2	2	0	0	0	3	0	1
	17 教育相談	②	0	2	1	④	1	0	0	1	0	0	0	1	2
	18 いじめの防止	④	2	②	3	3	④	④	③	2	1	③	⑤	④	④
	19 不登校	1	1	0	0	③	0	1	②	1	0	0	1	2	2
	20 自殺の予防	1	0	0	0	0	0	0	0	①	0	0	0	0	①
	21 体罰の禁止	0	0	0	0	0	0	0	0	0	0	1	0	1	①
	22 特別支援学校の目的・対象と運営	1	1	0	0	②	0	0	0	0	1	1	1	1	2
	23 特別支援学校の教育課程	1	1	1	0	1	0	1	0	0	④	1	0	0	2
	24 通常の学校における特別支援教育	1	1	①	0	0	0	1	0	3	0	2	1	②	2
	25 発達障害	1	1	1	2	2	0	②	1	1	④	1	1	1	1
	26 特別支援教育の推進について（通知）	0	0	0	0	1	0	1	0	0	0	0	0	0	1
	27 インクルーシブ教育システム	1	1	0	1	1	0	0	0	1	0	0	1	1	①
	28 障害者の権利に関する条約・障害者基本法	①	①	0	1	0	0	0	1	0	0	0	0	0	0
	29 障害を理由とする差別の解消の推進	2	1	0	0	①	0	①	0	①	1	③	1	1	0
	30 医療的ケア児の支援	0	0	0	0	0	0	0	0	0	0	1	0	0	0
	31 障害のある子供の教育支援の手引	0	0	0	0	0	0	0	0	0	0	0	①	0	0

		新潟	新潟市	富山	石川	福井	山梨	長野	岐阜	静岡	愛知	名古屋市	三重	滋賀	京都
教育原理	32 同和問題と人権教育	③	0	0	0	1	0	0	2	②	③	⑤	⑤	1	②
	33 人権教育の推進	0	0	0	0	①	0	0	②	①	1	④	0	1	0
	34 社会教育・生涯学習	②	①	②	0	1	2	0	0	0	0	0	0	0	0
	35 学校経営・学級経営	0	0	0	0	1	2	0	0	0	0	0	0	0	0
	36 学校評価	0	0	1	1	0	②	2	0	0	0	0	0	0	0
	37 キャリア教育	①	①	0	1	1	1	0	0	1	①	0	0	0	②
	38 学校安全	0	0	0	0	0	0	0	0	②	0	0	0	0	0
	39 学校防災	1	1	0	0	0	0	1	0	3	1	0	①	0	0
	40 食育	0	0	②	0	1	1	0	0	0	0	0	0	1	0
	41 情報教育	②	1	0	0	④	①	②	②	①	⑤	0	1	4	②
	42 性同一性障害の児童生徒への対応	1	0	0	0	0	0	0	0	0	1	1	2	0	1
	43 教育振興基本計画	1	0	①	0	1	1	0	0	0	0	0	1	0	②
	44 教員の資質能力の向上	0	0	0	1	3	1	1	0	1	2	0	3	2	0
	45 学校における働き方改革	0	0	1	0	3	2	0	0	0	0	0	③	2	0
	46 部活動改革	0	0	0	0	0	0	0	0	0	0	0	1	0	0
	47 教育機会確保法	0	0	0	0	0	0	0	0	0	0	0	1	1	0
	48 子どもの貧困	0	0	0	0	0	0	0	0	0	0	0	1	1	2
	49 令和の日本型学校教育	0	0	1	0	1	②	1	①	②	0	①	②	②	②
	50 わいせつ教員対策法	0	0	0	①	0	0	①	0	0	0	0	0	①	0
教育史	1 西洋教育史の人物と業績①（古代～中世）	1	1	1	0	1	③	0	0	①	⑤	0	1	1	①
	2 西洋教育史の人物と業績②（近代）	2	2	②	2	2	1	0	0	1	⑤	0	2	2	①
	3 西洋教育史の人物と業績③（現代）	3	1	2	①	1	④	0	0	③	⑤	0	1	④	①
	4 日本教育史年表	0	0	0	0	0	1	0	0	1	0	0	②	0	0
	5 日本教育史の人物と業績①（中世～近世）	0	0	0	0	2	1	0	0	0	④	0	0	0	0
	6 日本教育史の人物と業績②（近代以降）	0	0	2	0	2	④	0	0	0	2	0	0	0	0
教育法規	1 日本国憲法	③	②	1	3	2	1	⑤	2	①	⑤	0	0	2	0
	2 教育基本法①－前文，第1条，第2条－	②	②	0	1	3	①	④	②	1	4	0	1	④	0
	3 教育基本法②－第3条～第6条－	1	1	②	0	0	3	3	0	①	②	0	②	⑤	0
	4 教育基本法③－第7条～第13条－	0	0	2	1	0	3	③	1	1	②	1	0	④	①
	5 教育基本法④－第14条～第17条－	0	0	0	②	0	0	1	1	0	1	0	0	0	0
	6 教育を受ける権利	②	②	②	1	2	2	2	0	0	1	0	①	④	0

		新潟	新潟市	富山	石川	福井	山梨	長野	岐阜	静岡	愛知	名古屋市	三重	滋賀	京都
教育法規	7 義務教育	1	0	0	1	1	0	2	1	0	1	0	1	④	0
	8 教育の中立性	0	0	0	0	0	0	0	1	0	0	0	0	0	0
	9 学校とは	0	0	1	0	0	0	②	0	0	0	0	0	1	0
	10 各学校の目的・目標①	1	0	0	0	①	0	③	1	0	0	0	1	0	0
	11 各学校の目的・目標②	1	0	1	0	①	0	0	0	0	0	0	0	0	0
	12 学校図書館・読書活動	1	0	0	0	0	1	0	1	0	0	0	1	②	0
	13 学級の編制	0	0	0	1	1	0	0	0	0	0	0	0	0	0
	14 教育活動の日程	1	1	1	0	0	0	1	①	0	0	0	①	0	0
	15 学校保健	3	1	1	2	0	③	①	2	0	1	1	0	2	0
	16 教科書・著作権	0	0	0	1	0	1	0	0	0	0	0	1	0	1
	17 開かれた学校運営	②	1	1	0	0	2	1	1	1	0	0	0	1	①
	18 子どもの就学	0	0	0	①	1	1	①	0	0	0	0	0	0	0
	19 就学に関する諸業務	0	0	0	0	0	0	1	0	0	0	0	0	0	0
	20 懲戒	①	①	①	2	1	②	0	②	0	①	0	0	2	①
	21 健康診断と感染症予防	1	1	2	0	0	②	③	③	1	②	1	①	③	0
	22 指導要録と出席管理	0	0	0	0	0	②	2	①	0	0	0	0	1	0
	23 児童・生徒の保護	0	0	2	②	3	0	1	2	2	0	3	②	1	④
	24 教職員の配置	0	0	0	0	0	0	0	2	0	0	0	0	0	0
	25 教職員の職務	0	0	0	0	0	0	2	1	0	0	0	1	0	
	26 教職員の任用	0	0	0	0	0	0	0	0	0	①	0	0	0	0
	27 教員免許状	1	0	1	0	0	0	0	0	0	0	0	0	0	0
	28 教員研修①	1	1	②	②	1	1	②	1	1	1	1	0	1	2
	29 教員研修②	0	0	0	0	0	1	0	0	0	1	0	1	0	1
	30 教員の服務①	2	1	②	②	1	②	④	2	①	0	0	1	⑤	1
	31 教員の服務②	2	1	2	0	1	2	3	1	1	0	0	0	4	①
	32 教員の処分	0	0	0	0	1	0	0	0	0	0	0	0	1	0
	33 教員の勤務規則	0	0	1	0	0	0	0	0	0	0	0	0	0	0
	34 教育委員会	0	0	0	0	0	0	0	0	0	0	0	0	0	0
教育心理	1 人間の発達	1	0	0	0	2	②	0	0	0	0	0	2	0	1
	2 発達の理論①	0	0	0	0	②	①	0	1	0	1	0	1	0	0
	3 発達の理論②	0	0	0	0	2	②	0	1	①	2	0	1	1	1

		新潟	新潟市	富山	石川	福井	山梨	長野	岐阜	静岡	愛知	名古屋市	三重	滋賀	京都
教育心理	4	発達の理論③	0	0	0	0	1	0	0	1	0	0	0	0	1	①
	5	動機と欲求	0	0	0	0	2	1	0	③	0	0	0	1	②	1
	6	学習の理論	0	0	2	②	2	2	0	②	1	①	0	1	③	1
	7	人格の理論	0	0	1	0	0	1	0	2	0	2	0	②	2	1
	8	防衛機制	0	0	1	0	1	0	0	②	0	1	0	1	②	①
	9	カウンセリング・心理療法	0	0	1	0	③	0	0	0	①	1	0	①	1	0
	10	集団の性質と指導	0	0	①	1	1	0	0	0	0	1	0	0	0	0
	11	教育評価	1	0	②	1	②	0	0	0	1	1	0	0	2	①
	12	知能	0	0	1	0	1	0	0	0	0	0	0	0	②	0
	13	心理学の重要人物	0	0	2	③	⑤	⑤	0	④	①	④	0	③	④	1

自治体別頻出テーマ早わかり表⑤（2019〜2023年度の出題回数）

		京都市	大阪	兵庫	神戸市	奈良	和歌山	鳥取	島根	岡山市	岡山	広島	山口	徳島	香川
教育原理	1 教育の基本概念	0	0	0	1	0	1	0	0	0	0	0	0	0	0
	2 教授・学習理論	0	1	0	②	②	2	0	0	2	0	0	2	3	2
	3 教育課程の概念	0	0	1	1	1	1	2	0	1	0	0	1	0	0
	4 小・中学校の教育課程の編成	②	⑤	1	2	③	⑤	④	3	④	④	③	2	③	⑤
	5 高等学校の教育課程の編成	0	0	0	0	0	0	0	①	0	0	0	0	0	⑤
	6 道徳教育	0	1	0	0	⑤	1	②	2	②	0	2	0	0	0
	7 特別の教科・道徳	0	0	0	0	0	2	1	②	0	0	1	0	0	0
	8 外国語科，外国語活動	0	0	0	0	0	0	0	1	0	0	1	0	0	0
	9 総合的な学習の時間	0	0	0	0	0	0	0	1	0	0	1	0	0	3
	10 特別活動	0	2	0	0	0	0	0	1	0	1	2	0	1	②
	11 学習指導要領の変遷	0	0	1	0	0	2	0	0	0	0	0	0	1	0
	12 新学習指導要領のポイント	0	2	2	1	④	0	0	2	2	0	2	1	3	0
	13 学習指導	0	0	1	0	②	1	0	1	1	0	0	2	①	0
	14 学力調査	0	0	0	2	1	0	0	0	0	0	0	0	0	0
	15 学習評価	0	1	①	2	3	1	0	1	1	1	1	0	0	0
	16 生徒指導提要	1	2	0	0	④	2	0	0	③	1	②	④	3	0
	17 教育相談	①	0	1	③	1	2	1	3	2	0	0	②	1	0
	18 いじめの防止	1	④	1	③	④	④	1	2	④	②	④	④	2	1
	19 不登校	0	2	1	②	①	3	①	①	1	1	0	0	1	0
	20 自殺の予防	0	①	0	0	0	1	0	0	1	0	0	0	0	0
	21 体罰の禁止	0	0	1	1	0	1	②	0	0	0	0	0	①	0
	22 特別支援学校の目的・対象と運営	0	2	0	1	1	2	0	1	0	0	0	0	2	1
	23 特別支援学校の教育課程	1	0	1	1	1	2	③	0	0	1	3	0	1	0
	24 通常の学校における特別支援教育	2	4	②	②	1	2	1	2	②	1	1	2	2	0
	25 発達障害	0	1	0	1	0	0	0	①	0	0	0	2	2	①
	26 特別支援教育の推進について（通知）	1	0	0	①	0	2	0	0	1	0	0	0	1	1
	27 インクルーシブ教育システム	①	3	2	0	③	0	0	0	0	1	0	1	0	0
	28 障害者の権利に関する条約・障害者基本法	0	③	0	0	1	1	0	0	0	0	1	1	1	1
	29 障害を理由とする差別の解消の推進	①	②	0	③	1	0	0	1	1	2	1	1	1	1
	30 医療的ケア児の支援	0	0	0	0	0	0	0	1	0	0	0	0	0	0
	31 障害のある子供の教育支援の手引	0	①	0	0	0	1	①	0	0	0	①	①	①	0

		京都市	大阪	兵庫	神戸市	奈良	和歌山	鳥取	島根	岡山	岡山市	広島	山口	徳島	香川
教育原理	32 同和問題と人権教育	③	⑤	2	3	③	1	0	3	③	3	0	⑤	1	2
	33 人権教育の推進	①	①	1	②	③	②	0	1	②	③	0	0	1	0
	34 社会教育・生涯学習	0	0	0	0	0	0	0	0	1	0	0	1	0	0
	35 学校経営・学級経営	0	0	0	0	①	0	0	0	0	0	0	0	1	0
	36 学校評価	0	0	0	0	0	0	1	0	1	0	0	1	1	②
	37 キャリア教育	1	1	1	0	1	0	1	2	③	0	0	1	③	0
	38 学校安全	1	②	①	0	④	0	2	1	0	0	1	③	1	0
	39 学校防災	1	1	0	0	0	0	0	①	0	1	0	0	1	0
	40 食育	③	1	0	1	①	0	①	0	1	①	0	0	1	1
	41 情報教育	0	①	②	1	4	2	0	②	④	④	1	③	2	1
	42 性同一性障害の児童生徒への対応	0	1	①	2	0	0	0	0	1	0	1	0	0	0
	43 教育振興基本計画	0	1	0	①	2	0	0	0	1	1	0	①	0	0
	44 教員の資質能力の向上	0	0	0	0	②	0	0	2	0	0	0	1	2	0
	45 学校における働き方改革	0	0	0	1	3	2	2	①	1	0	0	2	①	0
	46 部活動改革	0	0	0	0	0	0	0	0	0	0	0	0	①	0
	47 教育機会確保法	①	1	0	0	1	0	1	0	0	0	②	0	0	0
	48 子どもの貧困	①	1	0	0	②	0	0	0	0	0	1	1	②	0
	49 令和の日本型学校教育	0	①	0	0	②	①	0	①	①	0	①	①	①	0
	50 わいせつ教員対策法	0	0	0	0	①	0	0	0	0	0	0	0	0	0
教育史	1 西洋教育史の人物と業績①（古代〜中世）	0	2	1	0	1	②	0	0	1	0	0	1	0	0
	2 西洋教育史の人物と業績②（近代）	0	2	0	1	1	③	0	0	2	0	0	3	2	2
	3 西洋教育史の人物と業績③（現代）	②	3	0	②	③	④	0	0	③	0	0	1	3	1
	4 日本教育史年表	0	0	0	2	2	3	0	0	1	0	0	0	1	0
	5 日本教育史の人物と業績①（中世〜近世）	0	1	0	0	②	2	0	0	①	0	0	1	0	0
	6 日本教育史の人物と業績②（近代以降）	0	①	0	0	0	0	②	0	0	①	0	0	1	0
教育法規	1 日本国憲法	0	2	1	0	③	1	2	0	0	1	④	④	2	③
	2 教育基本法①－前文，第1条，第2条－	0	1	1	1	②	2	②	1	③	0	④	②	②	①
	3 教育基本法②－第3条〜第6条－	1	2	1	2	1	②	3	0	②	0	1	3	1	2
	4 教育基本法③－第7条〜第13条－	1	3	0	1	1	2	③	0	0	0	③	1	①	2
	5 教育基本法④－第14条〜第17条－	0	①	0	②	0	1	0	0	3	0	1	0	0	0
	6 教育を受ける権利	0	0	1	1	①	②	2	0	②	0	2	②	2	2

自治体別頻出テーマ早わかり表⑥（2019〜2023年度の出題回数）

		京都市	大阪	兵庫	神戸市	奈良	和歌山	鳥取	島根	岡山	岡山市	広島	山口	徳島	香川
教育法規	7　義務教育	0	②	1	0	2	2	0	0	0	0	③	2	0	1
	8　教育の中立性	0	0	0	②	0	0	0	0	0	0	0	0	0	0
	9　学校とは	0	1	0	1	2	1	0	0	0	0	0	①	①	0
	10　各学校の目的・目標①	0	0	0	0	②	0	0	0	1	0	0	0	1	0
	11　各学校の目的・目標②	0	0	1	0	0	0	①	0	1	0	0	0	0	1
	12　学校図書館・読書活動	1	0	0	0	0	1	0	1	0	0	0	0	1	0
	13　学級の編制	0	0	0	0	0	0	0	0	0	0	0	0	0	0
	14　教育活動の日程	0	1	1	0	1	0	0	0	2	0	0	1	1	1
	15　学校保健	①	②	0	1	3	2	1	0	③	2	②	1	0	1
	16　教科書・著作権	0	0	0	1	2	1	1	1	0	0	0	2	0	1
	17　開かれた学校運営	0	0	0	0	1	0	2	0	1	0	1	0	1	①
	18　子どもの就学	0	1	0	0	0	1	2	0	0	0	0	1	0	0
	19　就学に関する諸業務	0	0	0	0	0	0	1	0	0	0	0	0	0	0
	20　懲戒	0	1	1	③	2	1	1	1	0	1	1	1	①	1
	21　健康診断と感染症予防	①	2	1	①	1	1	0	0	2	1	①	2	②	1
	22　指導要録と出席管理	0	0	0	②	2	0	1	0	1	1	0	0	0	①
	23　児童・生徒の保護	②	⑤	1	③	②	②	0	1	2	②	②	2	1	1
	24　教職員の配置	0	0	0	0	0	0	2	1	0	1	0	0	①	0
	25　教職員の職務	0	0	0	0	0	0	0	0	0	0	0	0	①	0
	26　教職員の任用	0	0	0	0	0	0	0	0	①	0	0	0	0	②
	27　教員免許状	1	0	1	0	1	0	0	0	0	0	0	②	0	1
	28　教員研修①	0	0	3	2	⑤	④	③	①	1	1	③	②	③	1
	29　教員研修②	0	0	1	1	1	2	1	0	1	0	①	1	0	0
	30　教員の服務①	0	2	1	④	④	1	1	①	2	1	②	③	③	2
	31　教員の服務②	0	⑤	2	①	3	②	1	①	2	1	0	3	③	2
	32　教員の処分	0	0	0	1	0	0	0	0	②	0	0	0	1	1
	33　教員の勤務規則	0	0	0	0	0	0	0	0	①	0	0	0	0	0
	34　教育委員会	0	0	0	0	②	1	1	0	0	0	②	0	0	0
教育心理	1　人間の発達	1	0	0	0	0	①	0	0	0	0	0	①	1	0
	2　発達の理論①	0	0	0	1	②	2	0	1	①	0	0	0	2	1
	3　発達の理論②	0	0	0	1	1	1	1	0	0	0	0	1	1	0

			京都市	大阪	兵庫	神戸市	奈良	和歌山	鳥取	島根	岡山	岡山市	広島	山口	徳島	香川
教育心理	4	発達の理論③	0	0	0	0	1	0	0	0	0	0	0	2	1	0
	5	動機と欲求	1	1	1	2	②	1	0	1	③	0	0	0	0	1
	6	学習の理論	0	①	0	0	⑤	③	0	0	2	0	0	④	②	2
	7	人格の理論	0	1	0	0	②	2	0	0	①	0	0	①	0	②
	8	防衛機制	0	1	①	②	1	0	0	0	1	0	0	0	1	0
	9	カウンセリング・心理療法	0	1	1	0	1	2	0	0	②	0	0	③	0	①
	10	集団の性質と指導	0	0	0	0	0	1	0	0	0	0	0	0	0	0
	11	教育評価	2	0	1	②	2	④	0	②	①	0	0	3	2	1
	12	知能	0	0	0	0	0	0	0	0	0	0	0	1	0	0
	13	心理学の重要人物	1	0	1	3	⑤	3	0	1	③	0	0	⑤	④	0

自治体別頻出テーマ早わかり表⑦（2019～2023年度の出題回数）

		愛媛	高知	福岡	佐賀	長崎	熊本	熊本市	大分	宮崎	鹿児島	沖縄	※頻出度
教育原理	1 教育の基本概念	0	1	0	0	0	0	0	0	1	0	0	0
	2 教授・学習理論	1	②	0	②	④	0	0	③	2	2	⑤	29
	3 教育課程の概念	0	①	0	2	0	①	0	1	1	①	①	3
	4 小・中学校の教育課程の編成	④	③	⑤	②	⑤	④	③	④	⑤	3	⑤	40
	5 高等学校の教育課程の編成	1	1	⑤	0	0	②	0	0	⑤	1	⑤	12
	6 道徳教育	1	1	④	①	1	0	1	③	③	0	1	13
	7 特別の教科・道徳	0	0	3	0	0	0	0	0	0	0	1	8
	8 外国語科，外国語活動	0	0	0	0	0	0	0	0	0	1	1	1
	9 総合的な学習の時間	0	0	⑤	0	0	0	0	1	⑤	0	2	6
	10 特別活動	0	③	⑤	0	0	0	0	2	⑤	0	1	13
	11 学習指導要領の変遷	0	1	0	0	1	0	0	③	0	1	0	4
	12 新学習指導要領のポイント	1	2	0	1	0	2	0	⑤	3	②	②	21
	13 学習指導	1	0	1	1	1	1	②	0	1	0	1	4
	14 学力調査	0	1	0	0	0	0	0	1	1	0	1	5
	15 学習評価	0	0	0	0	1	1	①	2	1	1	0	6
	16 生徒指導提要	1	2	⑤	③	1	2	2	⑤	⑤	0	④	27
	17 教育相談	0	0	1	①	③	2	0	2	④	1	2	23
	18 いじめの防止	③	③	⑤	4	⑤	④	④	⑤	⑤	④	⑤	46
	19 不登校	1	0	3	1	2	0	2	②	④	0	2	19
	20 自殺の予防	0	1	1	0	0	0	0	①	0	1	0	0
	21 体罰の禁止	0	0	③	0	1	0	①	①	0	1	2	4
	22 特別支援学校の目的・対象と運営	3	①	0	①	0	1	①	0	3	③	0	13
	23 特別支援学校の教育課程	⑤	1	0	0	0	0	0	1	④	②	1	13
	24 通常の学校における特別支援教育	3	1	0	1	0	3	1	2	1	3	3	27
	25 発達障害	2	0	1	0	1	0	①	1	3	0	③	14
	26 特別支援教育の推進について（通知）	1	1	0	1	0	①	0	1	②	②	0	8
	27 インクルーシブ教育システム	②	0	0	1	0	0	1	0	0	0	0	7
	28 障害者の権利に関する条約・障害者基本法	2	①	2	①	3	1	0	1	0	1	②	6
	29 障害を理由とする差別の解消の推進	2	2	0	1	2	②	0	2	1	0	②	13
	30 医療的ケア児の支援	2	0	0	0	0	0	0	0	0	0	①	1
	31 障害のある子供の教育支援の手引	①	①	0	0	②	0	0	0	①	①	0	0

※頻出度欄は5年間で2回以上出題の自治体の数（以下，同じ）

		愛媛	高知	福岡	佐賀	長崎	熊本	熊本市	大分	宮崎	鹿児島	沖縄	頻出度*
教育原理	32 同和問題と人権教育	2	③	⑤	2	⑤	⑤	④	2	⑤	④	0	28
	33 人権教育の推進	0	②	⑤	0	1	⑤	③	②	①	1	0	13
	34 社会教育・生涯学習	0	0	0	0	1	0	0	1	0	0	2	6
	35 学校経営・学級経営	0	0	0	0	1	0	1	1	2	0	0	3
	36 学校評価	0	0	0	0	①	1	0	2	0	0	0	6
	37 キャリア教育	1	0	⑤	0	0	0	0	0	1	0	2	9
	38 学校安全	1	②	2	0	0	0	0	②	3	0	0	12
	39 学校防災	1	1	1	0	0	0	0	2	0	0	0	4
	40 食育	0	0	0	0	2	0	1	3	⑤	0	3	9
	41 情報教育	2	①	⑤	③	3	0	1	2	3	1	②	26
	42 性同一性障害の児童生徒への対応	0	0	0	0	0	0	0	1	0	0	0	3
	43 教育振興基本計画	0	1	1	3	2	②	1	4	1	1	0	8
	44 教員の資質能力の向上	0	0	0	0	1	2	1	②	3	0	0	13
	45 学校における働き方改革	0	1	1	0	0	1	0	3	④	1	0	12
	46 部活動改革	0	0	0	0	0	0	0	0	2	0	0	2
	47 教育機会確保法	0	0	0	0	0	1	①	0	③	0	0	2
	48 子どもの貧困	①	①	0	0	②	②	0	③	②	0	2	10
	49 令和の日本型学校教育	①	①	2	1	①	1	①	②	②	1	①	13
	50 わいせつ教員対策法	0	0	0	0	①	0	0	0	②	①	0	1
教育史	1 西洋教育史の人物と業績①（古代～中世）	①	③	0	0	④	0	0	1	4	0	2	9
	2 西洋教育史の人物と業績②（近代）	1	③	0	1	4	0	0	1	4	1	③	24
	3 西洋教育史の人物と業績③（現代）	④	③	0	1	⑤	0	0	③	4	2	⑤	29
	4 日本教育史年表	0	0	0	0	2	0	0	1	0	1	2	9
	5 日本教育史の人物と業績①（中世～近世）	0	1	0	0	④	0	①	①	①	②	2	11
	6 日本教育史の人物と業績②（近代以降）	⑤	③	0	1	③	0	①	②	1	0	③	13
教育法規	1 日本国憲法	3	③	⑤	③	②	⑤	③	4	⑤	1	②	33
	2 教育基本法①－前文，第1条，第2条－	1	1	2	1	1	②	1	③	1	2	1	27
	3 教育基本法②－第3条～第6条－	1	①	3	⑤	3	2	0	②	④	①	④	29
	4 教育基本法③－第7条～第13条－	1	1	2	3	③	2	②	0	1	0	②	22
	5 教育基本法④－第14条～第17条－	0	0	0	0	0	②	0	1	②	0	0	6
	6 教育を受ける権利	0	③	1	③	1	②	①	2	③	①	1	25

自治体別頻出テーマ早わかり表⑧(2019〜2023年度の出題回数)

分類	テーマ	愛媛	高知	福岡	佐賀	長崎	熊本	熊本市	大分	宮崎	鹿児島	沖縄	頻出度※
教育法規	7　義務教育	0	0	1	2	2	2	2	②	1	0	2	15
	8　教育の中立性	0	0	0	0	0	0	0	1	1	0	0	1
	9　学校とは	0	0	0	1	0	①	2	0	②	0	0	6
	10　各学校の目的・目標①	0	0	0	1	1	0	1	③	1	0	1	4
	11　各学校の目的・目標②	0	0	0	0	0	1	1	0	1	0	0	1
	12　学校図書館・読書活動	0	0	①	1	0	0	①	2	①	0	0	3
	13　学級の編制	0	①	0	0	0	0	0	0	0	①	0	0
	14　教育活動の日程	0	0	1	0	①	1	1	1	2	1	1	6
	15　学校保健	1	0	2	2	1	2	③	3	⑤	0	①	24
	16　教科書・著作権	1	0	0	0	0	0	0	2	2	0	0	7
	17　開かれた学校運営	0	0	0	0	0	0	0	⑤	1	0	0	6
	18　子どもの就学	0	0	①	②	1	1	0	0	1	0	1	3
	19　就学に関する諸業務	0	1	0	0	0	0	0	0	1	0	0	0
	20　懲戒	1	②	②	2	1	②	2	2	④	③	②	24
	21　健康診断と感染症予防	1	②	②	②	③	③	1	3	⑤	1	1	26
	22　指導要録と出席管理	2	0	0	②	0	0	①	②	2	0	0	11
	23　児童・生徒の保護	2	1	③	②	2	2	3	4	2	2	1	33
	24　教職員の配置	0	0	0	0	0	1	0	0	0	0	0	5
	25　教職員の職務	①	0	1	0	0	0	0	0	2	0	0	3
	26　教職員の任用	①	0	0	0	0	0	2	0	1	0	0	3
	27　教員免許状	1	0	0	3	①	0	3	0	①	0	0	5
	28　教員研修①	②	③	2	2	③	②	③	2	2	0	②	31
	29　教員研修②	0	0	0	②	0	1	0	0	1	0	1	4
	30　教員の服務①	④	1	③	⑤	4	3	2	3	③	1	1	35
	31　教員の服務②	3	1	1	3	②	⑤	2	⑤	2	2	1	31
	32　教員の処分	0	0	0	0	0	0	0	0	1	0	0	3
	33　教員の勤務規則	0	0	0	1	0	②	①	0	0	0	0	1
	34　教育委員会	0	0	0	0	0	④	0	③	0	0	0	7
教育心理	1　人間の発達	0	0	0	0	②	0	0	0	①	1	①	7
	2　発達の理論①	2	①	2	②	1	①	0	2	1	①	0	14
	3　発達の理論②	0	1	1	2	1	2	1	①	①	0	②	11

			愛媛	高知	福岡	佐賀	長崎	熊本	熊本市	大分	宮崎	鹿児島	沖縄	※頻出度
教育心理	4	発達の理論③	0	0	1	0	1	0	0	2	1	0	1	6
	5	動機と欲求	2	0	①	0	2	1	0	2	4	0	2	14
	6	学習の理論	2	②	③	3	④	④	1	④	④	①	③	27
	7	人格の理論	0	0	0	②	2	0	①	1	③	0	1	12
	8	防衛機制	0	0	0	0	1	1	1	1	1	1	1	4
	9	カウンセリング・心理療法	1	0	0	0	②	①	0	④	2	①	4	11
	10	集団の性質と指導	0	0	1	0	1	1	0	1	0	0	1	1
	11	教育評価	0	0	①	⑤	③	2	1	③	4	1	④	22
	12	知能	0	1	0	①	0	1	0	②	③	0	1	3
	13	心理学の重要人物	2	③	④	④	⑤	④	2	④	③	①	⑤	34

目次

教育史 ··· 161

教育原理

教育の基本概念

ここが出る!

・人間の発達とは何か，教育とは何かということは，基本中の基本である。

・人間の発達に関する代表的な学説，ならびに教育の対立概念について知っておこう。

C **1** 人間の発達

人間の**発達**やその個人差の形成については，3つの学説がある。

● 遺伝か環境か

□【 遺伝説 】…発達の個人差の原因を，もっぱら遺伝に求める考え方。**ゴールトン**が提唱。

□【 環境説 】…発達の個人差の原因を，もっぱら環境要因に求める考え方。行動主義心理学者の**ワトソン**が提唱。

□【 輻輳説 】…発達の個人差は，遺伝要因と環境要因の双方が加算的に作用し合うことによって起こるという考え方。**シュテルン**が提唱。

● 野生児の記録

野生児の記録は，人間にとって教育が不可欠であることを示唆する。

□【 アヴェロンの野生児 】…1799年7月，フランスのアヴェロン県にあるラ・コーヌの森で発見された，推定年齢11〜12歳の野生児。

C **2** 人間の本性

教育が働きかける人間の**本性**については，2つの説がある。

● 性善説と性悪説

□【 性善説 】…人間の本性は善であるとする考え方。**孟子**が提唱。

□【 性悪説 】…人間の本性は悪であるとする考え方。**荀子**が提唱。

● 消極教育

□ルソーは性善説の立場に立ち，善なる人間の本性が，人為的に悪へと変質させられるのを防ぐべきという消極教育を唱えた。

□「創造主の手をはなれるときはすべてが善いが，人間の手にわたると

すべてが悪くなる。」（ルソー『エミール』）

C 3 教育の諸類型

　教育とは，学校だけで行われるものではない。教育という広義の概念を構成する，重要な下位概念を押さえよう。

● 形式面での区別

□【 意図的教育 】…明確な意図のもとで行われる教育のこと。明確な意図（目的）を持って行われる学校教育は，意図的教育の典型。

□【 無意図的教育 】…明確な意図のもとでなくとも，結果として，子どもの諸能力を引き出すこと（教育）につながる行為のこと。

● 内容面での区別

⏱□【 陶冶（とうや） 】…知識・技能の形成。ドイツ語のBildungの訳語。

□【 訓育 】…人格の形成。ドイツ語のErziehungの訳語。

● 方法面での区別

□【 注入主義 】…容器に水を注入するがごとく，一方的に知識を教え込むこと。インドクトリネーションともいう。

□【 開発主義 】…子どもの諸能力の開発を重視する考え方。その源流は，**ペスタロッチ**の教育方法に見いだすことができる。

● 主体による区別

⏱□【 公教育 】…法律の定めに基づいて運用されている，公の性質をもつ教育のこと。法人が設置する**私立学校**も，公教育の機関である[1]。

□【 私教育 】…公教育以外の教育。たとえば，家庭教育，国や地方自治体によらない社会教育，そして私塾における教育など。

C 4 現代の教育の目的

　教育が目指すところは，時代や社会によって異なるが，現代の教育の目的は，次のように決定されている。

> □教育は，<u>人格の完成</u>を目指し，平和で<u>民主的</u>な国家及び社会の形成者として必要な資質を備えた心身ともに健康な**国民**の育成を期して行われなければならない。（教育基本法第1条）

[1] 日本では，私立学校の比重が高い。高校の27%。大学の77%は私立である。

● **教育原理（基礎論）**

教授・学習理論

> **ここが出る！**
> ・教授段階論は最頻出。ヘルバルトの4段階説，ツィラーとラインの5段階説をしっかり覚えよう。
> ・理論の名称と概要，ならびに提唱者の名前をセットで覚えよう。これらを結びつけさせる問題がよく出る。

B **1** 教授理論 〔頻出 富山〕

近代教授学は，実物の観察や直観を通して知識が獲得されると考える。

●実物教授と直観教授

□【 **実物教授** 】…実物を提示したり，それに触らせたりして，対象に関する正確な認識を生徒に獲得させること。**コメニウス**が提唱。

□【 **直観教授** 】…感覚的直観を媒介にして，生徒に知識を伝達する過程。**ペスタロッチ**は，直観から認識へと至る筋道を明らかにした。

●教授段階論

教授・学習の過程は，学習者の認識過程に依拠して区分けされる。

提唱者	学説	段階の区分
□ヘルバルト	4段階説	**明瞭**－**連合**－**系統**－**方法**
□ツィラー	5段階説	分析－総合－**連合**－**系統**－方法
□ライン	5段階説	予備－提示－比較－総括－応用

A **2** 学習理論 〔頻出 栃木，東京，沖縄〕

●海外の理論・実践

□【 **プロジェクト・メソッド** 】…**キルパトリック**が提唱した単元学習の方法。生徒による自発的な生活経験学習。目的立て，計画立て，実行，判断の4段階からなる。

□【 **ドルトン・プラン** 】…**パーカースト**が実践した自学自習法。学習は，生徒の自主的な仕事として行われる。遂行すべき学習の配当表（アサインメント）に依拠して，自分のペースで学習する。

□【 **イエナ・プラン** 】…従来の年齢別学年学級制を廃止し，集団活動を基軸とした基幹集団を形成。**ペーターゼン**が提唱。

□【 **ウィネトカ・プラン** 】…個別学習と集団活動を組み合わせたも

の。**ウォシュバーン**が実践。

□【 モリソン・プラン 】…「探索・提示・理解・組織化・発表」の5段階(マスタリー方式)を経て，各単元の完全な習得を目指す。

□【 問題解決学習 】…生徒が自ら学習問題を捉え，それを解決しようと試行錯誤する中で，知識や技能を学習していく方法。

□【 発見学習 】…生徒を，知識の生成過程に参加させることで，諸々の学習能力や態度の育成を図る方法。**ブルーナー**が提唱❶。

□【 プログラム学習 】…学習プログラムに沿った個別学習によって，目標へと到達させる教育方法。**ティーチング・マシン**を使用。

□【 完全習得学習 】…指導の途中での形成的評価や，指導の個別化などを駆使することで，すべての子どもに学習内容を取得させること。

●**日本の著名な授業実践**

□【 仮説実験授業 】…科学の基礎概念と原理を教えるための授業方法。生徒たちに仮説を立てさせ，実験させる，という過程を経る。

□【 水道方式 】…計算の過程を，単純な**素過程**に分解し，それに習熟させた後，その組み合わせである複合過程の遂行に移るもの。

A 3 まとめ

頻出 栃木，東京，沖縄

以下の知識で，たいていの問題は解ける。

理論(実践)名	提唱(影響)者	キーワード(著作)
実物教授	コメニウス	実物の観察
直観教授	ペスタロッチ	直観から認識へ
プロジェクト・メソッド	キルパトリック	目的－計画－実行－判断
ドルトン・プラン	パーカースト	アサインメント
イエナ・プラン	ペーターゼン	基幹集団
ウィネトカ・プラン	ウォシュバーン	個別学習と集団活動
モリソン・プラン	モリソン	マスタリー方式
問題解決学習	デューイ	『思考の方法』
発見学習	ブルーナー	『教育の過程』
プログラム学習	スキナー	ティーチング・マシン
完全習得学習	ブルーム	形成的評価
仮説実験授業	板倉聖宣	仮説，実験
水道方式	遠山啓	素過程

❶ブルーナーは，内容を繰り返し学習させる螺旋型カリキュラムも提唱した。

教育課程の概念

ここが出る！▶▶

- ・教育課程は，教科の学習だけからなるものではない。他の諸要素をも勘案した，立体的な見方ができるようになろう。
- ・教育課程にはどのようなものがあるか。代表的なタイプ（類型）を押さえよう。

C 1 教育課程の概念

教育課程とは何か。それに含まれる基本的な要素はどのようなものか。

● 概念

□「教育課程とは，学校教育の<u>目的</u>や目標を達成するために，教育の内容を児童の心身の発達に応じ，<u>授業時数</u>との関連において総合的に組織した各学校の<u>教育計画</u>である。」（小学校学習指導要領解説）❶

● 教科指導と教科外指導

□【 教科指導 】…国語や算数など，教科の指導のこと。知識や技能の形成（**陶冶**）を担う。教授の意味から，指導という語が使われる。

□【 教科外活動 】…教科以外の諸活動のこと。人格や道徳性の育成（**訓育**）を志向する。活動という表現に注意。

● 顕在的カリキュラムと潜在的カリキュラム

□【 顕在的カリキュラム 】…学校の全体計画，年間指導計画ないしは時間割などの形で，明文化されているカリキュラムのこと。

□【 潜在的カリキュラム 】…学校生活という状況の中で，自ずと体得される，見えざる教育内容のこと。規律ある生活態度など。

B 2 教育課程の類型

教育内容の重点をどこに置くか，どのように編成するかによって，カリキュラムは**類型化**される。

● 教科中心カリキュラムと経験中心カリキュラム

□【 教科中心カリキュラム 】…知識や技術の体系としての教科を中心に構成されたカリキュラムのこと。

---

❶教育課程は，学習指導要領に依拠して各学校が編成する。

□【 経験中心カリキュラム 】…生徒の諸活動を中心に構成されたカリキュラム。**経験**による学習(なすことによって学ぶ)を重視する。

●スペアーズのカリキュラムの4類型

□【 相関カリキュラム 】…教科や科目の枠は保ちつつ，内容が類似したもの同士を関連づけて生徒に学習させるカリキュラム。

□【 融合カリキュラム 】…いくつかの教科ないしは科目の枠を取り払い，それらを融合させて新しい教科・科目を編成したカリキュラム。

□【 広領域カリキュラム 】…全体の教科・科目を，いくつかの広い領域(人文領域，社会領域など)に分けて編成したカリキュラム。

□【 コア・カリキュラム 】…中心課程と周辺課程からなるカリキュラム。中心課程(コア)に，生徒の関心に応える学習内容を置く。

●実践事例

□【 バージニア・プラン 】…コア・カリキュラムの実践例。中心課程に**社会生活**の学習，周辺課程に教科の学習を位置づけたもの。

C 3 学校の教育課程の領域構成　　　頻出 富山，高知

学校教育法施行規則で定められている。

●領域

□小学校の教育課程は，各教科，特別の教科である道徳，**外国語活動**，総合的な学習の時間並びに**特別活動**によつて編成するものとする。(第50条第1項)

□中学校の教育課程は，各教科，特別の教科である**道徳**，**総合的な学習の時間**並びに特別活動によつて編成するものとする。(第72条第1項)

□高等学校の教育課程は，各教科に属する**科目**，総合的な探究の時間及び**特別活動**によつて編成するものとする。(第83条)

●学習指導要領

□全国のどの地域で教育を受けても，**一定の水準**の教育を受けられるようにするため，文部科学省では，各学校で教育課程(カリキュラム)を編成する際の基準を定めている。これを**学習指導要領**という。

□小学校の教育課程については，教育課程の**基準**として文部科学大臣が別に公示する**小学校学習指導要領**によるものとする。(学校教育法施行規則第52条，他の学校にも同種の規定あり)

小・中学校の教育課程の編成

頻出度 **A**

ここが出る！ ▶▶

- 2020年度から小・中学校の新学習指導要領が全面実施された。総則の原文の空欄補充問題は、どの自治体でも高い頻度で出題される。
- 文章がびっしりで気が滅入るが、我慢のしどころだ。育成する資質・能力、授業時数の規定など、しっかり覚えよう。

B **1** 前文

頻出 愛知，高知，沖縄

□これからの学校には、こうした教育の目的及び目標の達成を目指しつつ、一人一人の児童が、自分の<u>よさ</u>や可能性を認識するとともに、あらゆる他者を価値のある存在として尊重し、多様な人々と<u>協働</u>しながら様々な社会的変化を乗り越え、豊かな人生を切り拓き、<u>持続可能</u>な社会の創り手となることができるようにすることが求められる。

□<u>教育課程</u>を通して、これからの時代に求められる教育を実現していくためには、よりよい学校教育を通してよりよい社会を創るという理念を学校と<u>社会</u>とが共有し、それぞれの学校において、必要な学習内容をどのように学び、どのような<u>資質・能力</u>を身に付けられるようにするのかを教育課程において明確にしながら、社会との連携及び協働によりその実現を図っていくという、**社会に開かれた**<u>教育課程</u>の実現が重要となる。

□<u>学習指導要領</u>とは、こうした理念の実現に向けて必要となる教育課程の基準を大綱的に定めるものである。学習指導要領が果たす役割の一つは、公の性質を有する学校における<u>教育水準</u>を全国的に確保することである。

A **2** 小学校教育の基本と教育課程の役割

★超頻出★

育成を目指す、3つの資質・能力を押さえよう。

●教育課程編成の原則

□各学校においては、<u>教育基本法</u>及び学校教育法その他の法令並びにこの章以下に示すところに従い、児童の人間として<u>調和</u>のとれた育成を目指し、児童の<u>心身</u>の発達の段階や特性及び学校や地域の実態を十分考慮して、適切な<u>教育課程</u>を編成するものとし、これらに掲げる目標

を達成するよう教育を行うものとする。

●確かな学力・道徳教育・健やかな体

□学校の教育活動を進めるに当たっては，各学校において，主体的・対話的で深い学びの実現に向けた授業改善を通して，創意工夫を生かした特色ある教育活動を展開する中で，次の(1)から(3)までに掲げる事項の実現を図り，児童に生きる力を育むことを目指すものとする。

(1)基礎的・基本的な知識及び技能を確実に習得させ，これらを活用して課題を解決するために必要な思考力，判断力，表現力等を育むとともに，主体的に学習に取り組む態度を養い，個性を生かし多様な人々との協働を促す教育の充実に努めること。その際，児童の発達の段階を考慮して，児童の言語活動など，学習の基盤をつくる活動を充実するとともに，家庭との連携を図りながら，児童の学習習慣が確立するよう配慮すること。

(2)道徳教育や体験活動，多様な表現や鑑賞の活動等を通して，豊かな心や創造性の涵養を目指した教育の充実に努めること。

(3)学校における体育・健康に関する指導を，児童の発達の段階を考慮して，学校の教育活動全体を通じて適切に行うことにより，健康で安全な生活と豊かなスポーツライフの実現を目指した教育の充実に努めること。特に，学校における食育の推進並びに体力の向上に関する指導，安全に関する指導及び心身の健康の保持増進に関する指導については，体育科，家庭科及び特別活動の時間はもとより，各教科，道徳科，外国語活動及び総合的な学習の時間などにおいてもそれぞれの特質に応じて適切に行うよう努めること。

●育成を目指す資質・能力

□次に掲げることが偏りなく実現できるようにするものとする。

(1)知識及び技能が習得されるようにすること。

(2)思考力，判断力，表現力等を育成すること。

(3)学びに向かう力，人間性等を涵養すること。

●カリキュラム・マネジメント

□各学校においては，児童や学校，地域の実態を適切に把握し，教育の目的や目標の実現に必要な教育の内容等を教科等横断的な視点で組み立てていくこと，教育課程の実施状況を評価してその改善を図ってい

くこと，教育課程の実施に必要な人的又は物的な体制を確保するとともにその改善を図っていくことなどを通して，<u>教育課程</u>に基づき組織的かつ計画的に各学校の教育活動の質の向上を図っていくこと（<u>カリキュラム・マネジメント</u>）に努めるものとする。

A 3 教育課程の編成　　　　　頻出 福島，神奈川，愛知，香川

内容や授業時数の取扱いに関する規定が頻出だ。

●各学校の教育目標と教育課程の編成

☐教育課程の編成に当たっては，学校教育全体や各教科等における指導を通して育成を目指す資質・能力を踏まえつつ，各学校の<u>教育目標</u>を明確にするとともに，教育課程の編成についての基本的な方針が家庭や<u>地域</u>とも共有されるよう努めるものとする。

●教科等横断的な視点に立った資質・能力の育成

⏱☐各学校においては，児童の発達の段階を考慮し，<u>言語能力</u>，情報活用能力（<u>情報モラル</u>を含む。），<u>問題発見</u>・解決能力等の学習の基盤となる資質・能力を育成していくことができるよう，各教科等の特質を生かし，<u>教科等横断的</u>な視点から教育課程の編成を図るものとする。

⏱☐各学校においては，児童や学校，地域の実態及び児童の発達の段階を考慮し，豊かな人生の実現や<u>災害</u>等を乗り越えて次代の社会を形成することに向けた現代的な諸課題に対応して求められる資質・能力を，<u>教科等横断的</u>な視点で育成していくことができるよう，各学校の特色を生かした<u>教育課程</u>の編成を図るものとする。

●内容等の取扱い

☐<u>各教科</u>，道徳科，外国語活動及び特別活動の内容に関する事項は，特に示す場合を除き，いずれの学校においても**取り扱わなければならない**。

☐学校において特に必要がある場合には，学習指導要領に**示していない内容を加えて**指導することができる。

☐各教科，道徳科，外国語活動及び特別活動の内容に掲げる事項の順序は，特に示す場合を除き，<u>指導の順序</u>を示すものではないので，学校においては，その取扱いについて適切な工夫を加えるものとする。

☐学年の内容を2学年まとめて示した教科及び外国語活動の内容は，**2学年間かけて**指導する事項を示したものである。各学校においては，

いずれかの学年に分けて，又はいずれの学年においても指導するものとする。（小学校）

●授業時数等の取扱い

⏱□各教科等の授業は，年間35週（第１学年については34週）以上にわ たって行うよう計画し，週当たりの授業時数が児童の<u>負担過重</u>にならないようにするものとする。

□各教科等や学習活動の特質に応じ効果的な場合には，夏季，冬季，学年末等の<u>休業日</u>の期間に授業日を設定する場合を含め，これらの授業を<u>特定の期間</u>に行うことができる。

□特別活動の授業のうち，児童会活動（中学校は<u>生徒会活動</u>），クラブ活動及び<u>学校行事</u>については，それらの内容に応じ，年間，学期ごと，月ごとなどに適切な<u>授業時数</u>を充てるものとする。

□各教科等のそれぞれの授業の<u>１単位時間</u>は，各学校において，各教科等の<u>年間授業時数</u>を確保しつつ，児童の発達の段階及び各教科等や学習活動の特質を考慮して適切に定めること❶。

□各教科等の特質に応じ，<u>10分</u>から<u>15分</u>程度の短い時間を活用して特定の教科等の指導を行う場合❷において，…その指導内容の決定や指導の成果の把握と活用等を責任をもって行う体制が整備されているときは，その時間を当該教科等の<u>年間授業時数</u>に含めることができること。

□各学校において，児童や学校，地域の実態，各教科等や学習活動の特質等に応じて，創意工夫を生かした<u>時間割</u>を弾力的に編成できること。

□同様の成果が期待できる場合においては，<u>総合的な学習の時間</u>における学習活動をもって相当する特別活動の学校行事に掲げる各行事の実施に替えることができる。

●指導計画の作成等に当たっての配慮事項

⏱□単元や題材など内容や時間のまとまりを見通しながら，そのまとめ方や<u>重点</u>の置き方に適切な工夫を加え，主体的・<u>対話的</u>で深い学びの実現に向けた<u>授業改善</u>を通して資質・能力を育む効果的な指導ができるようにすること。

---

❶１単位時間の標準は，小学校は45分，中学校は50分である。
❷授業時間の区切りを工夫して効果を高める学習活動をモジュール学習という。

● 学校段階間の接続（小学校）

□低学年における教育全体において，例えば生活科において育成する自立し生活を豊かにしていくための資質・能力が，他教科等の学習においても生かされるようにするなど，教科等間の関連を積極的に図り，幼児期の教育及び中学年以降の教育との円滑な接続が図られるよう工夫すること。

A 4 教育課程の実施と学習評価　頻出 北海道，香川，宮崎，沖縄

小学校では，**プログラミング教育**が必修となった。

● 主体的・対話的で深い学びの実現に向けた授業改善

□単元や題材など内容や時間のまとまりを見通しながら，児童の主体的・対話的で深い学びの実現に向けた授業改善を行うこと。

⏱□各教科等において身に付けた知識及び技能を活用したり，思考力，判断力，表現力等や学びに向かう力，人間性等を発揮させたりして，学習の対象となる物事を捉え思考することにより，各教科等の特質に応じた物事を捉える視点や考え方が鍛えられていくことに留意し，児童が各教科等の特質に応じた見方・考え方を働かせながら，知識を相互に関連付けてより深く理解したり，情報を精査して考えを形成したり，問題を見いだして解決策を考えたり，思いや考えを基に創造したりすることに向かう過程を重視した学習の充実を図ること。

□言語能力の育成を図るため，各学校において必要な言語環境を整えるとともに，国語科を要としつつ各教科等の特質に応じて，児童の言語活動を充実すること。あわせて，読書活動を充実すること。

⏱□情報活用能力の育成を図るため，各学校において，**コンピュータ**や情報通信ネットワークなどの情報手段を活用するために必要な環境を整え，これらを適切に活用した学習活動の充実を図ること。

□各教科等の特質に応じて，次の学習活動を計画的に実施すること。（小学校）

ア）児童がコンピュータで文字を入力するなどの学習の基盤として必要となる情報手段の基本的な操作を習得するための学習活動。

イ）児童が**プログラミング**を体験しながら，コンピュータに意図した処理を行わせるために必要な論理的思考力を身に付けるための学習活動。

□<u>学校図書館</u>を計画的に利用しその機能の活用を図り，児童の主体的・対話的で深い学びの実現に向けた<u>授業改善</u>に生かすとともに，児童の自主的，自発的な学習活動や<u>読書活動</u>を充実すること。

⏱□児童が学習の<u>見通し</u>を立てたり学習したことを<u>振り返ったり</u>する活動を，計画的に取り入れるように工夫すること。

□児童が生命の有限性や<u>自然</u>の大切さ，主体的に<u>挑戦</u>してみることや多様な他者と<u>協働</u>することの重要性などを実感しながら理解することができるよう，各教科等の特質に応じた<u>体験活動</u>を重視し，家庭や地域社会と<u>連携</u>しつつ体系的・継続的に実施できるよう工夫すること。

●学習評価の充実

⏱□児童の<u>よい点</u>や進歩の状況などを積極的に評価し，学習したことの意義や<u>価値</u>を実感できるようにすること。

□各教科等の目標の実現に向けた学習状況を把握する観点から，単元や題材など内容や時間の<u>まとまり</u>を見通しながら評価の場面や方法を工夫して，学習の<u>過程</u>や成果を評価し，指導の改善や<u>学習意欲</u>の向上を図り，資質・能力の育成に生かすようにすること。

□<u>創意工夫</u>の中で学習評価の妥当性や<u>信頼性</u>が高められるよう，組織的かつ計画的な取組を推進するとともに，学年や学校段階を越えて児童の学習の成果が円滑に<u>接続</u>されるように工夫すること。

A 5 児童の発達の支援 　頻出 静岡，岡山，熊本，沖縄

カウンセリング，キャリア教育といった用語が出てくる。

●児童の発達を支える指導の充実

⏱□学習や生活の基盤として，教師と児童との<u>信頼関係</u>及び児童相互のよりよい<u>人間関係</u>を育てるため，日頃から<u>学級経営</u>の充実を図ること。また，主に集団の場面で必要な指導や援助を行う**ガイダンス**と，個々の児童の多様な実態を踏まえ，一人一人が抱える課題に個別に対応した指導を行う**カウンセリング**の双方により，児童の発達を支援すること。

□児童が，自己の<u>存在感</u>を実感しながら，よりよい<u>人間関係</u>を形成し，有意義で充実した学校生活を送る中で，現在及び将来における<u>自己実現</u>を図っていくことができるよう，児童理解を深め，学習指導と関連付けながら，<u>生徒指導</u>の充実を図ること。

⏱□児童が，学ぶことと自己の<u>将来</u>とのつながりを見通しながら，社会的・<u>職業的自立</u>に向けて必要な基盤となる資質・能力を身に付けていくことができるよう，特別活動を要としつつ各教科等の特質に応じて，<u>キャリア教育</u>の充実を図ること。

□児童が，基礎的・基本的な知識及び技能の習得も含め，学習内容を確実に身に付けることができるよう，児童や学校の実態に応じ，<u>個別学習</u>やグループ別学習，繰り返し学習，学習内容の<u>習熟</u>の程度に応じた学習，児童の興味・関心等に応じた課題学習，<u>補充的</u>な学習や発展的な学習などの学習活動を取り入れることや，教師間の<u>協力</u>による指導体制を確保することなど，指導方法や指導体制の工夫改善により，<u>個に応じた指導</u>の充実を図ること。

● **障害のある児童などへの指導**

□障害のある児童などについては，<u>特別支援学校</u>等の助言又は援助を活用しつつ，個々の児童の障害の状態等に応じた指導内容や指導方法の工夫を組織的かつ計画的に行うものとする。

□**特別支援学級**において実施する特別の教育課程については，次のとおり編成するものとする。

ア）障害による学習上又は生活上の困難を克服し<u>自立</u>を図るため，特別支援学校小学部・中学部学習指導要領第7章に示す<u>自立活動</u>を取り入れること。

イ）児童の障害の程度や学級の実態等を考慮の上，各教科の目標や内容を下学年の教科の目標や内容に替えたり，各教科を，<u>知的障害者</u>である児童に対する教育を行う特別支援学校の各教科❸に替えたりするなどして，実態に応じた<u>教育課程</u>を編成すること。

□障害のある児童に対して，<u>通級による指導</u>を行い，特別の教育課程を編成する場合には，特別支援学校小学部・中学部学習指導要領に示す<u>自立活動</u>の内容を参考とし，具体的な目標や内容を定め，指導を行うものとする。その際，効果的な指導が行われるよう，各教科等と<u>通級による指導</u>との関連を図るなど，教師間の<u>連携</u>に努めるものとする。

⏱□障害のある児童などについては，家庭，地域及び医療や<u>福祉</u>，保健，労働等の業務を行う関係機関との連携を図り，<u>長期的</u>な視点で児童へ

❸92ページを参照のこと。

の教育的支援を行うために，<u>個別の教育支援計画</u>を作成し活用することに努めるとともに，各教科等の指導に当たって，個々の児童の実態を的確に把握し，<u>個別の指導計画</u>を作成し活用することに努めるものとする。特に，<u>特別支援学級</u>に在籍する児童や通級による指導を受ける児童については，個々の児童の実態を的確に把握し，個別の教育支援計画や<u>個別の指導計画</u>を作成し，効果的に活用するものとする。

● **海外から帰国した児童などの学校生活への適応**

□海外から帰国した児童などについては，学校生活への<u>適応</u>を図るとともに，外国における<u>生活経験</u>を生かすなどの適切な指導を行うものとする。

● **不登校児童への指導**

□不登校児童については，<u>保護者</u>や関係機関と連携を図り，<u>心理</u>や福祉の専門家の助言又は援助を得ながら，<u>社会的自立</u>を目指す観点から，個々の児童の実態に応じた<u>情報</u>の提供その他の必要な支援を行うものとする。

□相当の期間小学校を欠席し引き続き欠席すると認められる児童を対象として，<u>文部科学大臣</u>が認める特別の教育課程を編成する場合には，児童の実態に配慮した教育課程を編成するとともに，<u>個別学習</u>やグループ別学習など<u>指導方法</u>や指導体制の工夫改善に努めるものとする。

B **6** **学校運営上の留意事項** 〔頻出〕神奈川，奈良，広島

□各学校においては，<u>校長</u>の方針の下に，<u>校務分掌</u>に基づき教職員が適切に役割を分担しつつ，相互に連携しながら，各学校の特色を生かした<u>カリキュラム・マネジメント</u>を行うよう努めるものとする。

□学校がその目的を達成するため，学校や地域の実態等に応じ，教育活動の実施に必要な人的又は物的な体制を家庭や<u>地域</u>の人々の協力を得ながら整えるなど，家庭や地域社会との<u>連携</u>及び協働を深めること。また，高齢者や<u>異年齢</u>の子供など，地域における世代を越えた<u>交流</u>の機会を設けること。

□他の小学校や，幼稚園，認定こども園，<u>保育所</u>，中学校，高等学校，<u>特別支援学校</u>などとの間の連携や<u>交流</u>を図るとともに，障害のある幼児児童生徒との交流及び<u>共同学習</u>の機会を設け，共に尊重し合いながら協働して生活していく態度を育むようにすること。

● 教育原理（学習指導要領）
高等学校の教育課程の編成

頻出度 **B**

ここが出る! ▶▶

- 2018年3月に，高等学校の新学習指導要領が公示された❶。卒業までに履修させる単位数など，重要な数字を覚えよう。
- 高等学校の教育課程は複雑である。必履修教科・科目を押さえ，専門学科と総合学科における履修の規定を知っておこう。

C 1 高等学校教育の基本と教育課程の役割

小・中学校とほぼ同じだが，高等学校に固有の部分もある。

□学校においては，地域や学校の実態等に応じて，就業やボランティアに関わる体験的な学習の指導を適切に行うようにし，勤労の尊さや創造することの喜びを体得させ，望ましい勤労観，職業観の育成や社会奉仕の精神の涵養に資するものとする。

A 2 教育課程の編成①
頻出 福島，東京，香川，福岡

高等学校では「単位」という概念が出てくる。

●卒業までに履修させる単位数等

⏱□各教科・科目及び総合的な探究の時間の単位数の計は，74単位以上とする。

□単位については，1単位時間を50分とし，35単位時間の授業を1単位として計算することを標準とする。

●各学科に共通する各教科・科目

⏱□全学科に共通の教科は，国語，地理歴史，公民，数学，理科，理数，保健体育，芸術，外国語，家庭，および情報の11教科❷。

□各教科の下に，複数の科目が設けられている。たとえば公民科は，公共，倫理，政治・経済の3科目からなる。必修科目については，次ページを参照のこと。

●主として専門学科において開設される各教科・科目

□専門学科の教科は，農業，工業，商業，水産，家庭，看護，情報，福祉，理数，体育，音楽，美術，および英語の13教科。

. . . .

❶2022年度から全面実施されている。
❷理数は，新学習指導要領で新設された教科である。

●学校設定教科・科目

□学校においては，生徒や学校，地域の実態及び学科の特色等に応じ，特色ある教育課程の編成に資するよう，学習指導要領で定める教科以外の教科及び当該教科に関する科目を設けることができる。

□学校設定教科及び当該教科に関する科目の名称，目標，内容，単位数等については，各学校の定めるところによるものとする。

●産業社会と人間

□学校においては，学校設定教科に関する科目として「産業社会と人間」を設けることができる。指導事項は以下の3点となる。

　ア）社会生活や職業生活に必要な基本的な能力や態度及び望ましい勤労観，職業観の育成。

　イ）我が国の産業の発展とそれがもたらした社会の変化についての考察。

　ウ）自己の将来の生き方や進路についての考察及び各教科・科目の履修計画の作成。

B 3 教育課程の編成②　　　　　　　　　　　頻出 愛知，宮崎

各教科・科目の履修に関する規定である。

●各学科に共通する必履修教科・科目

全ての生徒に履修させる各教科・科目は，以下のとおりである。

□国語のうち「現代の国語」及び「言語文化」。

□地理歴史のうち「地理総合」及び「歴史総合」。

□公民のうち「公共」。

□数学のうち「数学Ⅰ」。

□理科のうち「科学と人間生活」，「物理基礎」，「化学基礎」，「生物基礎」及び「地学基礎」のうちから2科目（うち1科目は「科学と人間生活」）又は「物理基礎」，「化学基礎」，「生物基礎」及び「地学基礎」のうちから3科目。

□保健体育のうち「体育」及び「保健」。

□芸術のうち「音楽Ⅰ」，「美術Ⅰ」，「工芸Ⅰ」及び「書道Ⅰ」のうちから1科目。

□外国語のうち「英語コミュニケーションⅠ」。

□家庭のうち「家庭基礎」及び「家庭総合」のうちから1科目。

□情報のうち「情報Ⅰ」。

●**専門学科**

⏱ □専門教科・科目について，全ての生徒に履修させる単位数は，<u>25単位</u>を下らないこと。

●**総合学科**

□「産業社会と人間」を全ての生徒に原則として**入学年次**に履修させるものとし，標準単位数は2～<u>4</u>単位とすること。

□学年による教育課程の区分を設けない課程（<u>単位制</u>による課程）とすることを原則とする。

□「産業社会と人間」及び専門教科・科目を合わせて25単位以上設け，生徒が多様な各教科・科目から主体的に<u>選択履修</u>できるようにすること。

□体系性や<u>専門性</u>等において相互に関連する各教科・科目によって構成される<u>科目群</u>を複数設けるとともに，必要に応じ，それら以外の各教科・科目を設け，生徒が自由に<u>選択履修</u>できるようにすること。

A 4 **教育課程の編成③**　　　　頻出 福島，東京，福岡，沖縄

授業時数やキャリア教育に関する規定が頻出だ。高等学校では，選択履習の幅も広くなる。

●**各教科・科目等の授業時数等**

⏱ □全日制の課程における各教科・科目及びホームルーム活動の授業は，年間35週行うことを標準とし，必要がある場合には，各教科・科目の授業を特定の学期又は**特定の期間**に行うことができる。

□全日制の課程における週当たりの授業時数は，<u>30</u>単位時間を標準とする。ただし，必要がある場合には，これを増加することができる。

□ホームルーム活動の授業時数については，原則として，年間<u>35</u>単位時間以上とするものとする。

□生徒会活動及び<u>学校行事</u>については，学校の実態に応じて，それぞれ適切な授業時数を充てるものとする。

□各教科・科目等のそれぞれの授業の1単位時間は，**各学校**において，各教科・科目等の<u>授業時数</u>を確保しつつ，生徒の実態及び各教科・科目等の特質を考慮して適切に定めるものとする。

●**全般的な配慮事項**

□教育課程の編成に当たっては，生徒の特性，<u>進路</u>等に応じた適切な各教科・科目の履修ができるようにし，このため，多様な各教科・科目

を設け生徒が自由に選択履修することのできるよう配慮するものとする。

□教育課程の類型を設け，そのいずれかの類型を選択して履修させる場合においても，その類型において履修させることになっている各教科・科目以外の各教科・科目を履修させたり，生徒が自由に選択履修することのできる各教科・科目を設けたりするものとする。

⏱□学校においては，キャリア教育及び職業教育を推進するために，生徒の特性や進路，学校や地域の実態等を考慮し，地域や産業界等との連携を図り，産業現場等における長期間の実習を取り入れるなどの就業体験活動の機会を積極的に設けるとともに，地域や産業界等の人々の協力を積極的に得るよう配慮するものとする。

□職業に関する各教科・科目については，実験・実習に配当する授業時数を十分確保するようにすること。

□職業に関する各教科・科目については，就業体験活動をもって実習に替えることができること。

● 生徒の発達の支援

□学校の教育活動全体を通じて，個々の生徒の特性等の的確な把握に努め，その伸長を図ること。また，生徒が適切な各教科・科目や類型を選択し学校やホームルームでの生活によりよく適応するとともに，現在及び将来の生き方を考え行動する態度や能力を育成することができるようにすること。

B 5 　単位の修得及び卒業の認定　　　　頻出 東京，宮崎

⏱□卒業までに修得させる単位数は，74単位以上とする。

□普通科においては，卒業までに修得させる単位数に含めることができる学校設定科目及び学校設定教科に関する科目に係る修得単位数は，合わせて20単位を超えることができない。

□学校においては，各学年の課程の修了の認定については，単位制が併用されていることを踏まえ，弾力的に行うよう配慮するものとする。

□校長は，留学することを許可された生徒について，外国の高等学校における履修を高等学校における履修とみなし，36単位を超えない範囲で単位の修得を認定することができる。（学校教育法施行規則第93条第2項）

● 教育原理（学習指導要領）
道徳教育

ここが出る! ▶▶

・道徳教育は，学校の教育活動全体を通じて行う。その目標を押さえよう。道徳性や公共の精神といった言葉に注意。
・各学校では，道徳教育の全体計画を作成し重点目標を設定する。中心的な役割を担うのは道徳教育推進教師だ。

A 1 道徳教育の目標 　　　　頻出 京都，岡山，大分

　　道徳教育は学校の**教育活動全体**を通じて行う。その目標について，学習指導要領総則では以下のように言われている。

● 道徳教育の目標

⏱ □学校における道徳教育は，特別の教科である道徳を要として学校の**教育活動全体**を通じて行うものであり，道徳科はもとより，各教科，外国語活動，総合的な学習の時間及び特別活動のそれぞれの特質に応じて，児童の発達の段階を考慮して，適切な指導を行うこと。

⏱ □道徳教育は，教育基本法及び学校教育法に定められた教育の根本精神に基づき，自己の生き方を考え，主体的な判断の下に行動し，自立した人間として他者と共によりよく生きるための基盤となる道徳性を養うことを目標とすること。

□道徳教育を進めるに当たっては，人間尊重の精神と生命に対する畏敬の念を家庭，学校，その他社会における具体的な生活の中に生かし，豊かな心をもち，伝統と文化を尊重し，それらを育んできた我が国と郷土を愛し，個性豊かな文化の創造を図るとともに，平和で民主的な国家及び社会の形成者として，公共の精神を尊び，社会及び国家の発展に努め，他国を尊重し，国際社会の平和と発展や環境の保全に貢献し未来を拓く主体性のある日本人の育成に資することとなるよう特に留意すること。

● 道徳性とは

□道徳性とは，人間としての本来的な在り方やよりよい生き方を目指して行われる道徳的行為を可能にする人格的特性であり，人格の基盤をなす。（小学校学習指導要領解説・総則編）

B 2 道徳教育の配慮事項　　　　　　　　頻出 福井，京都，鳥取

道徳教育の中心的な役割を担うのは，道徳教育推進教師だ。

●道徳教育推進教師

□各学校においては，道徳教育の目標を踏まえ，道徳教育の<u>全体計画</u>を作成し，<u>校長</u>の方針の下に，道徳教育の推進を主に担当する教師（<u>道徳教育推進教師</u>）を中心に，全教師が協力して道徳教育を展開すること。

●指導計画と指導内容

□道徳教育の全体計画の作成に当たっては，児童や学校，<u>地域</u>の実態を考慮して，学校の道徳教育の重点目標を設定するとともに，<u>道徳科</u>の指導方針，<u>特別の教科道徳</u>の示す内容との関連を踏まえた各教科，外国語活動，総合的な学習の時間及び<u>特別活動</u>における指導の内容及び時期並びに家庭や地域社会との連携の方法を示すこと。

□公民科の「<u>公共</u>」及び「<u>倫理</u>」並びに<u>特別活動</u>が，人間としての在り方生き方に関する中核的な指導の場面であることに配慮すること。（高等学校）

□各学校においては，児童の<u>発達</u>の段階や特性等を踏まえ，指導内容の<u>重点化</u>を図ること。その際，各学年を通じて，自立心や<u>自律性</u>，生命を尊重する心や他者を<u>思いやる</u>心を育てることに留意すること。

□小学校の第１学年及び第２学年においては，<u>挨拶</u>などの基本的な生活習慣を身に付けること，<u>善悪</u>を判断し，してはならないことをしないこと，社会生活上の<u>きまり</u>を守ることに留意する。

□学校や学級内の<u>人間関係</u>や環境を整えるとともに，集団宿泊活動やボランティア活動，<u>自然体験活動</u>，地域の行事への参加などの豊かな体験を充実すること。

□道徳教育の指導内容が，児童の<u>日常生活</u>に生かされるようにすること。その際，<u>いじめ</u>の防止や<u>安全</u>の確保等にも資することとなるよう留意すること。

□学校の道徳教育の<u>全体計画</u>や道徳教育に関する諸活動などの情報を積極的に<u>公表</u>したり，道徳教育の充実のために家庭や地域の人々の積極的な参加や協力を得たりするなど，家庭や地域社会との共通理解を深め，相互の<u>連携</u>を図ること。

特別の教科・道徳

頻出度 **B**

ここが出る！▶▶
- 2015年の学習指導要領改訂で道徳が教科になっている。A〜Dの内容の4本柱を覚えよう。
- 特別の教科・道徳においては，数値による評価は実施しない。この点は重要である。

A 1 道徳科の目標

頻出 福井，鳥取

前テーマでみた，道徳教育全体の目標と混同しないように。

□道徳教育の目標❶に基づき，よりよく生きるための基盤となる道徳性を養うため，道徳的諸価値についての理解を基に，自己を見つめ，物事を多面的・多角的に考え，自己の生き方についての考えを深める学習を通して，道徳的な判断力，心情，実践意欲と態度を育てる。

B 2 道徳科の内容

頻出 東京，福岡

A〜Dの4本柱からなり，その下に細目が掲げられている。以下は小学校のものである❷。

□主として自分自身に関すること（**A**）
　[善悪の判断，自律，自由と責任] [正直，誠実] [節度，節制] [個性の伸長] [希望と勇気，努力と強い意志] [真理の探究]
□主として人との関わりに関すること（**B**）
　[親切，思いやり] [感謝] [礼儀] [友情，信頼] [相互理解，寛容]
□主として集団や社会との関わりに関すること（**C**）
　[規則の尊重] [公正，公平，社会正義] [勤労，公共の精神] [家族愛，家庭生活の充実] [よりよい学校生活，集団生活の充実] [伝統と文化の尊重，国や郷土を愛する態度] [国際理解，国際親善]
□主として生命や自然，崇高なものとの関わりに関すること（**D**）
　[生命の尊さ] [自然愛護] [感動，畏敬の念] [よりよく生きる喜び]

❶前テーマを参照。
❷小学校の道徳科の内容は2学年ごとに区切られている。Aの「真理の探究」，Dの「よりよく生きる喜び」は高学年のみの項目である。

B 3 道徳科の指導計画の作成と内容の取扱い 頻出 福島，福井

道徳科では，数値による評価は行わない。

●指導計画の作成

□各学校においては，道徳教育の<u>全体計画</u>に基づき，各教科，外国語活動，総合的な学習の時間及び特別活動との関連を考慮しながら，道徳科の<u>年間指導計画</u>を作成するものとする。

●内容の指導

□<u>校長</u>や教頭などの参加，他の教師との協力的な指導などについて工夫し，<u>道徳教育推進教師</u>を中心とした指導体制を充実すること。

□道徳科が学校の教育活動全体を通じて行う道徳教育の要としての役割を果たすことができるよう，計画的・発展的な指導を行うこと。

□児童か自ら<u>道徳性</u>を養う中で，自らを振り返って成長を実感したりこれからの課題や目標を見付けたりすることができるよう工夫すること。

□児童が<u>多様</u>な感じ方や考え方に接する中で，考えを深め，判断し，<u>表現</u>する力などを育むことができるよう，自分の考えを基に話し合ったり書いたりするなどの<u>言語活動</u>を充実すること。

□児童の発達の段階や特性等を考慮し，<u>情報モラル</u>に関する指導を充実すること。

□児童の発達の段階や特性等を考慮し，例えば，社会の<u>持続可能な発展</u>などの現代的な課題の取扱いにも留意し，身近な社会的課題を自分との関係において考え，それらの解決に寄与しようとする意欲や態度を育てるよう努めること。なお，<u>多様</u>な見方や考え方のできる事柄について，特定の見方や考え方に<u>偏った</u>指導を行うことのないようにすること。

□道徳科の授業を<u>公開</u>したり，授業の実施や<u>地域教材</u>の開発や活用などに家庭や地域の人々，各分野の専門家等の積極的な参加や協力を得たりするなど，家庭や地域社会との共通理解を深め，相互の<u>連携</u>を図ること。

●評価

□児童の学習状況や<u>道徳性</u>に係る成長の様子を継続的に把握し，指導に生かすよう努める必要がある。ただし，<u>数値</u>などによる評価は行わないものとする。

● **教育原理（学習指導要領）**

外国語科，外国語活動 ［頻出度 **C**］

ここが出る！ ▶▶

・新学習指導要領では高学年に教科の外国語科ができ，中学年から外国語活動が実施されることになった。目標の原文の空欄補充問題が多いが，双方のものを混同しないようにすること。

・中学年の外国語活動では，音声重視という点がポイントだ。

C **1** 外国語科　　　　　　　　　　　　　　　　　　**頻出** 東京，広島

　小学校高学年に新設された教科である。目標の原文を掲げる。

> 　外国語による**コミュニケーション**における見方・考え方を働かせ，外国語による聞くこと，読むこと，**話す**こと，書くことの言語活動を通して，**コミュニケーション**を図る基礎となる資質・能力を次のとおり育成することを目指す。
>
> □外国語の音声や文字，**語彙**，表現，文構造，言語の働きなどについて，日本語と**外国語**との違いに気付き，これらの知識を理解するとともに，読むこと，**書く**ことに慣れ親しみ，聞くこと，読むこと，**話す**こと，書くことによる実際の**コミュニケーション**において活用できる基礎的な技能を身に付けるようにする。
>
> □**コミュニケーション**を行う目的や場面，状況などに応じて，身近で簡単な事柄について，聞いたり話したりするとともに，**音声**で十分に慣れ親しんだ外国語の語彙や基本的な表現を推測しながら読んだり，**語順**を意識しながら書いたりして，自分の考えや気持ちなどを伝え合うことができる基礎的な力を養う。
>
> □外国語の背景にある**文化**に対する理解を深め，他者に配慮しながら，主体的に外国語を用いて**コミュニケーション**を図ろうとする態度を養う。

C **2** 外国語活動　　　　　　　　　　　　　　　　　　**頻出** 広島

　中学年の外国語活動では，音声（聞く・話す）に重点を置く。

●**目標**

□外国語を通して，言語や文化について**体験的**に理解を深め，日本語と

外国語との<u>音声</u>の違い等に気付くとともに，外国語の音声や基本的な<u>表現</u>に慣れ親しむようにする。

□身近で簡単な事柄について，**外国語**で聞いたり話したりして自分の考えや気持ちなどを伝え合う力の<u>素地</u>を養う。

□外国語を通して，言語やその背景にある<u>文化</u>に対する理解を深め，相手に配慮しながら，主体的に外国語を用いて**コミュニケーション**を図ろうとする態度を養う。

● 指導計画の作成

□<u>単元</u>など内容や時間のまとまりを見通して，その中で育む資質・能力の育成に向けて，児童の<u>主体的</u>・対話的で深い学びの実現を図るようにすること。

□学年ごとの<u>目標</u>を適切に定め，2学年間を通じて外国語活動の目標の実現を図るようにすること。

□<u>英語</u>を初めて学習することに配慮し，簡単な語句や基本的な表現を用いながら，友達との関わりを大切にした体験的な<u>言語活動</u>を行うこと。

□外国語活動を通して，外国語や外国の文化のみならず，<u>国語</u>や我が国の<u>文化</u>についても併せて理解を深めるようにすること。

□学級担任の教師又は外国語活動を担当する教師が<u>指導計画</u>を作成し，授業を実施するに当たっては，**ネイティブ・スピーカー**や英語が堪能な<u>地域人材</u>などの協力を得る等，指導体制の充実を図るとともに，<u>指導方法</u>の工夫を行うこと。

● 内容の取扱い

□<u>文字</u>については，児童の学習負担に配慮しつつ，音声によるコミュニケーションを補助するものとして取り扱うこと。

⏱□<u>言葉</u>によらないコミュニケーションの手段もコミュニケーションを支えるものであることを踏まえ，**ジェスチャー**などを取り上げ，その役割を理解させるようにすること。

□友達に質問をしたり質問に答えたりする力を育成するため，**ペア・ワーク**，グループ・ワークなどの学習形態について適宜工夫すること。

□視聴覚教材やコンピュータ，**情報通信ネットワーク**，教育機器などを有効活用し，児童の興味・関心をより高め，指導の効率化や<u>言語活動</u>の更なる充実を図るようにすること。

● **教育原理（学習指導要領）**

総合的な学習の時間 頻出度 B

ここが出る！ ▶▶

・総合的な学習の時間の目標はどのようなものか。
・総合的な学習の時間の目標・内容設定は，各学校が独自に設定する。
児童生徒の興味・関心を踏まえつつ，各教科等で習得した知識や
技能が「総合的」に働く課題を設定するなど，専門性が要求される。

A 1 総合的な学習の時間の目標　　　頻出 東京，福岡，宮崎

この文章の空欄補充問題が予想される。しっかり覚えよう。

□探究的な見方・考え方を働かせ，横断的・総合的な学習を行うことを
通して，よりよく課題を解決し，自己の生き方を考えていくための資
質・能力を次のとおり育成することを目指す。

□(1)探究的な学習の過程において，課題の解決に必要な知識及び技能
を身に付け，課題に関わる概念を形成し，探究的な学習のよさを理解
するようにする。

□(2)実社会や実生活の中から問いを見いだし，自分で課題を立て，情
報を集め，整理・分析して，まとめ・表現することができるようにする。

□(3)探究的な学習に主体的・協働的に取り組むとともに，互いのよさ
を生かしながら，積極的に社会に参画しようとする態度を養う。

B 2 各学校において定める目標及び内容　　頻出 東京，福岡

● **各学校において定める目標及び内容の取扱い**

□各学校において定める目標及び内容については，他教科等の目標及び
内容との違いに留意しつつ，他教科等で育成を目指す資質・能力との
関連を重視すること。

□各学校において定める目標及び内容については，日常生活や社会との
関わりを重視すること。

● **探究課題**

□目標を実現するにふさわしい探究課題については，学校の実態に応じ
て，例えば，国際理解，情報，環境，福祉・健康などの現代的な諸課
題に対応する横断的・総合的な課題，地域の人々の暮らし，伝統と文
化など地域や学校の特色に応じた課題，児童の興味・関心に基づく課

題などを踏まえて設定すること。

□探究課題の解決を通して育成を目指す具体的な資質・能力については，次の事項に配慮すること。

ア）知識及び技能については，他教科等及び総合的な学習の時間で習得する知識及び技能が相互に関連付けられ，社会の中で生きて働くものとして形成されるようにすること。

イ）思考力，判断力，表現力等については，課題の設定，情報の収集，整理・分析，まとめ・表現などの探究的な学習の過程において発揮され，未知の状況において活用できるものとして身に付けられるようにすること。

ウ）学びに向かう力，人間性等については，自分自身に関すること及び他者や社会との関わりに関することの両方の視点を踏まえること。

C 3 指導計画の作成と内容の取扱い 　　頻出 東京，福岡，宮崎

各教科等で身に付けた知識や技能が「総合的」に働くようにする。

●指導計画の作成（一部）

□児童が探究的な見方・考え方を働かせ，教科等の枠を超えた横断的・総合的な学習や児童の興味・関心等に基づく学習を行うなど創意工夫を生かした教育活動の充実を図ること。

□他教科等及び総合的な学習の時間で身に付けた資質・能力を相互に関連付け，学習や生活において生かし，それらが総合的に働くようにすること。

●内容の取扱い（一部）

□各学校において定める目標及び内容に基づき，児童の学習状況に応じて教師が適切な指導を行うこと。

□探究的な学習の過程においては，他者と協働して課題を解決しようとする学習活動や，言語により分析し，まとめたり表現したりするなどの学習活動が行われるようにすること。その際，例えば，比較する，分類する，関連付けるなどの考えるための技法が活用されるようにすること。

□自然体験やボランティア活動などの社会体験，ものづくり，生産活動などの体験活動，観察・実験，見学や調査，発表や討論などの学習活動を積極的に取り入れること。

特別活動

ここが出る！ ▶▶

・特別活動の目標はどのようなものか。小学校新学習指導要領では3つ挙げられている。「集団活動」がキーワード。

・特別活動で行う活動の4種類を押さえよう。学校行事の種類も頻出。「儀式的行事」などは，漢字で書けるようにしてほしい。

A 1 特別活動の目標と内容 　　　　頻出 福島，東京，長野，福岡

● 目標

□集団や社会の形成者としての見方・考え方を働かせ，様々な集団活動に自主的，実践的に取り組み，互いのよさや可能性を発揮しながら集団や自己の生活上の課題を解決することを通して，次のとおり資質・能力を育成することを目指す。

□多様な他者と協働する様々な集団活動の意義や活動を行う上で必要となることについて理解し，行動の仕方を身に付けるようにする。

□集団や自己の生活，人間関係の課題を見いだし，解決するために話し合い，合意形成を図ったり，意思決定したりすることができるようにする。

□自主的，実践的な集団活動を通して身に付けたことを生かして，集団や社会における生活及び人間関係をよりよく形成するとともに，自己の生き方についての考えを深め，自己実現を図ろうとする態度を養う。

● 内容

□特別活動の内容は，①学級活動，②児童会活動，③クラブ活動（小学校のみ），④学校行事，という4つの領域からなる。

□中学校と高等学校では，児童会活動は生徒会活動となる。

□高等学校では，学級活動はホームルーム活動となる。

A 2 学級活動 　　　　頻出 東京，高知，宮崎

　4つの領域について順にみていく。まずは学級活動からである。

● 目標

□学級や学校での生活をよりよくするための課題を見いだし，解決するために話し合い，合意形成し，役割を分担して協力して実践したり，

学級での話合いを生かして自己の課題の解決及び将来の生き方を描く
ために意思決定して実践したりすることに, 自主的, 実践的に取り組む。

□学級や学校における生活づくりへの参画

　ア　学級や学校における生活上の諸問題の解決

　イ　学級内の組織づくりや役割の自覚

　ウ　学校における多様な集団の生活の向上

□日常の生活や学習への適応と自己の成長及び健康安全

　ア　基本的な生活習慣の形成

　イ　よりよい人間関係の形成

　ウ　心身ともに健康で安全な生活態度の形成

　エ　食育の観点を踏まえた学校給食と望ましい食習慣の形成

□一人一人のキャリア形成と自己実現

　ア　現在や将来に希望や目標をもって生きる意欲や態度の形成

　イ　社会参画意識の醸成や働くことの意義の理解

　ウ　主体的な学習態度の形成と学校図書館等の活用

B 3 児童会活動・生徒会活動

●目標

□異年齢の児童同士で協力し, **学校生活**の充実と向上を図るための諸問
　題の解決に向けて, 計画を立て役割を分担し, 協力して運営すること
　に自主的, 実践的に取り組む。

●内容

□①児童会の組織づくりと児童会活動の計画や運営, ②異年齢集団によ
　る交流❶, ③学校行事への協力, の3つからなる。

□児童会の計画や運営は, 主として高学年の児童が行うこと。

B 4 クラブ活動（小学校）

　中高の部活動とは違い, クラブ活動は特別活動に属する**授業**である。

●目標

□異年齢の児童同士で協力し, 共通の興味・関心を追求する集団活動の

----

❶中学校と高等学校では, ボランティア活動などの社会参画となる。

計画を立てて運営することに自主的，実践的に取り組むことを通して，個性の伸長を図る。

●**内容**

□①クラブの組織づくりとクラブ活動の計画や運営，②クラブを楽しむ活動，③クラブの成果の発表，の3つからなる。

□主として第4学年以上の同好の児童をもって組織する。

A 5 学校行事 <small>頻出 東京，香川，宮崎</small>

●**目標**

□全ての学年において，全校又は学年を単位として，次の各行事において，学校生活に秩序と変化を与え，学校生活の充実と発展に資する体験的な活動を行うことを通して，それぞれの学校行事の意義及び活動を行う上で必要となることについて理解し，主体的に考えて実践できるよう指導する。

●**内容**

□【 儀式的行事 】…学校生活に有意義な変化や折り目を付け，厳粛で清新な気分を味わい，新しい生活の展開への動機付けとなるようにすること。

□【 文化的行事 】…平素の学習活動の成果を発表し，自己の向上の意欲を一層高めたり，文化や芸術に親しんだりするようにすること。

□【 健康安全・体育的行事 】…心身の健全な発達や健康の保持増進，事件や事故，災害等から身を守る安全な行動や規律ある集団行動の体得，運動に親しむ態度の育成，責任感や連帯感の涵養，体力の向上などに資するようにすること。

□【 遠足・集団宿泊的行事 】…自然の中での集団宿泊活動などの平素と異なる生活環境にあって，見聞を広め，自然や文化などに親しむとともに，よりよい人間関係を築くなどの集団生活の在り方や公衆道徳などについての体験を積むことができるようにすること❷。

□【 勤労生産・奉仕的行事 】…勤労の尊さや生産の喜びを体得するとともに，ボランティア活動などの社会奉仕の精神を養う体験が得られるようにすること。

----

❷中学校では，「旅行・集団宿泊的行事」である。

● 内容の取扱い

□実施に当たっては，自然体験や社会体験などの体験活動を充実するとともに，体験活動を通して気付いたことなどを振り返り，まとめたり，発表し合ったりするなどの事後の活動を充実すること。

B 6 指導計画の作成と内容の取扱い 　頻出 長野，高知，福岡

● 指導計画の作成(一部)

□特別活動の各活動及び学校行事を見通して，その中で育む資質・能力の育成に向けて，児童の主体的・対話的で深い学びの実現を図るようにすること。

□よりよい人間関係の形成，よりよい集団生活の構築や社会への参画及び自己実現に資するよう，児童が集団や社会の形成者としての見方・考え方を働かせ，様々な集団活動に自主的，実践的に取り組む中で，互いのよさや個性，多様な考えを認め合い，等しく合意形成に関わり役割を担うようにすることを重視すること。

□学級活動における児童の自発的，自治的な活動を中心として，各活動と学校行事を相互に関連付けながら，個々の児童についての理解を深め，教師と児童，児童相互の信頼関係を育み，学級経営の充実を図ること。特に，いじめの未然防止等を含めた生徒指導との関連を図ること。

□小学校入学当初においては，生活科を中心とした関連的な指導や，弾力的な時間割の設定を行うなどの工夫をすること。

● 内容の取扱い(一部)

□学級活動，児童会活動及びクラブ活動の指導については，指導内容の特質に応じて，教師の適切な指導の下に，児童の自発的，自治的な活動が効果的に展開されるようにすること。

□学校生活への適応や人間関係の形成などについては，主に集団の場面で必要な指導や援助を行うガイダンスと，個々の児童の多様な実態を踏まえ，一人一人が抱える課題に個別に対応した指導を行うカウンセリング(教育相談を含む。)の双方の趣旨を踏まえて指導を行うこと。

□異年齢集団による交流を重視するとともに，幼児，高齢者，障害のある人々などとの交流や対話，障害のある幼児児童生徒との交流及び共同学習の機会を通して，協働することや，他者の役に立ったり社会に貢献したりすることの喜びを得られる活動を充実すること。

● 教育原理（学習指導要領）
学習指導要領の変遷 頻出度 **C**

ここが出る! ▶▶
- 学習指導要領は，およそ10年間隔で改訂されてきている。小学校の生活科が創設された改訂の年など，重要事項を覚えよう。
- 改訂の内容文を提示して，時代順に並べ替えさせる問題が頻出。各年の改訂内容のキーワードを覚え，対応できるようにしよう。

C **1** **各年次の学習指導要領の特徴** 頻出 東京，和歌山，大分

学習指導要領は，1947年以降，おおよそ10年おきに**改訂**されている。直近の2017・18年の改訂内容については，テーマ12を参照。

● **1947年版学習指導要領**

□「試案」と表示され，教師の手引として位置づけられる。

□戦前の修身，公民，歴史，地理に代わり，**社会科**，家庭科，**自由研究**などが設けられた。

● **1951年版学習指導要領**

□1947年版と同様，「試案」としての性格を持つ。自由研究が消滅。

□教科を4つの大領域に分け，各領域の時間が全体の時間に占める**比率**の目安を提示。

● **1958年版学習指導要領**（小・中は58年，高は60年に全面改訂）

□学習指導要領は，各学校の教育課程の国家基準となり，**法的拘束力**を持つようになる。

□道徳の時間を新設。小・中学校の教育課程は，各教科，道徳，**特別教育活動**，そして学校行事の4領域で構成されることになる。

□**科学技術**教育を重視した教育を志向。能力に応じた教育を展開する。

● **1968年版学習指導要領**（小は68年，中は69年，高は70年に全面改訂）

□特別教育活動と学校行事を**特別活動**に統合。小・中学校の教育課程は，各教科，道徳，特別活動で構成される。

□科学技術力向上に向けた国際競争が高まる中，教育内容の「現代化」が掲げられ，教育内容が増やされる。

● **1977年版学習指導要領**（小・中は77年，高は78年に全面改訂）

□「ゆとり」と「精選」という考え方のもと，教育内容および授業時数が削減される。

□中学校で選択教科，高等学校で習熟度別学級編成が導入される。個に応じた指導が志向される。

□**道徳教育**が強化され，社会奉仕や勤労体験学習が打ち出される。

● **1989年版学習指導要領**（小・中・高とも89年に全面改訂）

⏱ □小学校低学年と社会と理科を統合して「生活科」を創設。

□高校の社会科を廃止して，「地理歴史科」と「公民科」を創設。

□中学校・高校の家庭科が男女共修となる。

□情報化社会に対応すべく，コンピュータ教育などを重視。

● **1998年版学習指導要領**（小・中は98年，高は99年に全面改訂）

□学校週5日制の完全実施や，小・中学校における教育内容の3割削減など，いわゆる「ゆとり教育」を導入。

⏱ □教育課程に「総合的な学習の時間」が加えられる

□「生きる力」をはぐくむことを初めて強調。

● **2003年版学習指導要領**（小・中・高とも03年に部分改訂）

□個に応じた指導を重視する立場から，学習指導要領に示して**いない**内容を加えて指導することができることを明確化。

□学習指導要領の「基準性」としての性格を明示。

● **2008年版学習指導要領**（小・中は08年，高は09年に全面改訂）

□確かな学力を確立するために必要な授業時数の確保（脱ゆとり）。

⏱ □小学校高学年の教育課程に，外国語活動を導入。

● **2015年版学習指導要領**（小・中を15年に部分改訂）

□小・中学校の道徳が「特別の教科　道徳」となる

B 2 キーワードによる整理　　　頻出 東京，和歌山，大分

各年の内容を判別するための手短なキーワードを押さえよう。

1958年	国家基準，法的拘束力，道徳の新設，科学技術教育，系統性
1968年	特別活動，教育内容の現代化，愛国心
1977年	ゆとり・精選，習熟度別学級編成，社会奉仕，国歌
1989年	生活科，地理歴史科，公民科，情報化への対応
1998年	学校週5日制，総合的な学習の時間，生きる力
2003年	個に応じた指導，学習指導要領の基準性
2008年	確かな学力，授業時数増加，外国語活動
2015年	道徳の教科化

● 教育原理（学習指導要領）

新学習指導要領のポイント

頻出度 **A**

ここが出る！ ▶▶

・新学習指導要領では，どのような資質・能力の育成を目指すか。それらを育む戦略としての「主体的・対話的で深い学び」も重要。

・「社会に開かれた教育課程」，「カリキュラム・マネジメント」もよく出るキーワードだ。概念を押さえよう。

2016年12月の中央教育審議会答申「幼稚園，小学校，中学校，高等学校及び特別支援学校の学習指導要領等の改善及び必要な方策等について」を読んでみよう。

B 1 学校教育を通じて育てたい姿　　頻出 京都，鹿児島

以下の3つの姿を目指す。2番目は，「主体的・対話的で深い学び」と関わる。

□社会的・職業的に自立した人間として，我が国や郷土が育んできた伝統や文化に立脚した広い視野を持ち，理想を実現しようとする高い志や意欲を持って，主体的に学びに向かい，必要な情報を判断し，自ら知識を深めて個性や能力を伸ばし，人生を切り拓いていくことができること。

□対話や議論を通じて，自分の考えを根拠とともに伝えるとともに，他者の考えを理解し，自分の考えを広げ深めたり，集団としての考えを発展させたり，他者への思いやりを持って多様な人々と協働したりしていくことができること。

□変化の激しい社会の中でも，感性を豊かに働かせながら，よりよい人生や社会の在り方を考え，試行錯誤しながら問題を発見・解決し，新たな価値を創造していくとともに，新たな問題の発見・解決につなげていくことができること。

B 2 「社会に開かれた教育課程」の実現　　頻出 埼玉，京都

社会の状況を踏まえ，また社会との連携・協働を行う。

□社会や世界の状況を幅広く視野に入れ，よりよい学校教育を通じてよりよい社会を創るという目標を持ち，教育課程を介してその目標を社

会と共有していくこと。

□これからの社会を創り出していく子供たちが，社会や世界に向き合い関わり合い，自らの人生を切り拓いていくために求められる資質・能力とは何かを，教育課程において明確化し育んでいくこと。

□教育課程の実施に当たって，地域の人的・物的資源を活用したり，放課後や土曜日等を活用した社会教育との連携を図ったりし，学校教育を学校内に閉じずに，その目指すところを社会と共有・連携しながら実現させること。

A 3 学習指導要領等の枠組みの見直し　　　頻出 福井

上記の育てたい姿や「社会に開かれた教育課程」の理念の下，学習指導要領を見直す。

⏱□これからの教育課程や学習指導要領等は，学校の創意工夫の下，子供たちの多様で質の高い学びを引き出すため，学校教育を通じて子供たちが身に付けるべき資質・能力や学ぶべき内容などの全体像を分かりやすく見渡せる「学びの地図」として，教科等や学校段階を越えて教育関係者間が共有したり，子供自身が学びの意義を自覚する手掛かりを見いだしたり，家庭や地域，社会の関係者が幅広く活用したりできるものとなることが求められている。

□以下の6点に沿って枠組みを見直す。

　①「何ができるようになるか」（育成を目指す資質・能力）

　②「何を学ぶか」（教科等を学ぶ意義と，教科等間・学校段階間のつながりを踏まえた教育課程の編成）

　③「どのように学ぶか」（各教科等の指導計画の作成と実施，学習・指導の改善・充実）

　④「子供一人一人の発達をどのように支援するか」（子供の発達を踏まえた指導）

　⑤「何が身に付いたか」（学習評価の充実）

　⑥「実施するために何が必要か」（学習指導要領等の理念を実現するために必要な方策）

A 4 カリキュラム・マネジメント　　　頻出 埼玉，京都

教育にも，合理的な「経営」の視点が求められる。

● カリキュラム・マネジメントの必要性

□「社会に開かれた教育課程」の理念のもと，子供たちが未来の創り手となるために求められる資質・能力を育んでいくためには，子供たちが「何ができるようになるか」「何を学ぶか」「どのように学ぶか」など，先ほどの①〜⑥に関わる事項を各学校が組み立て，家庭・地域と連携・協働しながら実施し，目の前の子供たちの姿を踏まえながら不断の見直しを図ることが求められる。

□今回の改訂は，各学校が学習指導要領等を手掛かりに，この「カリキュラム・マネジメント」を実現し，学校教育の改善・充実の好循環を生み出していくことを目指すものである。

● カリキュラム・マネジメントの3つの側面

□各教科等の教育内容を相互の関係で捉え，学校教育目標を踏まえた教科等横断的な視点で，その目標の達成に必要な教育の内容を組織的に配列していくこと。

□教育内容の質の向上に向けて，子供たちの姿や地域の現状等に関する調査や各種データ等に基づき，教育課程を編成し，実施し，評価して改善を図る一連のPDCAサイクルを確立すること。

□教育内容と，教育活動に必要な人的・物的資源等を，地域等の外部の資源も含めて活用しながら効果的に組み合わせること。

A 5 育成を目指す資質・能力 　　　　　頻出 福井，京都，奈良

3つの柱と7つの力を押さえよう。

● 育成を目指す資質・能力の3つの柱

□①何を理解しているか，何ができるか（生きて働く「知識・技能」の習得）

□②理解していること・できることをどう使うか（未知の状況にも対応できる「思考力・判断力・表現力等」の育成）

□③どのように社会・世界と関わり，よりよい人生を送るか（学びを人生や社会に生かそうとする「学びに向かう力・人間性等」の涵養）

● 現代的な諸課題に対応して求められる資質・能力

□健康・安全・食に関する力。

□主権者として求められる力。

□新たな価値を生み出す豊かな創造性。

□グローバル化の中で**多様性**を**尊重**するとともに，現在まで受け継がれてきた我が国固有の領土や歴史について理解し，伝統や**文化**を尊重しつつ，多様な他者と**協働**しながら目標に向かって挑戦する力。

□地域や社会における産業の役割を理解し**地域創生**等に生かす力。

□自然環境や資源の有限性等の中で**持続可能**な社会をつくる力。

□豊かな**スポーツライフ**を実現する力。

B 6 主体的・対話的で深い学び　　　頻出 福井，奈良，徳島，大分

5で示した資質・能力を育むための戦略である。以下の視点に立った授業改善を行う。

□学ぶことに**興味**や関心を持ち，自己の**キャリア**形成の方向性と関連付けながら，**見通し**を持って粘り強く取り組み，自己の学習活動を振り返って次につなげる「**主体的な学び**」が**実現**できているか。

□子供同士の**協働**，教職員や地域の人との**対話**，先哲の考え方を手掛かりに考えること等を通じ，自己の考えを広げ深める「**対話的な学び**」が実現できているか。

□習得・活用・**探究**という学びの過程の中で，各教科等の特質に応じた「**見方・考え方**」を働かせながら，知識を相互に**関連**付けてより深く理解したり，**情報**を精査して考えを形成したり，問題を見いだして解決策を考えたり，思いや考えを基に創造したりすることに向かう「**深い学び**」が実現できているか。

B 7 小学校の改訂内容　　　頻出 奈良

外国語教育の早期化とプログラミング教育の必修化が目玉だ。

□低学年において，生活科を中心とした**スタートカリキュラム**を位置付ける。

□**中学年**から「**聞くこと**」「**話すこと**」を中心とした**外国語活動**を行い，高学年の**教科型**の学習につなげていくこととし，そのためには，年間**35**単位時間程度の時数が必要である。

□将来どのような職業に就くとしても時代を超えて普遍的に求められる「**プログラミング的思考**」を育む**プログラミング**教育の実施が求められる。

ここが出る！▶▶
・学習指導の形態は、一斉指導に限られない。さまざまなものがある。代表的なものを知っておこう。
・バズ学習、モニトリアル・システムなど、歴史上の著名な授業実践を押さえよう。考案者の名前もセットにして覚えること。

C **1** **学習指導の分類** 頻出 福井

学習指導の形態は、いくつかの観点から分類できる。

●学習の組織による分類

□【 **一斉学習** 】…１人の教師が、学級全員に同一内容、同一進度で学習させる方法。モニトリアル・システムが典型例。

□【 **個別学習** 】…能力や適性など、個人差に応じた学習指導。ドルトン・プランやプログラム学習などが典型例。

□【 **小集団学習** 】…学級内をいくつかのグループに分けて学習するもの。習熟度別の集団など、編成の仕方にはいろいろある。

●学習観・教材観による分類

□【 **系統学習** 】…教育内容を系統立てて、体系的に学習すること。教科指導などは、その典型である。

□【 **経験学習** 】…実際の経験を通して、教育内容を学習すること。経験を教材とする。系統学習と相補的なものとみなされるべきもの。

B **2** **授業の方法** 頻出 東京，奈良，熊本市

多様な方法がある。それぞれを適宜組み合わせることが求められる。

●授業の基本的な方法

□【 **講義法** 】…教師の講義によって知識を伝授する方法。短時間に、大量の知識を、大人数の生徒に教授できる利点がある。

□【 **問答法** 】…問答（問い－答え）を通して、生徒を教育目標へと導く方法。

□【 **討議法** 】…討議を通して、生徒を教育目標へと導く方法。討議とは、知識、経験、意見などの交換過程を意味する。

□【 **劇化法** 】…学習している事柄について、劇の実演を通して、理解

を深めさせる方法である。道徳教育においてよく用いられる。

● **著名な授業実践**

□【 モニトリアル・システム 】…教師が，幾人かの助教(モニター)を介して，大人数の生徒を教育する方法。実践者のベルとランカスターの名をとって，**ベル・ランカスター法**ともいう。

⏱□【 バズ学習 】…成員を6人ずつのグループに分け，6分間討議させた後，各グループの討議の結果を持ちよって，全体の討議を行うもの。6－6討議とも呼ばれる。**フィリップス**が考案。

⏱□【 ジグソー学習 】…学習課題をパートに分け，学習を分担し，各自が成果を教え合う。**アロンソン**が提唱。

□【 モジュール方式 】…授業の内容や方法に合わせて，授業の1単位時間を柔軟に変更して，時間割を編成する方式。

□【 KJ法 】…情報をカードに書き込み，分類・整理する。

□【 こざね法 】…考えを書いた紙片を並べ，文章の構成を考える。

□【 ウェビング 】…頭の中の知識や思考を図に表す。

● **ユニークな討議法**

□【 ブレイン・ストーミング 】…新しいアイディアを得るための討議法。①批判禁止，②自由奔放に考えを述べる，③アイディアを多く出す，④意見を結合し，発展させる。**オズボーン**が考案。

□【 ディベート 】…ある特定のテーマの是非について，2グループの話し手が，賛成・反対の立場に分かれて，第三者を説得する形で議論を行うこと。(全国教室ディベート連盟ホームページ)

● **新たな教授・学習組織**

⏱□【 ティーム・ティーチング 】…複数の教師が協力して指導を行うこと。略してTTともいう。アメリカの**ケッペル**によって考案された。

□【 オープン・スクール 】…学級を単位とする一斉授業を排し，教室間の壁を取り払い，固定した時間割もなくした，空間的にも時間的にも開放された教育形態をとる学校。

● **教育工学**

⏱□【 CAI 】…人間教師に代わって，教育や学習を支援強化するシステム。Computer Assisted Instructionの略。

□【 CMI 】…コンピュータを活用した，授業の計画・実施・評価のシステム。Computer Managed Instructionの略。

学力調査

ここが出る！ ▶▶
- 国際的な学力調査の概要と，日本の結果の順位について知っておこう。これらに関する文章の正誤判定問題がよく出る。
- 毎年4月に実施されている全国学力調査。なぜこうした調査が行われるのか。目的をはじめとした概要事項を押さえよう。

C 1 PISA 調査 　　　　　　　　　　頻出 富山，神戸市

PISAとは，Programme for International Student Assesment の略称で，OECD生徒の学習到達度調査のことである。

● 調査の概要
□経済協力開発機構（OECD）が3年間隔で実施。最新は2018年調査。
□対象は15歳児（高校1年生）で，読解力，数学的リテラシー，科学的リテラシーを調査。

● 2018年調査の結果
□数学的リテラシー及び科学的リテラシーは，世界トップレベル。
□読解力は，OECD平均より高得点のグループに位置するが，前回より平均得点・順位が統計的に有意に低下。自分の考えを他者に伝わるように根拠を示して説明することに課題がある。
□生徒のICTの活用状況については，日本は，学校の授業での利用時間が短い。また，学校外では多様な用途で利用しているものの，チャットやゲームに偏っている傾向がある。

C 2 TIMSS 調査

TIMSSとは，Trends in International Mathematics and Science Studyの略で，国際数学・理科教育動向調査と訳される。

● 調査の概要
□国際教育到達度評価学会（IEA）が4年間隔で実施。
□対象は小学校4年生，中学校2年生（日本）で，算数・数学と理科を調査。

● 2019年調査の結果
□教科の平均得点については，小学校・中学校いずれも，算数・数学，

理科ともに，引き続き高い水準を維持している。

□前回調査に比べ，小学校理科においては平均得点が有意に低下しており，中学校数学においては平均得点が有意に上昇している。

□質問紙調査については，小学校・中学校いずれも，算数・数学，理科ともに，算数・数学，理科の「勉強は楽しい」と答えた児童生徒の割合は増加している。

□小学校理科について「勉強は楽しい」と答えた児童の割合は，引き続き国際平均を上回っているが，小学校算数，中学校数学及び中学校理科について「勉強は楽しい」と答えた児童生徒の割合は，国際平均を下回っている。

B 3 全国学力・学習状況調査　　　　　　頻出 千葉，東京

よく話題になる全国学力テストである。

●調査の目的

□義務教育の機会均等とその水準の維持向上の観点から，全国的な児童生徒の学力や学習状況を把握・分析し，教育施策の成果と課題を検証。

□学校における児童生徒への教育指導の充実や学習状況の改善等。

□教育に関する継続的な検証改善サイクルを確立する。

●調査対象と教科

□小学校第6学年，義務教育学校前期課程第6学年，特別支援学校小学部第6学年。教科は国語と算数❶。

□中学校第3学年，義務教育学校後期課程第3学年，中等教育学校前期課程第3学年，特別支援学校中学部第3学年。教科は国語と数学。

●出題内容

□身に付けておかなければ後の学年等の学習内容に影響を及ぼす内容や，実生活において不可欠であり常に活用できるようになっていることが望ましい知識・技能等。

□知識・技能を実生活の様々な場面に活用する力や，様々な課題解決のための構想を立て実践し評価・改善する力等。

□上記の2つを一体的に問い，記述式の問題を一定割合で導入。

□調査する学年の児童生徒を対象に，学習意欲，学習方法，学習環境，生活の諸側面等に関する質問紙調査を実施する。

❶数年に一度，理科も加えられる。

● 教育原理（学習論）

学習評価

ここが出る！ ▶▶

- 「知識・技能」「思考・判断・表現」「主体的に学習に取り組む態度」という，評価の3つの観点を押さえよう。
- 「パフォーマンス評価」「ポートフォリオ評価」「形成的評価」など，多面的・多角的な評価を行うための方法を知っておこう。

B 1 学習評価についての基本的な考え方　　頻出 兵庫，大分

2019年3月の文部科学省通知❶にて，以下のように言われている。

□「学習指導」と「学習評価」は学校の教育活動の根幹であり，教育課程に基づいて組織的かつ計画的に教育活動の質の向上を図る「カリキュラム・マネジメント」の中核的な役割を担っていること。

⏱□指導と評価の一体化の観点から，新学習指導要領で重視している「主体的・対話的で深い学び」の視点からの授業改善を通して各教科等における資質・能力を確実に育成する上で，学習評価は重要な役割を担っていること。

□次の基本的な考え方に立って，学習評価を真に意味のあるものとする。

①児童生徒の学習改善につながるものにしていくこと。

②教師の指導改善につながるものにしていくこと。

③これまで慣行として行われてきたことでも，必要性・妥当性が認められないものは見直していくこと。

A 2 学習評価の主な改善点　　頻出 三重，熊本市

学習評価の3つの観点を押さえよう。

⏱□各教科等の目標及び内容を「知識及び技能」，「思考力，判断力，表現力等」，「学びに向かう力，人間性等」の資質・能力の3つの柱で再整理した新学習指導要領の下での指導と評価の一体化を推進する観点から，観点別学習状況の評価の観点についても，これらの資質・能力に関わる「知識・技能」，「思考・判断・表現」，「主体的に学習に取り組む態度」の**3観点**に整理して示すこととしたこと。

❶「小学校，中学校，高等学校及び特別支援学校等における児童生徒の学習評価及び指導要録の改善等について」と題するものである。

⏱□「学びに向かう力，人間性等」については，「主体的に学習に取り組む態度」として観点別学習状況の評価を通じて見取ることができる部分と観点別学習状況の評価にはなじまず，個人内評価等を通じて見取る部分があることに留意する必要があることを明確にしたこと。

□「主体的に学習に取り組む態度」については，各教科等の観点の趣旨に照らし，知識及び技能を獲得したり，思考力，判断力，表現力等を身に付けたりすることに向けた粘り強い取組の中で，自らの学習を調整しようとしているかどうかを含めて評価することとしたこと。

B 3 学習評価の円滑な実施　　頻出 福井，奈良

□各学校においては，教師の勤務負担軽減を図りながら学習評価の妥当性や信頼性が高められるよう，学校全体としての組織的かつ計画的な取組を行うことが重要であること。

□学習評価については，日々の授業の中で児童生徒の学習状況を適宜把握して指導の改善に生かすことに重点を置くことが重要であること。

□観点別学習状況の評価の記録に用いる評価については，毎回の授業ではなく原則として単元や題材など内容や時間のまとまりごとに，それぞれの実現状況を把握できる段階で行うなど，その場面を精選することが重要であること。

□観点別学習状況の評価になじまず個人内評価の対象となるものについては，児童生徒が学習したことの意義や価値を実感できるよう，日々の教育活動等の中で児童生徒に伝えることが重要であること。

□特に「学びに向かう力，人間性等」のうち「感性や思いやり」など児童生徒一人一人のよい点や可能性，進歩の状況などを積極的に評価し児童生徒に伝えることが重要であること。

□言語能力，情報活用能力や問題発見・解決能力など教科等横断的な視点で育成を目指すこととされた資質・能力は，各教科等における「知識・技能」，「思考・判断・表現」，「主体的に学習に取り組む態度」の評価に反映することとし，各教科等の学習の文脈の中で，これらの資質・能力が横断的に育成・発揮されることが重要であること。

⏱□学習評価の方針を事前に児童生徒と共有する場面を必要に応じて設けることは，学習評価の妥当性や信頼性を高めるとともに，児童生徒自身に学習の見通しをもたせる上で重要であること。

ここが出る！ ▶▶
- 生徒指導の定義と目的の空欄補充問題が予想される。生徒指導の 3 類型についても知っておこう。
- 時代錯誤のブラック校則（拘束）への批判が強まっている。校則は 教育的意義を有するが，絶えず見直されねばならない。

文部科学省の『**生徒指導提要**』が全面改訂された。試験で出題が予想される重要箇所を読んでみよう。

A 1 生徒指導の意義　　　　頻出 山梨，奈良，岡山，山口

生徒指導は，問題行動の取り締まりだけを指すのではない。

● **定義**

> □生徒指導とは，児童生徒が，**社会**の中で自分らしく生きることができる存在へと，自発的・**主体的**に成長や発達する過程を支える教育活動のことである。
>
> □生徒指導上の課題に対応するために，必要に応じて指導や**援助**を行う。

● **目的**

□生徒指導は，児童生徒一人一人の**個性**の発見とよさや可能性の伸長と社会的資質・能力の発達を支えると同時に，自己の**幸福**追求と社会に受け入れられる**自己実現**を支えることを目的とする。

● **実践上の視点**

□①**自己存在感**の感受，②共感的な**人間関係**の育成，③**自己決定**の場の提供，④**安全**・安心な風土の醸成，という視点に留意する。

A 2 生徒指導の構造　　　　　★超頻出★

課題性の大小に応じて，生徒指導は大きく 3 つに分かれる。

● **生徒指導の 3 類型**

□【　**発達支持的生徒指導**　】…全ての児童生徒の発達を支える。

□【　**課題予防的生徒指導**　】…全ての児童生徒を対象とした**課題の未然**

防止教育と，課題の前兆行動が見られる一部の児童生徒を対象とした**課題の早期発見と対応**を含む。

⏱□【 **困難課題対応的生徒指導** 】…深刻な課題を抱えている特定の児童生徒への指導・援助を行う。

● 図解

①発達支持的生徒指導		常態的・先行的（プロアクティブ）
課題予防的生徒指導	②課題未然防止教育	
	③課題早期発見対応	即応的・継続的（リアクティブ）
④困難課題対応的生徒指導		

□①と②は全ての生徒を対象とした**先手型**，③と④は問題兆候のある生徒を対象とした**事後対応型**といえる。

B 3 児童生徒理解 頻出 東京

生徒指導の基本は，児童生徒理解だ。

□児童生徒理解においては，児童生徒を**心理面**のみならず，学習面，社会面，健康面，進路面，**家庭面**から総合的に理解していくことが重要である。

□学級・ホームルーム担任の日頃のきめ細かい**観察力**が，指導・援助の成否を大きく左右する。

□**学年担当**，教科担任，部活動等の顧問等による複眼的な広い視野からの児童生徒理解に加えて，**養護教諭**，SC，**SSW**の専門的な立場からの児童生徒理解を行うことが大切である。

□この他，生活実態調査，いじめアンケート調査等の調査データに基づく**客観的**な理解も有効である。特に，教育相談では，児童生徒の声を，受容・**傾聴**し，相手の立場に寄り添って理解しようとする**共感的理解**が重要になる。

B 4 集団指導と個別指導

集団指導と個別指導は，互いに補い合うものである。

● 総説

⏱□集団指導と個別指導は，**集団**に支えられて個が育ち，**個**の成長が集団を発展させるという**相互作用**により，児童生徒の力を最大限に伸ば

し，児童生徒が社会で<u>自立</u>するために必要な力を身に付けることができるようにするという指導原理に基づいて行われる。

●**集団指導**

□集団指導では，社会の一員としての自覚と責任，他者との**協調性**，集団の<u>目標達成</u>に貢献する態度の育成を図る。

□児童生徒は<u>役割分担</u>の過程で，各役割の重要性を学びながら，**協調性**を身に付けることができる。

□指導においては，あらゆる場面において，児童生徒が人として<u>平等</u>な立場で<u>互い</u>に理解し<u>信頼</u>した上で，集団の<u>目標</u>に向かって励まし合いながら成長できる集団をつくることが大切である。

●**個別指導**

□個別指導には，集団から<u>離れて</u>行う指導と，集団指導の場面においても<u>個</u>に配慮することの二つの概念がある。

□授業など集団で一斉に活動をしている場合において，個別の児童生徒の状況に応じて配慮することも<u>個別指導</u>と捉えられる。

□集団に適応できない場合など，課題への対応を求める場合には，集団から<u>離れて</u>行う個別指導の方がより効果的に児童生徒の力を伸ばす場合も少なくない。

B 5 生徒指導と教育課程

学習指導と生徒指導は，相互に関連付ける。

□各教科の目標の中には<u>生徒指導</u>の目的と重なり合うものがある。教科指導を進めるに当たっては，教科の目標と生徒指導の<u>つながり</u>を意識しながら指導を行うことが重要である。

□授業を進めるに当たっては，個々の児童生徒の<u>習熟</u>の程度など，その学習状況を踏まえた<u>個</u>に応じた指導に取り組むとともに，児童生徒間の交流を図るなど，<u>集団指導</u>ならではの工夫をこらし，可能な範囲で<u>生徒指導</u>を意識した授業を行うことが大切である。

C 6 生徒指導体制　　　　　　　　　　　　　　　頻出 宮崎

□生徒指導は，学校に関わる<u>全て</u>の教職員が担うものであり，<u>学校全体</u>で取り組むことが必要である。

□生徒指導体制づくりにおいては，各学年や**各分掌**，各種委員会等がそ

れぞれ組織として実効的に機能する体制をつくるとともに，学年や校務分掌を横断するチームを編成し，生徒指導の取組を推進することが重要である。

□その際，校長・副校長・教頭等をはじめとする管理職のリーダーシップの下で，学年主任や生徒指導主事，進路指導主事，保健主事，教育相談コーディネーター，特別支援コーディネーターなどのミドルリーダーによる横のつながり（校内連携体制）が形成されることが不可欠の前提となる。

□生徒指導体制づくりの考え方は，①生徒指導の方針・基準の明確化・具体化，②全ての教職員による共通理解・共通実践，③PDCAサイクルに基づく運営，の3つである。

A 7 校則　　　　　　　　　　　　　　　　頻出 北海道，福岡，沖縄

●校則の意義

□校則の在り方は，特に法令上は規定されていないものの，これまでの判例では，社会通念上合理的と認められる範囲において，教育目標の実現という観点から校長が定めるものとされている。

□学校教育において社会規範の遵守について適切な指導を行うことは重要であり，学校の教育目標に照らして定められる校則は，教育的意義を有する。

□校則の制定に当たっては，少数派の意見も尊重しつつ，児童生徒個人の能力や自主性を伸ばすものとなるように配慮することも必要である。

●校則の運用

□校則の内容について，普段から学校内外の関係者が参照できるように学校のホームページ等に公開しておくことや，児童生徒がそれぞれのきまりの意義を理解し，主体的に校則を遵守するようになるために，制定した背景等についても示しておくことが適切である。

●校則の見直し

□校則については，改めて学校の教育目的に照らして適切な内容か，現状に合う内容に変更する必要がないか，また，本当に必要なものか，絶えず見直しを行うことが求められる。

□校則を見直す際に児童生徒が主体的に参加し意見表明することは，身近な課題を自ら解決するといった教育的意義を有するものとなる。

教育相談

ここが出る！ ▶▶

・教育相談の重要性が高まっている。教育相談の概念について，文部科学省の『生徒指導提要』はどのように述べているか。

・教師も，教育相談の一翼を担う必要がある。教育相談において活用できる新たな手法として，どのようなものがあるか。

A 1 教育相談とは

頻出 北海道，福井

□教育相談の目的は，児童生徒が将来において社会的な<u>自己実現</u>ができるような資質・能力・<u>態度</u>を形成するように働きかけることであり，この点において生徒指導と<u>教育相談</u>は共通している。

□生徒指導は集団や社会の一員として求められる資質や能力を身に付けるように働きかけるという発想が強く，教育相談は<u>個人</u>の資質や能力の伸長を援助するという発想が強い傾向がある。

□教育相談は，生徒指導と同様に学校内外の連携に基づく**チーム**の活動として進められる。その際，チームの要となる<u>教育相談コーディネーター</u>の役割が重要ある。

A 2 専門的職員

頻出 千葉，宮崎

SCとSSWを混同しないようにすること。SSWは，当人を取り巻く環境への働きかけも行う。

●法規定

□スクールカウンセラーは，小学校における児童の<u>心理</u>に関する支援に従事する。（学校教育法施行規則第65条の3）

□スクールソーシャルワーカーは，小学校における児童の<u>福祉</u>に関する支援に従事する。（同第65条の4）

●具体的な職務

□**スクールカウンセラー(SC)**は心の専門家として，公立の小学校，中学校，高等学校等に児童生徒の<u>臨床心理</u>に関して，高度に専門的な知識・経験を有する者と位置付けられ配置されている。職務は児童生徒への<u>アセスメント</u>活動，児童生徒や保護者への<u>カウンセリング</u>活動など。

□ **スクールソーシャルワーカー(SSW)**は，社会福祉の専門的な知識，技術を活用し，問題を抱えた児童生徒を取り巻く環境に働きかけ，家庭，学校，地域の関係機関をつなぎ，児童生徒の悩みや抱えている問題の解決に向けて支援する専門家である。

B 3 教育相談において活用できる手法　　頻出 群馬，東京，佐賀

● 手法

□【 **グループエンカウンター** 】…グループ体験を通しながら他者に出会い，自分に出会うもの。集団の持つプラスの力を引き出す方法。

□【 **ピア・サポート活動** 】…児童生徒の社会的スキルを段階的に育て，児童生徒同士が互いに支えあう関係を作る。

□【 **ソーシャルスキルトレーニング** 】…様々な社会的技能をトレーニングにより，育くる方法。

□【 **アサーショントレーニング** 】…「主張訓練」と訳される。対人場面で自分の伝えたいことをしっかり伝えるためのトレーニング。

□【 **アンガーマネージメント** 】…自分の中に生じた怒りの対処法を段階的に学ぶ方法。

□【 **ストレスマネジメント教育** 】…様々なストレスに対する対処法を学ぶ手法。危機対応などによく活用される。

□【 **ライフスキルトレーニング** 】…自分の身体や心，命を守り，健康に生きるためのトレーニング。

● 用語

□【 **コラボレーション** 】…専門性や役割が異なる専門家が協働する相互作用の過程。

□【 **アセスメント** 】…「見立て」とも言われ，解決すべき問題や課題のある事例(事象)の家族や地域，関係者などの情報から，なぜそのような状態に至ったのか，児童生徒の示す行動の背景や要因を，情報を収集して系統的に分析し，明らかにしようとするもの。

□【 **コーピング** 】…嫌悪的で不快なストレス反応を低減させ，増幅させないことを目的とした認知機能，又はそのための対処法。

□【 **ケース会議** 】…解決すべき問題や課題のある事例(事象)を個別に深く検討することによって，その状況の理解を深め対応策を考える方法。

テーマ
18

● 教育原理（生徒指導）
いじめの防止

頻出度
A

ここが出る！ ▶▶

・いじめ防止対策推進法の条文の空欄補充問題がよく出る。出題頻度が高いのは第1条と第8条である。しっかり覚えよう。

・いじめの重大事態とはどのようなものか，法で定められている2つのタイプを覚えよう。

A 1 いじめとは

頻出 青森，福島，和歌山

⏱ □いじめとは，「児童等に対して，当該児童等が在籍する学校に在籍している等当該児童等と一定の人的関係にある他の児童等が行う<u>心理的又は物理的な影響を与える行為</u>（<u>インターネット</u>を通じて行われるものを含む。）であって，当該行為の対象となった児童等が心身の<u>苦痛</u>を感じているもの」。（いじめ防止対策推進法第2条第1項）

A 2 いじめ防止対策推進法

★超頻出★

出題頻度の高い条文は以下のとおりである。

● 目的（第1条）

⏱ □この法律は，**いじめ**が，いじめを受けた児童等の<u>教育</u>を受ける権利を著しく侵害し，その心身の健全な成長及び<u>人格</u>の形成に重大な影響を与えるのみならず，その<u>生命</u>又は身体に重大な危険を生じさせるおそれがあるものであることに鑑み，児童等の<u>尊厳</u>を保持するため，いじめの<u>防止</u>等のための対策に関し，基本理念を定め，国及び<u>地方公共団体</u>等の責務を明らかにし，並びにいじめの防止等のための対策に関する基本的な方針の策定について定めるとともに，いじめの防止等のための対策の基本となる事項を定めることにより，いじめの防止等のための対策を総合的かつ効果的に推進することを目的とする。

● 基本理念（第3条）

⏱ □いじめの防止等のための対策は，いじめが<u>全て</u>の児童等に関係する問題であることに鑑み，児童等が安心して<u>学習</u>その他の活動に取り組むことができるよう，学校の<u>内外</u>を問わずいじめが行われなくなるようにすることを旨として行われなければならない。（第1項）

□いじめの防止等のための対策は，全ての児童等がいじめを行わず，及び他の児童等に対して行われるいじめを認識しながらこれを放置することがないようにするため，いじめが児童等の心身に及ぼす影響その他のいじめの問題に関する児童等の理解を深めることを旨として行われなければならない。(第2項)

□いじめの防止等のための対策は，いじめを受けた児童等の生命及び心身を保護することが特に重要であることを認識しつつ，国，地方公共団体，学校，地域住民，家庭その他の関係者の連携の下，いじめの問題を克服することを目指して行われなければならない。(第3項)

● 学校及び学校の教職員の責務(第8条)

⏱ □学校及び学校の教職員は，基本理念にのっとり，当該学校に在籍する児童等の保護者，地域住民，児童相談所その他の関係者との連携を図りつつ，学校全体でいじめの防止及び早期発見に取り組むとともに，当該学校に在籍する児童等がいじめを受けていると思われるときは，適切かつ迅速にこれに対処する責務を有する。

● 保護者の責務等(第9条)

□保護者は，子の教育について第一義的責任を有するものであって，その保護する児童等がいじめを行うことのないよう，当該児童等に対し，規範意識を養うための指導その他の必要な指導を行うよう努めるものとする。(第1項)

● いじめに対する措置(第23条)

□学校は，いじめの通報を受けたときは，速やかに，当該児童等に係るいじめの事実の有無の確認を行うための措置を講ずるとともに，その結果を当該学校の設置者に報告する。

⏱ □学校は，いじめが確認された場合には，いじめをやめさせ，及びその再発を防止するため，当該学校の複数の教職員によって，心理，福祉等に関する専門的な知識を有する者の協力を得つつ，いじめを受けた児童等又はその保護者に対する支援及びいじめを行った児童等に対する指導又はその保護者に対する助言を継続的に行う。

□学校は，必要があると認めるときは，いじめを行った児童等についていじめを受けた児童等が使用する教室以外の場所において学習を行わせる等いじめを受けた児童等その他の児童等が安心して教育を受けられるようにするために必要な措置を講ずる。

□学校は，いじめが犯罪行為として取り扱われるべきものであると認めるときは所轄警察署と連携してこれに対処するものとし，当該学校に在籍する児童等の生命，身体又は財産に重大な被害が生じるおそれがあるときは直ちに所轄警察署に通報し，適切に，援助を求める。

● 重大事態への対処（第28条）

⏱□学校の設置者又はその設置する学校は，次に掲げる場合には，その事態（重大事態）に対処し，…速やかに，当該学校の設置者又はその設置する学校の下に組織を設け，質問票の使用その他の適切な方法により当該重大事態に係る事実関係を明確にするための調査を行うものとする。

　　1）いじめにより当該学校に在籍する児童等の生命，心身又は財産に重大な被害が生じた疑いがあると認めるとき。

　　2）いじめにより当該学校に在籍する児童等が相当の期間学校を欠席することを余儀なくされている疑いがあると認めるとき。（欠席日数の目安は年間30日）

B 3　いじめの防止等のための基本的な方針　頻出 福岡，大分

　　2013年10月に策定された「いじめの防止等のための基本的な方針」（2017年3月改定）を読んでみよう。重要個所を抜粋する。

● いじめの防止

⏱□いじめは，どの子供にも，どの学校でも起こりうることを踏まえ，より根本的ないじめの問題克服のためには，全ての児童生徒を対象としたいじめの未然防止の観点が重要であり，全ての児童生徒を，いじめに向かわせることなく，心の通う対人関係を構築できる社会性のある大人へと育み，いじめを生まない土壌をつくるために，関係者が一体となった継続的な取組が必要である。

□このため，学校の教育活動全体を通じ，全ての児童生徒に「いじめは決して許されない」ことの理解を促し，児童生徒の豊かな情操や道徳心，自分の存在と他人の存在を等しく認め，お互いの人格を尊重し合える態度など，心の通う人間関係を構築する能力の素地を養うことが必要である。

● いじめの早期発見

□いじめは大人の目に付きにくい時間や場所で行われたり，遊びやふざ

けあいを装って行われたりするなど，大人が気付きにくく判断しにくい形で行われることを認識し，ささいな兆候であっても，いじめではないかとの疑いを持って，早い段階から的確に関わりを持ち，いじめを隠したり軽視したりすることなく積極的にいじめを認知することが必要である。

A 4　いじめの重大事態の調査に関するガイドライン　頻出 宮崎

重大事態への対処の基本が説かれている。

●基本的姿勢

□学校の設置者及び学校は，いじめを受けた児童生徒やその保護者のいじめの事実関係を明らかにしたい，何があったのかを知りたいという切実な思いを理解し，対応に当たること。

□学校の設置者及び学校として，自らの対応にたとえ不都合なことがあったとしても，全てを明らかにして自らの対応を真摯に見つめ直し，被害児童生徒・保護者に対して調査の結果について適切に説明を行うこと。

●重大事態

□被害児童生徒や保護者から，「いじめにより重大な被害が生じた」という申立てがあったときは，その時点で学校が「いじめの結果ではない」あるいは「重大事態とはいえない」と考えたとしても，重大事態が発生したものとして報告・調査等に当たること。

□重大事態は，事実関係が確定した段階で重大事態としての対応を開始するのではなく，「疑い」が生じた段階で調査を開始しなければならないことを認識すること。

●重大事態の調査

□アンケートの結果を被害児童生徒・保護者に提供する場合があることを，予め，調査対象者である他の児童生徒及びその保護者に説明した上で実施すること。

□被害児童生徒やいじめに係る情報を提供してくれた児童生徒を守ることを最優先とし，調査を実施すること。

□加害児童生徒からも，調査対象となっているいじめの事実関係について意見を聴取し，公平性・中立性を確保すること。

テーマ
19

● **教育原理（生徒指導）**
不登校

頻出度
A

ここが出る！ ▶▶

- **不登校児童生徒への支援の目標は，学校に来させることだけではない。目指すのは，当人の社会的自立である。**
- **場合によっては，学校外の教育機会を活用することも必要になる。フリースクール，教育支援センターなど，主なものを知っておこう。**

2019年10月の文部科学省通知「**不登校児童生徒への支援の在り方について**」を読んでみよう。

A 1 　不登校児童生徒への支援の基本的な考え方　　頻出 岐阜，宮崎

支援の目標は，学校に来させることだけではない。

● **不登校児童生徒の定義**

□不登校児童生徒とは，何らかの**心理的**，情緒的，**身体的**あるいは社会的要因・背景により，登校しないあるいはしたくともできない状況にあるために年間**30**日以上欠席した者のうち，病気や**経済的**理由による者を除いた者❶。（文部科学省）

● **支援の視点**

□不登校児童生徒への支援は，「学校に**登校**する」という結果のみを目標にするのではなく，児童生徒が自らの**進路**を主体的に捉えて，社会的に**自立**することを目指す必要があること。

□児童生徒によっては，不登校の時期が**休養**や自分を見つめ直す等の積極的な意味を持つことがある一方で，**学業**の遅れや進路選択上の不利益や**社会的自立**へのリスクが存在することに留意すること。

● **学校教育の意義・役割**

□不登校児童生徒への支援については児童生徒が不登校となった**要因**を的確に把握し，学校関係者や家庭，必要に応じて関係機関が情報共有し，**組織的**・計画的な，個々の児童生徒に応じたきめ細やかな支援策を策定することや，社会的自立へ向けて**進路**の選択肢を広げる支援をすることが重要であること。

....

❶2021年度の小・中学校の不登校児童生徒は約25万人。9年連続で増加し，55%が90日以上欠席している。

⏱□児童生徒の才能や能力に応じて，それぞれの可能性を伸ばせるよう，本人の希望を尊重した上で，場合によっては，教育支援センターや不登校特例校，ICTを活用した学習支援，フリースクール，夜間中学での受入れなど，様々な関係機関等を活用し社会的自立への支援を行うこと。

B **2** **学校等の取組の充実**　　　　　　　　　頻出 宮城，埼玉，島根

　対応には，柔軟性を持たせることだ。緊急避難としての欠席や，学校外のフリースクールなども活用する。

□学級担任，養護教諭，スクールカウンセラー，スクールソーシャルワーカー等の学校関係者が中心となり，児童生徒や保護者と話し合うなどして，「児童生徒理解・教育支援シート」を作成することが望ましいこと。

□児童生徒が不登校になってからの事後的な取組に先立ち，児童生徒が不登校にならない，魅力ある学校づくりを目指すことが重要であること。

□校長のリーダーシップの下，教員だけでなく，様々な専門スタッフと連携協力し，組織的な支援体制を整えることが必要であること。

□不登校児童生徒の支援においては，予兆への対応を含めた初期段階からの組織的・計画的な支援が必要であること。

□不登校児童生徒が教育支援センターや民間施設等の学校外の施設において指導を受けている場合には，当該児童生徒が在籍する学校がその学習の状況等について把握することは，学習支援や進路指導を行う上で重要であること。

□いじめられている児童生徒の緊急避難としての欠席が弾力的に認められてもよく，そのような場合には，その後の学習に支障がないよう配慮が求められること。そのほか，いじめられた児童生徒又はその保護者が希望する場合には，柔軟に学級替えや転校の措置を活用することが考えられること。

⏱□不登校児童生徒の一人一人の状況に応じて，教育支援センター，不登校特例校，フリースクールなどの民間施設，ICTを活用した学習支援など，多様な教育機会を確保する必要があること。また，夜間中学において，本人の希望を尊重した上での受入れも可能であること。

□義務教育段階の不登校児童生徒が学校外の公的機関や民間施設において，指導・助言等を受けている場合，一定の条件において指導要録上の出席扱いとすることができる。

● 教育原理（生徒指導）
自殺の予防

頻出度 **C**

ここが出る！ ▶▶
- コロナ禍で子どもの自殺が増えている。主に長期休業明けに，学校・家庭・諸機関による連携した取組が求められる。
- 危機兆候を示した子どもに対し，どのように接するべきか。「TALKの原則」など，当局の資料で言われていることを押さえよう。

B **1** 児童生徒の自殺予防　　　　　頻出 静岡，大阪，宮崎

文部科学省通知「児童生徒の自殺予防について」（2021年）を参照。

●子どもの自殺の傾向

□18歳以下の自殺は，長期休業明けの時期に増加する傾向があることを踏まえ，自殺予防の取組を，学校が保護者，地域住民，関係機関等との連携の上，自殺対策強化月間の3月から長期休業明けの4月にかけて実施すること。

●学校における早期発見に向けた取組

□各学校において，長期休業の開始前からアンケート調査，教育相談等を実施し，悩みを抱える児童生徒の早期発見に努めること。

□学級担任や養護教諭等を中心としたきめ細やかな健康観察や健康相談の実施等により，児童生徒の状況を的確に把握し，スクールカウンセラー等による支援を行うなど，心の健康問題に適切に対応すること。

□児童生徒に自殺を企図する兆候がみられた場合には，特定の教職員で抱え込まず，保護者，医療機関等と連携しながら組織的に対応すること。

□「困難な事態，強い心理的負担を受けた場合等における対処の仕方を身に付ける等のための教育」（SOSの出し方に関する教育）を含めた自殺予防教育を実施するなどにより，児童生徒自身が心の危機に気づき，身近な信頼できる大人に相談できる力を培うとともに，児童生徒からの悩みや相談を広く受け止めることができるようにすること。

●保護者に対する家庭における見守りの促進

□保護者に対して，長期休業期間中の家庭における児童生徒の見守りを行うよう促すこと。保護者が把握した児童生徒の悩みや変化については，積極的に学校に相談するよう，学校の相談窓口を周知しておくこと。

□「24時間子供SOSダイヤル」をはじめとする電話相談窓口も保護者に

対して周知しておくこと。

●ネットパトロールの強化

□自殺をほのめかす等の書き込みを発見した場合は，即時に警察に連絡・相談するなどして当該書き込みを行った児童生徒を特定し，当該児童生徒の生命又は身体の安全を確保する。

C 2 自殺の危険への対処 　　　　　　　　　頻出 京都

●原則

□頭文字をとって「TALKの原則」と言われる。

Tell	言葉に出して心配していることを伝える。
Ask	「死にたい」という気持ちについて，率直に尋ねる。
Listen	絶望的な気持ちを傾聴する。
Keep	安全を確保する。

●留意点

□ひとりで抱えこまない。

□急に子どもとの関係を切らない。

□「秘密にしてほしい」という子どもへの対応としては，守秘義務の原則に立ちながら，どのように校内で連携できるか，共通理解を図ることができるかが大きな鍵となる❶。

□リストカットなどの自傷行為は，次に起こるかもしれない自殺の危険を示すサインであるということを肝に銘じて，あわてず，しかし真剣に対応していくことが大切。

C 3 児童生徒の自殺の動機

自殺動機としては，進路の悩みや学業不振が多い（2020年の統計）。

	分類	原因・動機	人数
1位	学校問題	学業不振	83人
2位	学校問題	進路に関する悩み（入試以外）	60人
3位	健康問題	病気の悩み・影響（その他精神疾患）	56人
4位	学校問題	学友との不和（いじめ以外）	49人
5位	健康問題	病気の悩み・影響（うつ病）	44人

＊小・中・高校生のデータ。厚生労働省の資料による

❶子どもが恐れているのは，秘密を知った際の周りの反応で，大人の過剰な反応にも無視するような態度にも深く傷つく。

体罰の禁止

ここが出る！ ▶▶

- 学校現場における体罰が問題になっている。法で認められている懲戒とそうでない体罰をどう区別するか。論述問題も予想される。
- 具体的な行為の例を提示して，体罰に当たるかどうかを判定させる問題が頻出。公的文書に盛られている代表例を知っておこう。

2013年3月13日，文部科学省は「**体罰の禁止及び児童生徒理解に基づく指導の徹底について**」と題する通知を出した。

C 1 体罰の禁止及び懲戒について 頻出 福岡，大分，宮崎

体罰は，百害あって一利なしだ。

□体罰は，学校教育法第11条において禁止されており，校長及び教員（以下「教員等」という。）は，児童生徒への指導に当たり，いかなる場合も体罰を行ってはならない。

□体罰は，違法行為であるのみならず，児童生徒の心身に深刻な悪影響を与え，教員等及び学校への信頼を失墜させる行為である。

□体罰により正常な倫理観を養うことはできず，むしろ児童生徒に力による解決への志向を助長させ，いじめや暴力行為などの連鎖を生む恐れがある。

□もとより教員等は指導に当たり，児童生徒一人一人をよく理解し，適切な信頼関係を築くことが重要であり，このために日頃から自らの指導の在り方を見直し，指導力の向上に取り組むことが必要である。

□懲戒が必要と認める状況においても，決して体罰によることなく，児童生徒の規範意識や社会性の育成を図るよう，適切に懲戒を行い，粘り強く指導することが必要である。

C 2 懲戒と体罰の区別 頻出 岩手

肉体的な苦痛を与えるものは全て体罰である。

● **基本規定**

□「校長及び教員は，…児童，生徒及び学生に懲戒を加えることができる。ただし，体罰を加えることはできない。」（学校教育法第11条）

● 懲戒と体罰の区別

⏱ □懲戒の内容が**身体的性質**のもの，すなわち，身体に対する侵害を内容とするもの，児童生徒に**肉体的苦痛**を与えるようなものに当たると判断された場合は，体罰に該当する。

B 3 児童生徒の懲戒・体罰等に関する参考事例　　頻出 島根

通知の別添文書では，認められる懲戒とそうでない体罰，ならびに正当な行為について例示されている。目ぼしいものを掲げる。

● 体罰（身体に対する侵害を内容とするもの）

□体育の授業中，危険な行為をした児童の背中を**足で踏みつける**。

□帰りの会で足をぶらぶらさせて座り，前の席の児童に足を当てた児童を，突き飛ばして**転倒**させる。

□立ち歩きの多い生徒を叱ったが聞かず，席につかないため，頬を**つね**って席につかせる。

● 体罰（被罰者に肉体的苦痛を与えるようなもの）

□放課後に児童を教室に残留させ，児童がトイレに行きたいと訴えたが，一切，**室外に出ることを許さない**。

□宿題を忘れた児童に対して，教室の後方で正座で授業を受けるよう言い，児童が**苦痛**を訴えたが，そのままの姿勢を保持させた。

● **認められる懲戒（肉体的苦痛を伴わないものに限る）**

□放課後等に教室に**残留**させる。

□授業中，教室内に**起立**させる。

□学習課題や**清掃活動**を課す。

□**学校当番**を多く割り当てる。

□練習に遅刻した生徒を試合に出さずに**見学**させる。

● 正当な行為（通常，正当防衛，正当行為と考えられる行為）

□児童が教員の指導に反抗して教員の足を蹴ったため，児童の背後に回り，**体をきつく押さえる**。

□休み時間に廊下で，他の児童を押さえつけて殴るという行為に及んだ児童がいたため，この児童の**両肩をつかんで引き離す**。

□試合中に相手チームの選手とトラブルになり，殴りかかろうとする生徒を，**押さえつけて制止させる**。

特別支援学校の目的・対象と運営

頻出度 **A**

- 障害のある子どもの教育を行う特別支援学校の目的はどのようなものか。
- 特別支援学校の対象となる障害の程度について定めた，学校教育法施行令第22条の3の表は頻出。しっかり覚えよう。

A **1** 特別支援学校の目的と役割

【頻出】福島，東京

特別支援学校の目的と役割について，法律はどのように定めているか。**学校教育法**の該当条文を引いてみよう。

●特別支援学校の目的

□特別支援学校は，<u>視覚障害者</u>，聴覚障害者，知的障害者，<u>肢体不自由者</u>又は病弱者（身体虚弱者を含む。）に対して，<u>幼稚園</u>，小学校，中学校又は高等学校に準ずる教育を施すとともに，障害による学習上又は生活上の困難を克服し<u>自立</u>を図るために必要な<u>知識技能</u>を授けることを目的とする。（学校教育法第72条）

●特別支援学校のセンター的機能

□特別支援学校においては，…幼稚園，<u>小学校</u>，中学校，義務教育学校，高等学校又は中等教育学校の要請に応じて，第81条第1項❶に規定する幼児，児童又は生徒の教育に関し必要な助言又は<u>援助</u>を行うよう努めるものとする。（第74条）

□このことは，特別支援学校の「<u>センター的</u>機能」に対応する。通常学校に，助言や援助を行う機能である。

A **2** 特別支援学校の対象となる障害の程度

【頻出】愛媛

学校教育法施行令第22条の3の一覧表は，出題頻度が高い。

●基本規定

□特別支援学校の対象となる「視覚障害者，聴覚障害者，知的障害者，肢体不自由者又は<u>病弱者</u>の障害の程度は，<u>政令</u>で定める」。（学校教育法第75条）

---

❶通常の学校における特別支援教育について規定した条文である。

●障害の程度に関する規定

⏱□上記の条文がいう「政令」とは，**学校教育法施行令**をさす。その第22条の3にて，障害の程度に関する一覧表が掲げられている。

区分	障害の程度
視覚障害者	両眼の視力がおおむね**0.3**未満のもの又は視力以外の視機能障害が高度のもののうち，**拡大鏡**等の使用によつても通常の**文字**，図形等の視覚による認識が不可能又は著しく困難な程度のもの
聴覚障害者	両耳の聴力レベルがおおむね60デシベル以上のもののうち，補聴器等の使用によつても通常の話声を解することが不可能又は著しく困難な程度のもの
知的障害者	① 知的発達の遅滞があり，他人との意思疎通が困難で日常生活を営むのに頻繁に援助を必要とする程度のもの ② 知的発達の遅滞の程度が前号に掲げる程度に達しないもののうち，社会生活への**適応**が著しく困難なもの
肢体不自由者	① 肢体不自由の状態が補装具の使用によつても**歩行**，筆記等日常生活における基本的な動作が不可能又は困難な程度のもの ② 肢体不自由の状態が前号に掲げる程度に達しないもののうち，常時の**医学的観察指導を必要**とする程度のもの
病弱者	① 慢性の呼吸器疾患，腎臓疾患及び神経疾患，悪性新生物その他の疾患の状態が継続して**医療又は生活規制を必要**とする程度のもの ② 身体虚弱の状態が継続して**生活規制を必要**とする程度のもの

A 3 就学指導

頻出 東京

上表の基準に当てはまる全ての子どもが特別支援学校に就学するのではない。就学先は慎重に決定される。

●認定特別支援学校就学者

認定特別支援学校就学者は，特別支援学校に就学する。

□市町村の教育委員会は，**認定特別支援学校就学者**について，**都道府県**の教育委員会に対し，翌学年の初めから3月前までに，その氏名及び**特別支援学校**に就学させるべき旨を通知しなければならない。（学校教育法施行令第11条第1項）

□**認定特別支援学校就学者**とは，**学校教育法施行令第22条の3**が定める程度に該当する障害のある者のうち，**特別支援学校**に就学させることが適当と認められる者である。

- ●就学先の決定

  専門家や保護者を交えた，慎重な検討が行われる❷。

⏱□**市町村**の教育委員会は，児童生徒等のうち視覚障害者等について，第5条又は第11条第1項の通知をしようとするときは，その**保護者**及び教育学，医学，**心理学**その他の障害のある児童生徒等の就学に関する専門的知識を有する者の意見を聴くものとする。（学校教育法施行令第18条の2）

□就学指導に際しては，**保護者**の意見の聴取も義務付けられている。

- ●就学猶予・免除

□保護者が就学させなければならない子（学齢児童又は学齢生徒）で，**病弱**，発育不完全その他やむを得ない事由のため，**就学困難**と認められる者の保護者に対しては，**市町村**の教育委員会は，文部科学大臣の定めるところにより，就学の義務を**猶予**又は**免除**することができる。（学校教育法第18条）

C 4 特別支援学校の設置主体と組織・運営

特別支援学校は，全国に1,171校ある（2022年5月時点）。

- ●設置主体

⏱□**都道府県**は，その区域内にある学齢児童及び学齢生徒のうち，視覚障害者，聴覚障害者，**知的障害者**，肢体不自由者又は病弱者で，その障害が第75条の政令で定める程度のものを就学させるに必要な**特別支援学校**を設置しなければならない。（学校教育法第80条）

- ●各部の設置

幼稚部，小学部，中学部，高等部の設置に関する規定である。

□特別支援学校には，**小学部**及び中学部を置かなければならない。ただし，特別の必要のある場合においては，その**いずれか**のみを置くことができる。（学校教育法第76条第1項）

□特別支援学校には，小学部及び中学部のほか，**幼稚部**又は高等部を置くことができ，また，特別の必要のある場合においては，前項の規定にかかわらず，小学部及び中学部を置かないで幼稚部又は**高等部**のみを置くことができる。（第76条第2項）

....

❷就学時に決定した「学びの場」は固定したものではない。後から転学もあり得る。

● **寄宿舎**

　特別支援学校の場合，自宅通学がかなわない子どもが少なくない。

□特別支援学校には，寄宿舎を設けなければならない。ただし，特別の事情のあるときは，これを設けないことができる。(学校教育法第78条)

□寄宿舎を設ける特別支援学校には，寮務主任及び舎監を置かなければならない。(学校教育法施行規則第124条第1項)

C 5 　**特別支援学校の学級編制**

　特別支援学校における学級編制の原則や学級規模の標準は，通常の学校(教育法規のテーマ13を参照)とは異なる。

● **特別支援学校の学級規模の標準(標準法)**

□学級規模(1学級当たりの児童生徒数)の標準は，義務標準法・高校標準法❸で定められている。

	原則	障害を2以上併せ有する重複障害者で編制する学級
小・中学部	6人	3人
高等部	8人	3人

● **特別支援学校の学級規模の標準(特別支援学校設置基準)**

□特別支援学校の新規開校が相次いでおり，2021年に**特別支援学校設置基準**が策定された。

□1学級の児童生徒の数は，以下のように規定されている。(第5条)

	原則	障害を2以上併せ有する重複障害者で編制する学級
幼稚部	5人以下	3人以下
小・中学部	6人以下	3人以下
高等部	8人以下	3人以下

● **特別支援学級の学級規模の標準**

□通常学校の特別支援学級の1学級の児童・生徒数の標準は8人である(204ページ)。

❸公立義務教育諸学校の学級編制及び教職員定数の標準に関する法律第3条第3項，公立高等学校の適正配置及び教職員定数の標準等に関する法律第14条による。

特別支援学校の教育課程 頻出度 **B**

A 1 特別支援学校の教育課程　頻出 福島，宮崎

特別支援学校の教育課程の大枠を押さえよう。学校教育法施行規則第126〜128条を参照。**自立活動**という独自の領域があることに注意。

●教育課程の領域

🕐□各教科の中身は，小・中・高等学校と同じである。

小学部	各教科，特別の教科である道徳，外国語活動，総合的な学習の時間，特別活動，自立活動
中学部	各教科，特別の教科である道徳，総合的な学習の時間，特別活動，**自立活動**
高等部	各教科に属する科目，総合的な探究の時間，特別活動，自立活動

□知的障害者の教育を行う特別支援学校の場合，小学部の**外国語活動**と総合的な学習の時間は除かれる。高等部では，道徳科が加わる。

●知的障害者の教育を行う特別支援学校の教科

🕐□知的障害者を対象とする学校の教科は，通常の学校とは異なる。

小学部	生活，国語，算数，音楽，図画工作，体育
中学部	国語，社会，数学，理科，音楽，美術，保健体育，職業・家庭
高等部	国語，社会，数学，理科，音楽，美術，保健体育，職業，家庭，外国語，情報，家政，農業，工業，流通・サービス，福祉

B 2 特別支援学校学習指導要領総則　頻出 福島

通常の学校とほぼ同じであるが，**自立活動**や交流・共同学習に関する規定があることが特徴である。

□学校における自立活動の指導は，障害による学習上又は生活上の困難を改善・克服し，自立し社会参加する資質を養うため，…学校の**教育**

活動全体を通じて適切に行うものとする。

☐小学部の児童又は中学部の生徒の**経験**を広げて積極的な態度を養い，社会性や豊かな**人間性**を育むために，学校の教育活動全体を通じて，小学校の児童又は中学校の生徒などと**交流及び共同学習**を計画的，組織的に行うとともに，**地域**の人々などと活動を共にする機会を積極的に設けること。

B 3 重複障害者等に関する教育課程の取扱い 〔頻出〕富山，愛媛

重複障害者等に関する規定が盛られていることも特徴である。

● **児童又は生徒の障害の状態により特に必要がある場合**

☐各教科及び外国語活動の目標及び内容に関する事項の一部を**取り扱わない**ことができること。

☐各教科の各学年の目標及び内容の一部又は全部を，当該各学年より**前**の各学年の目標及び内容の一部又は全部によって，替えることができること。

☐小学部の外国語科については，**外国語活動**の目標及び内容の一部を取り入れることができること。

☐中学部の各教科及び道徳科の目標及び内容に関する事項の一部又は全部を，当該各教科に相当する**小学部**の各教科及び道徳科の目標及び内容に関する事項の一部又は全部によって，替えることができること。

☐中学部の外国語科については，小学部の**外国語活動**の目標及び内容の一部を取り入れることができること。

☐**幼稚部教育要領**に示す各領域のねらい及び内容の一部を取り入れることができること。

● **重複障害者等について**

☐知的障害を併せ有する者については，各教科の目標及び内容に関する事項の一部又は全部を，**知的障害者**である児童又は生徒に対する教育を行う特別支援学校の各教科の目標及び内容の一部又は全部によって，替えることができるものとする。

☐重複障害者のうち，障害の状態により特に必要がある場合には，**自立活動**を主として指導を行うことができるものとする。

☐重複障害者，**療養中**の児童若しくは生徒又は障害のため通学して教育を受けることが困難な児童若しくは生徒に対して教員を**派遣**して教育

を行う場合について，特に必要があるときは，実情に応じた授業時数を適切に定めるものとする。

A 4 自立活動　　　　　　　頻出 福島，千葉，愛知，愛媛，宮崎

特別支援学校には，**自立活動**という独自の領域がある。特別支援学校小学部・中学部学習指導要領第7章をみてみよう。

●目標

□個々の児童又は生徒が自立を目指し，障害による学習上又は生活上の困難を主体的に改善・克服するために必要な知識，技能，態度及び習慣を養い，もって心身の調和的発達の基盤を培う。

●内容

□①健康の保持，②心理的な安定，③人間関係の形成，④環境の把握，⑤身体の動き，⑥コミュニケーション，という6つの柱からなる。

●個別の指導計画の作成と内容の取扱い（概略）

□指導目標及び指導内容を設定し，個別の指導計画を作成する。

□内容の中からそれぞれに必要とする項目を選定し，それらを相互に関連付け，具体的に指導内容を設定する。

□長期的及び短期的な観点から指導目標を設定し，それらを達成するために必要な指導内容を段階的に取り上げる。

□興味をもって主体的に取り組み，成就感を味わうとともに自己を肯定的に捉えることができるような指導内容を取り上げる。

□障害による学習上又は生活上の困難を改善・克服しようとする意欲を高めることができるような指導内容を重点的に取り上げる。

□個々の児童又は生徒が，発達の遅れている側面を補うために，発達の進んでいる側面を更に伸ばすような指導内容を取り上げる。

□活動しやすいように自ら環境を整えたり，周囲の人に支援を求めたりすることができるような指導内容を計画的に取り上げる。

□自己選択・自己決定する機会を設けることによって，思考・判断・表現する力を高めることができるような指導内容を取り上げる。

C 5 合科授業，特別の教育課程の法規定　　　頻出 富山

学校教育法施行規則の規定である。特別な教育課程の編成，教科書使用の特例が認められている。

● 合科授業

□ 特別支援学校の小学部, 中学部又は高等部においては, 特に必要がある場合は, **各教科**又は各教科に属する科目の全部又は一部について, 合わせて授業を行うことができる。(第130条第1項)

⏱□ 知的障害者を対象とした「各教科等を合わせた指導」の形態として, ① **日常生活**の指導, ②**遊び**の指導, ③**生活単元**学習, ④**作業学習**, がある。

● 特別の教育課程

□ 特別支援学校の小学部, 中学部又は高等部において, **複数**の種類の障害を併せ有する児童若しくは生徒を教育する場合又は教員を**派遣**して教育を行う場合において, 特に必要があるときは, **特別の教育課程**によることができる。(第131条第1項)

□ 特別の教育課程による場合において, 文部科学大臣の**検定**を経た教科用図書又は**文部科学省**が著作の名義を有する教科用図書を使用することが適当でないときは, 当該学校の設置者の定めるところにより, 他の適切な**教科用図書**を使用することができる。(第131条第2項)

C 6 個別の指導計画, 個別の教育支援計画 　　頻出 宮崎

最後に, 以下の2つの概念を押さえよう❶。**個別の教育支援計画**は, 学校外の諸機関との連携も踏まえた, 総合的な計画である。

⏱□ 【 **個別の指導計画** 】…幼児児童生徒一人一人の障害の状態等に応じたきめ細かな指導が行えるよう, 学校における教育課程や指導計画, 当該幼児児童生徒の個別の教育支援計画等を踏まえて, より具体的に幼児児童生徒一人一人の教育的ニーズに対応して, 指導目標や指導内容・方法等を盛り込んだ指導計画。

⏱□ 【 **個別の教育支援計画** 】…障害のある幼児児童生徒一人一人のニーズを正確に把握し, 教育の視点から適切に対応していくという考え方の下に, 福祉, 医療, 労働等の関係機関との連携を図りつつ, **乳幼児期から学校卒業後まで**の長期的な視点に立って, 一貫して的確な教育的支援を行うために, 障害のある幼児児童生徒一人一人について作成した支援計画。

❶文部科学省の定義による。2つの計画は, 特別支援学校, 通常学校の特別支援学級, 通級の指導の対象者について作成する。

通常の学校における特別支援教育

頻出度 **A**

A **1** 特別支援学級　　　　　　　　　頻出 秋田，東京，広島

通常の学校には，**特別支援学級**が置かれる。

●対象

□小・中学校等の特別支援学級の対象となる障害種は，①**知的障害**，②肢体不自由，③**身体虚弱**，④弱視，⑤**難聴**，⑥その他，である。（学校教育法第81条第2項）

□在籍者で最も多いのは**自閉症・情緒障害**で，その次は知的障害である。

□特別支援学級の在籍児童生徒は32万6457人（2021年3月）。

●特例規定

□特別の**教育課程**によることができ，その場合，文部科学省の検定済み教科用図書とは別の教科用図書を使うことができる。（学校教育法施行規則第138条，139条）

□特別支援学校の**自立活動**を取り入れる。

□各教科の目標や内容を**下学年**の教科の目標や内容に替えたり，各教科を，**知的障害者**である児童に対する教育を行う特別支援学校の各教科に替えたりするなどして，実態に応じた教育課程を編成する。

A **2** 通級による指導　　　　　　　　頻出 宮城，埼玉，大阪

軽度の障害の場合，通常学級に在籍しながら，随時特別の指導を受けることも可能である。**通級による指導**と呼ばれる。

●概念

□通級による指導とは，主として各教科などの指導を**通常の学級**で行いながら，障害に基づく学習上又は生活上の困難の改善・**克服**に必要な**特別の指導**を特別の場で行う教育形態をいう。（文部科学省）

●**対象**

⏱□通級による指導の対象となる障害種は，①**言語障害**，②**自閉症**，③情緒障害，④弱視，⑤難聴，⑥**学習障害**，⑦**注意欠陥多動性障害**，⑧その他，である。（学校教育法施行規則第140条）

□在籍者で最も多いのは**言語障害**で，その次は注意欠陥多動性障害である。

□2018年度より，**高等学校**でも通級による指導を実施できるようになっている。

□通級による指導を受けている児童生徒は16万4697人（2021年3月）。

●**特例規定**

□他の学校で受けた授業を，当該学校での特別の教育課程に係る授業とみなすことができる。（学校教育法施行規則第141条）

□特別の教育課程を編成する場合には，特別支援学校の**自立活動**の内容を参考とする。

B 3 交流・共同学習　　　　　　　　　　　　頻出 宮城，岡山

文部科学省「交流及び共同学習ガイド」（2019年）の記述である。学習指導要領でも，交流・共同学習を行うことが推奨されている（43ページ）。

□我が国は，障害の有無にかかわらず，誰もが相互に人格と個性を尊重し合える**共生社会**の実現を目指しています。

⏱□障害のある子供と障害のない子供，あるいは地域の障害のある人とが触れ合い，共に活動する交流及び**共同学習**は，障害のある子供にとっても，障害のない子供にとっても，経験を深め，**社会性**を養い，豊かな**人間性**を育むとともに，お互いを尊重し合う大切さを学ぶ機会となるなど，大きな意義を有するものです。

□交流及び共同学習は，学校卒業後においても，障害のある子供にとっては，様々な人々と共に助け合って生きていく力となり，積極的な**社会参加**につながるとともに，障害のない子供にとっては，障害のある人に自然に言葉をかけて**手助け**をしたり，積極的に**支援**を行ったりする行動や，人々の多様な在り方を理解し，障害のある人と共に支え合う意識の醸成につながると考えます。

□交流及び共同学習は，相互の触れ合いを通じて豊かな人間性を育むことを目的とする**交流**の側面と，教科等のねらいの達成を目的とする**共同学習**の側面があります。

発達障害

ここが出る！ ▶▶

- 主な発達障害の定義を述べた文章の空欄補充問題が頻出。高機能自閉症，LD，ADHDの定義を知っておこう。
- 発達障害者支援法は，第１条，第２条，第８条がよく出る。法の目的，発達障害の定義，および教育について定めた条文である。

B 1 発達障害　　　頻出 栃木，福井，名古屋市，愛媛，沖縄

大きく３つの種類がある。公的な定義を覚えよう❶。

●高機能自閉症

□高機能自閉症とは，３歳位までに現れ，他人との社会的関係の形成の困難さ，言葉の発達の遅れ，興味や関心が狭く特定のものにこだわることを特徴とする行動の障害である自閉症のうち，知的発達の遅れを伴わないものをいう。

□中枢神経系に何らかの要因による機能不全があると推定される。

●学習障害（LD）

□学習障害とは，基本的には全般的な知的発達に遅れはないが，聞く，話す，読む，書く，計算する又は推論する能力のうち特定のものの習得と使用に著しい困難を示す様々な状態を指すものである。

□学習障害は，その原因として，中枢神経系に何らかの機能障害があると推定されるが，視覚障害，聴覚障害，知的障害，情緒障害などの障害や，環境的な要因が直接の原因となるものではない。

□読み書きの困難はディスレクシア，算数の計算などの困難はディスカリキュリアという。

●注意欠陥多動性障害（ADHD）

□ADHDとは，年齢あるいは発達に不釣り合いな注意力，及び／又は衝動性，多動性を特徴とする行動の障害で，社会的な活動や学業の機能に支障をきたすものである。12歳以前に現れ，その状態が継続し，中枢神経系に何らかの要因による機能不全があると推定される。

---

❶2022年の全国調査によると，公立小・中学生のうち発達障害の可能性がある児童生徒は8.8％と推定される。

B 2 発達障害者支援法　　　頻出 岩手，栃木，福井，長野

発達障害者の支援について定めた重要法規である。以下の条文が頻出。

●目的（第1条）

□この法律は，発達障害者の心理機能の適正な発達及び円滑な社会生活の促進のために発達障害の症状の発現後できるだけ早期に発達支援を行うとともに，切れ目なく発達障害者の支援を行うことが特に重要であることに鑑み，障害者基本法の基本的な理念にのっとり，発達障害者が基本的人権を享有する個人としての尊厳にふさわしい日常生活又は社会生活を営むことができるよう，発達障害を早期に発見し，発達支援を行うことに関する国及び地方公共団体の責務を明らかにするとともに，学校教育における発達障害者への支援，発達障害者の就労の支援，発達障害者支援センターの指定等について定めることにより，発達障害者の自立及び社会参加のためのその生活全般にわたる支援を図り，もって全ての国民が，障害の有無によって分け隔てられることなく，相互に人格と個性を尊重し合いながら共生する社会の実現に資することを目的とする。

●定義（第2条）

⏱□「発達障害」とは，自閉症，アスペルガー症候群その他の広汎性発達障害，学習障害，注意欠陥多動性障害その他これに類する脳機能の障害であってその症状が通常低年齢において発現するものとして政令で定めるものをいう。（第1項）

●基本理念（第2条の2）

□発達障害者の支援は，社会的障壁の除去に資することを旨として，行われなければならない。（第2項）

●教育（第8条）

⏱□国及び地方公共団体は，発達障害児が，その年齢及び能力に応じ，かつ，その特性を踏まえた十分な教育を受けられるようにするため，可能な限り発達障害児が発達障害児でない児童と共に教育を受けられるよう配慮しつつ，適切な教育的支援を行うこと，個別の教育支援計画の作成及び個別の指導に関する計画の作成の推進，いじめの防止等のための対策の推進その他の支援体制の整備を行うことその他必要な措置を講じるものとする。（第1項）

特別支援教育の推進について（通知） 頻出度 C

ここが出る！ ▶▶

- ・特別支援教育の公的な概念を押さえよう。空欄補充問題が多い。暗唱できるようにしよう。
- ・「個別の教育支援計画」と「個別の指導計画」の違いは何か。前者は，生涯にわたる長期的な支援を行うためのものである。

2007年4月1日，文部科学省は，「**特別支援教育の推進について**」と題する通知を出した。現場に，いくつかの要請事項を出している。

B 1 特別支援教育の理念・体制整備 頻出 宮城，鹿児島

特別支援教育の概念規定のほか，「個別の教育支援計画」など，重要な用語が出てくる。

●特別支援教育の理念

□特別支援教育は，障害のある幼児児童生徒の<u>自立</u>や社会参加に向けた主体的な取組を支援するという視点に立ち，幼児児童生徒一人一人の<u>教育的ニーズ</u>を把握し，その持てる力を高め，生活や学習上の困難を改善又は克服するため，適切な指導及び必要な<u>支援</u>を行うものである。

□特別支援教育は，これまでの特殊教育の対象の障害だけでなく，知的な遅れのない<u>発達障害</u>も含めて，特別な支援を必要とする幼児児童生徒が在籍する<u>全て</u>の学校において実施されるものである。

□特別支援教育は，障害のある幼児児童生徒への教育にとどまらず，障害の有無やその他の個々の違いを認識しつつ様々な人々が生き生きと活躍できる<u>共生社会</u>の形成の基礎となるものであり，我が国の現在及び将来の社会にとって重要な意味を持っている。

●特別支援教育に関する校内委員会の設置

□各学校においては，<u>校長</u>のリーダーシップの下，全校的な支援体制を確立し，<u>発達障害</u>を含む障害のある幼児児童生徒の実態把握や支援方策の検討等を行うため，校内に特別支援教育に関する**委員会**を設置すること。

●実態把握

□発達障害等の障害は早期発見・早期支援が重要であることに留意し，実態把握や必要な支援を着実に行うこと。

●特別支援教育コーディネーターの指名

□各学校の校長は，特別支援教育のコーディネーター的な役割を担う教員を「特別支援教育コーディネーター」に指名し，校務分掌に明確に位置付けること。

□特別支援教育コーディネーターは，主に，校内委員会・校内研修の企画・運営，関係諸機関・学校との連絡・調整，保護者からの相談窓口などの役割を担うこと。

●関係機関との連携を図った「個別の教育支援計画」の策定と活用

□特別支援学校においては，長期的な視点に立ち，乳幼児期から学校卒業後まで一貫した教育的支援を行うため，医療，福祉，労働等の様々な側面からの取組を含めた「個別の教育支援計画」を活用した効果的な支援を進めること。

●「個別の指導計画」の作成

□特別支援学校においては，幼児児童生徒の障害の重度・重複化，多様化等に対応した教育を一層進めるため，「個別の指導計画」を活用した一層の指導の充実を進めること。

C 2 教育活動等を行う際の留意事項等

交流教育の推進や，特別支援教育支援員の活用が推奨されている。

●交流及び共同学習，障害者理解等

□障害のある幼児児童生徒と障害のない幼児児童生徒との交流及び共同学習は，障害のある幼児児童生徒の社会性や豊かな人間性を育む上で重要な役割を担っており，また，障害のない幼児児童生徒が，障害のある幼児児童生徒とその教育に対する正しい理解と認識を深めるための機会である。

●支援員等の活用

□支援員等の活用に当たっては，校内における活用の方針について十分検討し共通理解のもとに進めるとともに，支援員等が必要な知識なしに幼児児童生徒の支援に当たることのないよう，事前の研修等に配慮すること。

ここが出る！ ▶▶

- 2012年の公的報告に盛られている，2つの重要概念を押さえよう。「**インクルーシブ教育システム**」，「**合理的配慮**」である。空欄補充問題が多い。
- 「**参加**」，「**多様性**」，「**変更・調整**」といった語句に注意。

2012年7月23日の報告「共生社会の形成に向けたインクルーシブ教育システム構築のための特別支援教育の推進」を読んでみよう。

B 1 インクルーシブ教育システムとは　　　頻出 奈良, 岡山

共生社会を実現させる上で，**インクルーシブ教育システム**は重要な位置を占める。

●定義

□**インクルーシブ教育システム**（包容する教育制度）とは，人間の**多様性**の尊重等の強化，障害者が精神的及び身体的な能力等を可能な最大限度まで発達させ，自由な社会に効果的に**参加**することを可能とするとの目的の下，障害のある者と障害のない者が**共に学ぶ**仕組みである。

□障害のある者が「general education system（教育制度一般）」から排除されないこと，自己の生活する地域において初等中等教育の機会が与えられること，個人に必要な「合理的配慮」が提供される等が必要とされている。

●補説

□インクルーシブ教育システムにおいては，**同じ場❶**で共に学ぶことを追求するとともに，個別の教育的ニーズのある幼児児童生徒に対して，自立と社会参加を見据えて，その時点で教育的ニーズに最も的確に応える指導を提供できる，多様で柔軟な仕組みを整備することが重要である。

❶インクルーシブとは，inclusion（包容）の形容詞形である。障害者を共に「包容」するという意味合いがある。以前のような分離主義は反省されている。

□小・中学校における通常の学級，通級による指導，特別支援学級，特別支援学校といった，連続性のある「多様な学びの場」を用意しておくことが必要である。

A 2 合理的配慮について　　　　　　　　　類出 福井，大阪，奈良

先ほど出てきた「**合理的配慮**」という概念についてである。具体例は107ページを参照。

●定義

□**合理的配慮**とは，障害のある子どもが，他の子どもと平等に「教育を受ける権利」を享有・行使することを確保するために，学校の設置者及び学校が必要かつ適当な変更・調整を行うことであり，障害のある子どもに対し，その状況に応じて，学校教育を受ける場合に個別に必要とされるものである。

□ただし，学校の設置者及び学校に対して，体制面，財政面において，均衡を失した又は過度の負担を課さないものをいう。

●補説

□「合理的配慮」は，一人一人の障害の状態や教育的ニーズ等に応じて決定されるものであり，設置者・学校と本人・保護者により，発達の段階を考慮しつつ，「合理的配慮」の観点を踏まえ，「合理的配慮」について可能な限り合意形成を図った上で決定し，提供されることが望ましく，その内容を個別の教育支援計画に明記することが望ましい。

□また，学校・家庭・地域社会における教育が十分に連携し，相互に補完しつつ，一体となって営まれることが重要であることを共通理解とすることが重要である。

□さらに，「合理的配慮」の決定後も，幼児児童生徒一人一人の発達の程度，適応の状況等を勘案しながら柔軟に見直しができることを共通理解とすることが重要である。

□障害のある児童生徒等に対する教育を小・中学校等で行う場合には，「合理的配慮」として，「教員，支援員等の確保」「施設・設備」「個別の教育支援計画・指導計画に対応した柔軟な教育課程の編成や教材等の配慮」が考えられる。

障害者の権利に関する条約・障害者基本法

頻出度 **C**

B 1 障害者の権利に関する条約

頻出 大阪，長崎

2006年12月の国連総会で採択された条約である。

●第24条第1項（一部）

□締約国は，教育についての障害者の権利を認める。締約国は，この権利を差別なしに，かつ，機会の均等を基礎として実現するため，障害者を包容するあらゆる段階の教育制度及び生涯学習を確保する。当該教育制度及び生涯学習は，次のことを目的とする。

□(a)人間の潜在能力並びに尊厳及び自己の価値についての意識を十分に発達させ，並びに人権，基本的自由及び人間の多様性の尊重を強化すること。

□(b)障害者が，その人格，才能及び創造力並びに精神的及び身体的な能力をその可能な最大限度まで発達させること。

●第24条第2項（一部）

締約国は，1〔第1項〕の権利の実現に当たり，次のことを確保する。

□(a)障害者が障害に基づいて一般的な教育制度から排除されないこと及び障害のある児童が障害に基づいて無償のかつ義務的な初等教育から又は中等教育から排除されないこと。

□(b)障害者が，他の者との平等を基礎として，自己の生活する地域社会において，障害者を包容し，質が高く，かつ，無償の初等教育を享受することができること及び中等教育を享受することができること。

●第24条第5項

□締約国は，障害者が，差別なしに，かつ，他の者との平等を基礎として，一般的な高等教育，職業訓練，成人教育及び生涯学習を享受することができることを確保する。このため，締約国は，合理的配慮が障害者に提供されることを確保する。

C 2 障害者基本法 頻出 沖縄

1970年に制定された，国内の基本法規である。

●目的（第1条）

□この法律は，全ての国民が，障害の有無にかかわらず，等しく<u>基本的人権</u>を享有するかけがえのない個人として<u>尊重</u>されるものであるとの理念にのつとり，全ての国民が，障害の有無によつて分け隔てられることなく，相互に<u>人格</u>と個性を尊重し合いながら共生する社会を実現するため，障害者の<u>自立</u>及び社会参加の支援等のための施策に関し，基本原則を定め，及び国，<u>地方公共団体</u>等の責務を明らかにするとともに，障害者の自立及び<u>社会参加</u>の支援等のための施策の基本となる事項を定めること等により，障害者の自立及び社会参加の<u>支援</u>等のための施策を総合的かつ計画的に推進することを目的とする。

●地域社会における共生等（第3条）

□第1条に規定する社会の実現は，全ての障害者が，障害者でない者と等しく，<u>基本的人権</u>を享有する個人としてその<u>尊厳</u>が重んぜられ，その尊厳にふさわしい生活を保障される権利を有することを前提としつつ，次に掲げる事項を旨として図られなければならない。

1）全て障害者は，社会を構成する一員として社会，経済，<u>文化</u>その他あらゆる分野の活動に<u>参加</u>する機会が確保されること。

2）全て障害者は，可能な限り，どこで誰と生活するかについての選択の機会が確保され，<u>地域社会</u>において他の人々と<u>共生</u>することを妨げられないこと。

●教育（第16条）

□国及び地方公共団体は，障害者が，その年齢及び<u>能力</u>に応じ，かつ，その特性を踏まえた十分な<u>教育</u>が受けられるようにするため，可能な限り障害者である児童及び生徒が障害者でない児童及び生徒と**共に教育を受けられる**よう配慮しつつ，教育の内容及び方法の改善及び充実を図る等必要な施策を講じなければならない。

□国及び地方公共団体は，障害者である児童及び生徒と障害者でない児童及び生徒との交流及び<u>共同学習</u>を積極的に進めることによつて，その<u>相互理解</u>を促進しなければならない。

障害を理由とする差別の解消の推進 頻出度 **B**

ここが出る！ ▶▶

・障害者差別解消法第1条と第7条の空欄補充問題が頻出。この条文はしっかり覚えよう。
・テーマ27でみた「合理的配慮」には，どのようなものがあるか。具体例を知っておこう。

B **1** 障害を理由とする差別の解消の推進に関する法律 頻出 神戸市

2013年6月に制定され，2016年4月より施行されている法律である。

● **目的（第1条）**

⏱ □この法律は，<u>障害者基本法</u>の基本的な理念にのっとり，全ての障害者が，障害者でない者と等しく，<u>基本的人権</u>を享有する個人としてその尊厳が重んぜられ，その尊厳にふさわしい生活を保障される権利を有することを踏まえ，障害を理由とする差別の解消の推進に関する基本的な事項，行政機関等及び事業者における<u>障害</u>を理由とする差別を解消するための措置等を定めることにより，障害を理由とする差別の解消を推進し，もって全ての国民が，障害の有無によって分け隔てられることなく，相互に人格と<u>個性</u>を尊重し合いながら<u>共生</u>する社会の実現に資することを目的とする。

● **社会的障壁の除去，合理的配慮（第5条）**

□行政機関等及び事業者は，<u>社会的障壁</u>の除去の実施についての必要かつ<u>合理的</u>な配慮を的確に行うため，自ら設置する施設の構造の改善及び<u>設備</u>の整備，関係職員に対する研修その他の必要な環境の整備に努めなければならない。

● **行政機関等における差別の禁止（第7条）**

□行政機関等は，その事務又は事業を行うに当たり，障害を理由として障害者でない者と不当な<u>差別的取扱い</u>をすることにより，障害者の<u>権利利益</u>を侵害してはならない。（第1項）

⏱ □行政機関等は，その事務又は事業を行うに当たり，障害者から現に<u>社会的障壁</u>の除去を必要としている旨の意思の表明があった場合において，その実施に伴う負担が過重でないときは，障害者の<u>権利利益</u>を侵

害することとならないよう，当該障害者の性別，年齢及び障害の状態に応じて，社会的障壁の除去の実施について必要かつ合理的な配慮をしなければならない。(第2項)

B 2 合理的配慮等の具体例　　　　頻出 名古屋市，高知，長崎

「文部科学省所管事業分野における障害を理由とする差別の解消の推進に関する対応指針」(2015年11月)で，具体例が提示されている。

●物理的環境への配慮や人的支援の配慮の具体例

□視覚情報の処理が苦手な児童生徒等のために黒板周りの掲示物等の情報量を減らすなど，個別の事案ごとに特性に応じて教室環境を変更すること。

●意思疎通の配慮の具体例

□学校等において，筆談，要約筆記，読み上げ，手話，点字など多様なコミュニケーション手段や分かりやすい表現を使って説明をする。

□比喩表現等の理解が困難な障害者に対し，比喩や暗喩，二重否定表現などを用いずに説明すること。

●ルール・慣行の柔軟な変更の具体例

□学校等において，事務手続の際に，職員や教員，支援学生等が必要書類の代筆を行うこと。

□読み・書き等に困難のある児童生徒等のために，授業や試験でのタブレット端末等のICT機器使用を許可したり，筆記に代えて口頭試問による学習評価を行ったりすること。

C 3 バリアフリーとユニバーサルデザイン

□【　バリアフリー　】…障害のある人が社会生活をしていく上で障壁(バリア)となるものを除去すること。より広く障害者の社会参加を困難にしている社会的，制度的，心理的なすべての障壁の除去という意味でも用いられる❶。

□【　ユニバーサルデザイン　】…あらかじめ，障害の有無，年齢，性別，人種等にかかわらず多様な人々が利用しやすいよう都市や生活環境をデザインする考え方。

----

❶公立の小学校や中学校等は，バリアフリー化が必要な特別特定建築物に指定されている(バリアフリー法)。

テーマ 30 ● 教育原理（特別支援教育）
医療的ケア児の支援 頻出度 **C**

ここが出る！ ▶▶
- 全国の学校には，医療的ケアを要する子どもが1万人ほど在籍している。医療的ケア児の支援に際しての基本理念を知ろう。
- 学校には医療的ケア看護職員（看護師等）が置かれ，教員はケアの補助を担うことになる。

2021年6月に，**医療的ケア児及びその家族に対する支援に関する法律**が制定された。

C **1** 定義　　　　　　　　　　　　　　　　　頻出 栃木

まずは，言葉の定義からである。第2条を参照。

⏱□医療的ケアとは，人工呼吸器による呼吸管理，喀痰吸引その他の医療行為をいう。

⏱□**医療的ケア児**とは，日常生活及び社会生活を営むために恒常的に医療的ケアを受けることが不可欠である児童（18歳未満の者及び18歳以上の者であって高等学校等に在籍するもの）をいう。

B **2** 基本理念　　　　　　　　　　　　　　　頻出 群馬，岡山

第3条で定められている。社会全体で，当人や保護者を包摂する。

□医療的ケア児及びその**家族**に対する支援は，医療的ケア児の日常生活及び社会生活を**社会全体**で支えることを旨として行われなければならない。

⏱□医療的ケア児及びその家族に対する支援は，医療的ケア児が医療的ケア児でない児童と**共に教育を受けられるよう**最大限に配慮しつつ適切に教育に係る支援が行われる等，個々の医療的ケア児の年齢，必要とする医療的ケアの種類及び生活の実態に応じて，かつ，医療，保健，福祉，教育，労働等に関する業務を行う関係機関及び民間団体相互の緊密な連携の下に，切れ目なく行われなければならない。

□医療的ケア児及びその家族に対する支援は，医療的ケア児が18歳に達し，又は高等学校等を**卒業した後も**適切な保健医療サービス及び福祉サービスを受けながら日常生活及び社会生活を営むことができるよう

にすることにも配慮して行われなければならない。

□医療的ケア児及びその家族に対する支援に係る施策を講ずるに当たっては，医療的ケア児及びその保護者（親権を行う者，未成年後見人その他の者で，医療的ケア児を現に監護するもの）の意思を最大限に尊重しなければならない。

□医療的ケア児及びその家族に対する支援に係る施策を講ずるに当たっては，医療的ケア児及びその家族がその居住する地域にかかわらず等しく適切な支援を受けられるようにすることを旨としなければならない。

C 3 教育を行う体制の拡充

第10条第2項である。付き添い等，保護者の負担を軽減する。

□学校の設置者は，その設置する学校に在籍する医療的ケア児が保護者の付添いがなくても適切な医療的ケアその他の支援を受けられるようにするため，看護師等の配置その他の必要な措置を講ずるものとする。

C 4 医療的ケアの実際　　　　　　　　　　頻出 宮崎，沖縄

　学校の教職員は，医療的ケアの補助を担う。学校には，医療的ケア看護職員が置かれる。

●教職員の役割

□小学校等において看護師等が医療的ケアを行うに当たって，教職員は，医療的ケアを小学校等において行う教育的意義や必要な衛生環境などについて理解するとともに，学級担任をはじめ教職員により行われる日常的な子供の健康状態の把握を通じて，看護師等と必要な情報共有を行い，緊急時にはあらかじめ定められた役割分担に基づき対応することが，特に重要である[1]。

●医療的ケア看護職員

□医療的ケア看護職員は，小学校における日常生活及び社会生活を営むために恒常的に医療的ケアを受けることが不可欠である児童の療養上の世話又は診療の補助に従事する[2]。（学校教育法施行規則第65条の2，他の学校にも準用）

[1]文部科学省「小学校等における医療的ケア実施支援資料」（2021年6月）による。
[2]医療的ケア看護職員は，看護師等をもって充てる。

ここが出る！ ▶▶

・障害のある子どもの就学先の決定に際して，どのようなことに配慮すべきか。
・障害のある子どもの教育支援は，生涯にわたり多様な分野が連携して行う，タテ・ヨコの広がりを持っている。

2021年6月，文部科学省は「**障害のある子供の教育支援の手引**」を公表した。

B　1　就学に関する新しい支援の方向性　　頻出 福島，和歌山

手引の冒頭の箇所である。合理的配慮を提供しつつ，可能な限り**同じ場**で学ぶインクルーシブ教育を目指す。

●インクルーシブ教育システムの構築

□学校教育は，障害のある子供の自立と社会参加を目指した取組を含め，「**共生社会**」の形成に向けて，重要な役割を果たすことが求められている。そのためにも「共生社会」の形成に向けた**インクルーシブ**教育システム構築のための**特別支援教育**の推進が必要とされている。

□インクルーシブ教育システムの構築のためには，障害のある子供と障害のない子供が，可能な限り同じ場で共に学ぶ❶ことを目指すべきであり，その際には，それぞれの子供が，授業内容を理解し，学習活動に参加している実感・達成感をもちながら，充実した時間を過ごしつつ，生きる力を身に付けていけるかどうかという最も本質的な視点に立つことが重要である。

●環境整備

□そのための環境整備として，子供一人一人の自立と社会参加を見据えて，その時点での教育的ニーズに最も的確に応える指導を提供できる，多様で柔軟な仕組みを整備することが重要である。

□このため，小中学校等における通常の学級，通級による指導，特別支援学級や，特別支援学校といった，連続性のある「多様な学びの場」を

❶特別支援学校と小・中・高校を一体化した共生教育推進学校の設置が検討されている。

用意していくことが必要である。

● 教育的ニーズとは

□ 教育的ニーズとは，子供一人一人の障害の状態や特性及び心身の発達の段階等を把握して，具体的にどのような特別な指導内容や教育上の合理的配慮を含む支援の内容が必要とされるかということを検討することで整理されるものである。

□ そして，こうして把握・整理した，子供一人一人の障害の状態等や教育的ニーズ，本人及び保護者の意見，教育学，医学，心理学等専門的見地からの意見，学校や地域の状況等を踏まえた総合的な観点から，就学先の学校や学びの場を判断することが必要である。

B 2 一貫した教育支援の重要性 頻出 三重，徳島

早いうちから一貫した支援を行う。

□ 障害のある子供が，地域社会の一員として，生涯にわたって様々な人々と関わり，主体的に社会参加しながら心豊かに生きていくことができるようにするためには，教育，医療，福祉，保健，労働等の各分野が一体となって，社会全体として，その子供の自立を生涯にわたって教育支援していく体制を整備することが必要である。

□ このため，早期から始まっている教育相談・支援を就学期に円滑に引き継ぎ，障害のある子供一人一人の精神的及び身体的な能力等をその可能な最大限度まで発達させ，学校卒業後の地域社会に主体的に参加できるよう移行支援を充実させるなど，一貫した教育支援が強く求められる。

⏱ □ 障害のある子供一人一人の教育的ニーズを把握・整理し，適切な指導及び必要な支援を図る特別支援教育の理念を実現させていくためには，早期からの教育相談・支援，就学相談・支援，就学後の継続的な教育支援の全体を「一貫した教育支援」と捉え直し，個別の教育支援計画❷の作成・活用等の推進を通じて，子供一人一人の教育的ニーズに応じた教育支援の充実を図ることが，今後の特別支援教育の更なる推進に向けた基本的な考え方として重要である。

❷ 個別の教育支援計画の定義は，95ページを参照。

同和問題と人権教育

頻出度 **A**

- 同和問題の概念規定の空欄補充問題がよく出る。部落差別の解消の推進に関する法律第1条も押さえておこう。
- 人権教育，人権啓発とは何か。人権教育及び人権啓発の推進に関する法律第2条の規定を知っておこう。

C 1 同和問題とは

頻出 大阪，熊本

1965年の同和対策審議会答申の概念規定を読んでみよう。

● 概念

⏱ □いわゆる同和問題とは，日本社会の歴史的発展の過程において形成された<u>身分階層構造</u>に基づく差別により，日本国民の一部の集団が経済的・社会的・文化的に<u>低位</u>の状態におかれ，現代社会においても，なおいちじるしく<u>基本的人権</u>を侵害され，とくに，近代社会の原理として何人にも保障されている市民的権利と<u>自由</u>を完全に保障されていないという，もっとも深刻にして重大な<u>社会問題</u>である。

● 2つの時限立法

□上記の答申を受け，1969年に<u>同和対策事業特別措置法</u>，1982年に<u>地域改善対策特別措置法</u>が施行された。

A 2 人権教育及び人権啓発の推進に関する法律

頻出 熊本

2000年に制定された法律である。第1条〜第3条が頻出。

● 目的（第1条）

□この法律は，<u>人権の尊重</u>の緊要性に関する認識の高まり，<u>社会的身分</u>，門地，人種，<u>信条</u>又は性別による不当な差別の発生等の<u>人権侵害</u>の現状その他人権の擁護に関する内外の情勢にかんがみ，人権教育及び<u>人権啓発</u>に関する施策の推進について，国，<u>地方公共団体</u>及び国民の責務を明らかにするとともに，必要な措置を定め，もって人権の擁護に資することを目的とする。

● 定義（第2条）

⏱ □この法律において，<u>人権教育</u>とは，人権尊重の精神の涵養を目的とす

る教育活動をいい，人権啓発とは，国民の間に人権尊重の理念を普及させ，及びそれに対する国民の理解を深めることを目的とする広報その他の啓発活動（人権教育を除く。）をいう。

● 基本理念（第3条）

□国及び地方公共団体が行う人権教育及び人権啓発は，学校，地域，家庭，職域その他の様々な場を通じて，国民が，その発達段階に応じ，人権尊重の理念に対する理解を深め，これを体得することができるよう，多様な機会の提供，効果的な手法の採用，国民の自主性の尊重及び実施機関の中立性の確保を旨として行われなければならない。

● 国民の責務（第6条）

□国民は，人権尊重の精神の涵養に努めるとともに，人権が尊重される社会の実現に寄与するよう努めなければならない。

A 3 人権教育・啓発に関する基本計画　　頻出 大阪，岡山

上記の法律に依拠し，2002年3月に策定された計画である。

● 人権教育の意義・目的

□人権教育とは，「人権尊重の精神の涵養を目的とする教育活動」を意味し（人権教育・啓発推進法第2条），「国民が，その発達段階に応じ，人権尊重の理念に対する理解を深め，これを体得することができるよう」にすることを旨としており（同法第3条），日本国憲法及び教育基本法並びに国際人権規約，児童の権利に関する条約等の精神に則り，基本的人権の尊重の精神が正しく身に付くよう，地域の実情を踏まえつつ，学校教育及び社会教育を通じて推進される。

□学校教育については，それぞれの学校種の教育目的や目標の実現を目指して，自ら学び自ら考える力や豊かな人間性などを培う教育活動を組織的・計画的に実施するものであり，こうした学校の教育活動全体を通じ，幼児児童生徒，学生の発達段階に応じて，人権尊重の意識を高める教育を行っていくこととなる。

● 人権教育・啓発の基本的在り方

□人権教育・啓発の手法については，「法の下の平等」，「個人の尊重」といった人権一般の普遍的な視点からのアプローチと，具体的な人権課題に即した個別的な視点からのアプローチとがあり，この両者があいまって人権尊重についての理解が深まっていく。

部落差別は今でも残っている。最新の法律の規定を押さえよう。2016年に制定された法律である。

●目的（第1条）

⏱□この法律は，現在もなお部落差別が存在するとともに，情報化の進展に伴って部落差別に関する状況の変化が生じていることを踏まえ，全ての国民に基本的人権の享有を保障する日本国憲法の理念にのっとり，部落差別は許されないものであるとの認識の下にこれを解消することが重要な課題であることに鑑み，部落差別の解消に関し，基本理念を定め，並びに国及び地方公共団体の責務を明らかにするとともに，相談体制の充実等について定めることにより，部落差別の解消を推進し，もって部落差別のない社会を実現することを目的とする。

●基本理念（第2条）

□部落差別の解消に関する施策は，全ての国民が等しく基本的人権を享有するかけがえのない個人として尊重されるものであるとの理念にのっとり，部落差別を解消する必要性に対する国民一人一人の理解を深めるよう努めることにより，部落差別のない社会を実現することを旨として，行われなければならない。

B 5 世界人権宣言　　類出 大阪

1948年12月の国連総会で採択された，基本的人権の宣言である。

●第1条

□すべての人間は，生れながらにして自由であり，かつ，尊厳と権利とについて平等である。人間は，理性と良心とを授けられており，互いに同胞の精神をもって行動しなければならない。

●第2条

⏱□すべて人は，人種，皮膚の色，性，言語，宗教，政治上その他の意見，国民的若しくは社会的出身，財産，門地その他の地位又はこれに類するいかなる事由による差別をも受けることなく，この宣言に掲げるすべての権利と自由とを享有することができる。

●第26条

⏱□すべて人は，教育を受ける権利を有する。教育は，少なくとも初等の

及び基礎的の段階においては，無償でなければならない。初等教育は，義務的でなければならない。技術教育及び職業教育は，一般に利用できるものでなければならず，また，高等教育は，能力に応じ，すべての者にひとしく開放されていなければならない。

C 6 人権教育をめぐる国内外の動向　　頻出 名古屋市，熊本市

重要事項の並べ替えの問題も出る。

● 年表

1951（昭和26）年	児童憲章が制定される（日本）。
1959（昭和34）年	児童の権利に関する宣言を採択。
1965（昭和40）年	あらゆる形態の人種差別の撤廃に関する国際条約を採択。
1966（昭和41）年	国際人権規約を採択。
1979（昭和54）年	女子に対するあらゆる形態の差別の撤廃に関する条約を採択。
1985（昭和60）年	学習権宣言を採択。
1989（平成元）年	児童の権利に関する条約を採択❶。
1994（平成6）年	人権教育のための国連10年（1995～2004年）の決議を採択。
1997（平成9）年	貧困撲滅のための国連10年（1997～2006年）の決議を採択。
2004（平成16）年	人権教育のための世界プログラムを採択。

● 人権週間・人権擁護委員の日

人権週間	12月4日から10日。12月10日は，世界人権宣言が採択された人権デー。
人権擁護委員の日	6月1日。人権尊重思想の普及高揚に努める。

● 人権のシンボルマーク

シトラスリボン	新型コロナウイルス感染症に関わる人権
パープルリボン	女性への暴力をなくす
ブルーリボン	北朝鮮による拉致被害者の救出を求める
レッドリボン	エイズへの理解と支援
オレンジリボン	児童虐待の防止
イエローリボン	障害者の社会参加を推進

. . . .

❶日本は，1994年に児童の権利に関する条約を批准している。本条約の詳細は227ページを参照。

教育原理　同和問題と人権教育

ここが出る! ▶▶

- 人権教育を通じて育てる資質・能力は，３つの側面からなる。知識，価値・態度，および技能である。
- 人権教育を取り巻く国内外の情勢を知っておこう。GIGAスクール構想，SDGｓといった言葉が出てくる。

B **1** 人権教育の指導方法等　　　　　頻出 福岡，熊本市

文部科学省「人権教育の指導方法等の在り方について（第三次取りまとめ）」（2008年３月）による。

● **育てたい資質・能力**

□人権教育は，人権に関する知的理解と<u>人権感覚</u>の涵養を基盤として，意識，態度，実践的な<u>行動力</u>など様々な資質や能力を育成し，発展させることを目指す総合的な教育である。

⏱□人権教育を通じて培われるべき資質・能力については，次の３つの側面（１．<u>知識的</u>側面，２．価値的・<u>態度的</u>側面及び３．技能的側面）から捉えることができる。

● **教育・学習環境**

□人権教育を進める際には，教育内容や方法の在り方とともに，教育・学習の<u>場</u>そのものの在り方がきわめて大きな意味を持つ。

□とりわけ人権教育では，これが行われる場における<u>人間関係</u>や全体としての雰囲気などが，重要な基盤をなす。

□人権教育は，教育を受けること自体が<u>基本的人権</u>であるという大原則の上に成り立つものである。

B **2** 学校における人権教育の推進　　　　　頻出 宮崎

文部科学省「人権教育を取り巻く諸情勢について」（2021年３月）を参照。人権教育は，学校の教育活動全体を通じて行う。

● **人権教育の総合的な推進**

□人権教育は，学校の教育活動<u>全体</u>を通じて推進することが大切であり，そのためには，<u>人権尊重</u>の精神に立つ学校づくりを進め，人権教

育の充実を目指した教育課程の編成や，人権尊重の理念に立った生徒指導，人権尊重の視点に立った学級経営等が必要である。

□第三次とりまとめ策定後には，学習指導要領の改訂や，生徒指導提要の取りまとめ，学校における働き方改革，GIGAスクール構想などが進んでおり，学校を取り巻く情勢は大きく変化している。

□このような学校制度の改革の趣旨を実現するためにも，人権教育のより一層の推進が不可欠である。

●教育課程の編成

□教育課程においては，各教科等の形で「人権教育」が設定されていないため，学校における人権教育は，各教科や「特別の教科・道徳」，総合的な学習（探究）の時間，特別活動，教科外活動等のそれぞれの特質を踏まえつつ，教育活動全体を通じて行うこととなる。

□その際には，人権教育の目標と各教科等の目標やねらいとの関連を明確にした上で，人権に関する意識・態度，実践力を養う人権教育の活動と，それぞれの目標・ねらいに基づく各教科等の指導とが，有機的・相乗的に効果を上げられるようにしていくことが重要である。

C 3 国際社会の主な動向 　　　頻出 名古屋市，京都市

有名なSDGsにも，人権に関する内容が含まれている。

□2015年には，国連サミットで「持続可能な開発のための2030アジェンダ」が採択されている。これは，「誰一人取り残さない」持続可能で多様性と包摂性のある社会の実現を目指すものであり，その前文では，「すべての人々の人権を実現」するとされているほか，本文でも「我々は，人権，人の尊厳，法の支配，正義，平等及び差別のないことに対して普遍的な尊重がなされる世界を思い描く」，「我々は，世界人権宣言及びその他人権に関する国際文書並びに国際法の重要性を確認する。我々は，すべての国が国連憲章に則り，人種，肌の色，性別，言語，宗教，政治若しくは信条，国籍若しくは社会的出自，貧富，出生，障害等の違いに関係なく，すべての人の人権と基本的な自由の尊重，保護及び促進責任を有することを強調する」など，人権に関する様々な内容が盛り込まれている。

□この中で，2030年を年限とする17の持続可能な開発のための目標が掲げられているが，これがSDGsである。

社会教育・生涯学習 頻出度 c

ここが出る！ ▶▶

- 教育は学校教育と社会教育に分けて考えられることが多い。後者について，法律ではどのような概念規定がされているか。
- 教育は子ども期の学校教育だけで完結するものではない。人は生涯にわたって学び続ける存在だ。生涯学習という考え方を知ろう。

B 1 社会教育の概念

頻出 秋田，新潟，山梨

社会教育法第2条に，社会教育の概念規定がある。対象には成人も含まれる。

●概念

□社会教育とは，学校の教育課程として行われる教育活動を**除き**，主として青少年及び**成人**に対して行われる組織的な教育活動（体育及び**レクリエーション**の活動を含む。）をいう。

●国・地方公共団体の責務

□国及び地方公共団体は，…社会教育の**奨励**に必要な施設の設置及び運営，集会の開催，資料の作製，頒布その他の方法により，すべての国民があらゆる**機会**，あらゆる場所を利用して，自ら実際生活に即する**文化的教養**を高め得るような環境を**醸成**するように努めなければならない。（社会教育法第3条第1項）

□ほか，社会教育の奨励と**振興**の義務もある（教育基本法第12条）。187ページを参照。

C 2 社会教育の職員・施設

社会教育を担う専門職員や施設についてである。

●職員

□【 社会教育主事 】…教育委員会に置かれる専門職。社会教育を行う者に専門的技術的な助言と指導を与える。ただし，命令及び監督をしてはならない。

□【 社会教育委員 】…教育委員会に置かれる非常勤職。教育委員会の会議に出席して社会教育に関し意見を述べることができる。

□【 地域学校協働活動推進員 】…地域住民等と学校との間の情報の共有を図るとともに，地域学校協働活動を行う地域住民等に対する助言その他の援助を行う。教育委員会が委嘱。

●施設

□代表的な社会教育施設として①図書館，②博物館，③公民館がある。専門職員として①には司書，②には学芸員，③には公民館主事が置かれる。

●学校開放

□学校教育上支障のない限り，学校には，社会教育に関する施設を附置し，又は学校の施設を社会教育その他公共のために，利用させることができる。（学校教育法第137条）

C 3 生涯学習　　　　　　　　　　　　　　　　　類出 秋田，山形，富山

　人は生涯にわたって学び続ける存在である。現在では，学習者の能動性を重視した**生涯学習**という言葉が使われている。

●生涯教育

□【 生涯教育 】…生涯にわたって，個人の人間的，社会的，職業的な発達を促すための教育。

□1965年のユネスコ成人教育推進国際委員会にて，フランスのポール・ラングランが提唱。波多野完治によって日本に紹介される。

●生涯教育から生涯学習へ

□【 生涯学習 】…各人が自発的意思に基づいて，自己の充実・啓発や生活の向上のための学習を，生涯を通じて行うこと。（1981年，中央教育審議会答申）

□1987年の臨時教育審議会答申にて，21世紀に向けての教育改革の一つとして，生涯学習体系への移行が明言された。

□1988年，文部省の社会教育局が生涯学習局に改組。2001年の省庁再編により，生涯学習政策局に改称される。

□1990年，生涯学習振興法が制定される。

●リカレント教育

□【 リカレント教育 】…学校教育を修了し社会に出た者が，再び学校（大学や専門学校等）に戻って学習すること。

□1970年代初頭に，OECDが提唱した。

学校経営・学級経営 頻出度 C

- 学校とは，複雑な組織である。この組織を統括するリーダー，構成員の会議，および役割分担とは，どのようなものか。専門用語を押さえよう。また，関連する法規定もみておこう。
- 公的文書が定める，快適な教室環境の基準を知っておこう。

C 1 学校経営

学校経営の概念と，それに関連する学習指導要領の基本規定を押さえよう。

●概念

□【 **学校経営** 】…教育目標達成に向けて，組織体としての学校の諸活動を調整・統括すること。

□計画策定(Plan)，実行(Do)，評価(Check)，改善(Action)というマネジメント・サイクルを経る。いわゆる**PDCA**サイクルである。

□新学習指導要領では，**カリキュラム・マネジメント**が重視される。

●学習指導要領総則の規定

はじめの部分において，次のように言及されている。

□各学校においては，教育基本法及び**学校教育法**その他の法令並びにこの章以下に示すところに従い，児童の人間として調和のとれた育成を目指し，児童の心身の発達の段階や特性及び学校や**地域**の実態を十分考慮して，適切な教育課程を編成するものとし，これらに掲げる**目標**を達成するよう教育を行うものとする。(小学校学習指導要領総則)

B 2 学校の統括者・職員会議・役割分担 頻出 栃木，千葉，山梨

学校は**組織**である。この組織を円滑に動かしていくには，校長のリーダーシップや役割分担が重要になる。

●統括者

□【 **校長** 】…学校の最高責任者。

□「校長は，校務をつかさどり，所属職員を**監督**する」ことを職務とする。
(学校教育法第37条第4項)

●職員会議

⏱□【 職員会議 】…全教職員からなる，学校経営のための組織。

□学校には，校長の職務の円滑な遂行に資するため，職員会議を置くことができる。（学校教育法施行規則第48条第1項）

●役割分担

⏱□【 校務分掌 】…教職員が，学校の仕事（校務）を分担して処理していくこと。

□学校においては，調和のとれた学校運営が行われるためにふさわしい校務分掌の仕組みを整えるものとする。（学校教育法施行規則第43条）

C 3 学級経営　　　　　　　　　　　　　　頻出 千葉

子どもにとって居心地のよい**学級**の創出が求められる。

●概念

□【 学級経営 】…学級の教育目標達成や秩序維持のための，諸活動の調整・統括。担任教師が中心となる。

□内容は，目標や規則の設定，役割分担（係決め），年間行事の決定，教室内の**物的条件**の整備，さらには生徒間の望ましい人間関係の形成など，多岐にわたる。

●教室環境の整備について

□公的文書において，以下のような基準が定められている。

項目	基準
屋内照度	教室及び黒板の照度は500ルクス以上。 コンピュータ教室等の机上面は500〜1,000ルクス程度。
騒音レベル	窓を閉じている時：等価騒音レベル50デシベル以下。 窓を開けている時：等価騒音レベル55デシベル以下。
教室内空気	温度：18℃以上，28℃以下が望ましい。 湿度：30%以上，80%以下が望ましい。

出所：文部科学省『学校環境衛生基準』（2022年）

●関連用語

□【 学級王国 】…学級が他からの指導や干渉を受けず，独善的な状態になること。担任教師の支配力が大きい小学校で多くみられる。

□【 学級崩壊 】…生徒が教室内で勝手な行動をして教師の指導に従わず，授業が成立しない学級の状態が一定以上継続し，学級担任による通常の手法では問題解決ができない状態。（文部科学省）

● 教育原理（学校経営）
学校評価

ここが出る！ ▶▶
- 最近，学校評価の重要性が高まっている。各学校に学校評価の実施を義務づけている法規定について知っておこう。
- 文科省のガイドラインが定めている，学校評価の目的と3つの実施方法を押さえよう。「説明責任」という重要用語に注意のこと。

B 1 学校評価に関する法規定　　　　　　頻出 岩手，山梨

　学校評価を行うことは，法で義務づけられている。条文を引用する。これらの規定は，小学校のみならず他の学校にも準用される。

● 基本規定

□小学校は，文部科学大臣の定めるところにより当該小学校の教育活動その他の学校運営の状況について評価を行い，その結果に基づき学校運営の改善を図るため必要な措置を講ずることにより，その教育水準の向上に努めなければならない。（学校教育法第42条）

□小学校は，当該小学校に関する保護者及び地域住民その他の関係者の理解を深めるとともに，これらの者との連携及び協力の推進に資するため，当該小学校の教育活動その他の学校運営の状況に関する情報を積極的に提供するものとする。（第43条）

● 具体規定

□小学校は，当該小学校の教育活動その他の学校運営の状況について，自ら評価を行い，その結果を公表するものとする。（学校教育法施行規則第66条第1項）

□小学校は，…評価の結果を踏まえた当該小学校の児童の保護者その他の当該小学校の関係者による評価を行い，その結果を公表するよう努めるものとする。（第67条）

□小学校は，…評価を行った場合はその結果を，当該小学校の設置者に報告するものとする。（第68条）

C 2 学校評価の目的と実施方法　　　　　　頻出 岩手，埼玉，大分

　文部科学省「学校評価ガイドライン・2016年改訂版」に記載されている，学校評価の目標と実施方法をみてみよう。

●目的

⏱ □各学校が，自らの教育活動その他の学校運営について，目指すべき<u>目標</u>を設定し，その達成状況や達成に向けた取組の適切さ等について<u>評価</u>することにより，学校として組織的・継続的な**改善**を図ること。

⏱ □各学校が，<u>自己評価</u>及び保護者など学校関係者等による評価の実施とその結果の**公表**・説明により，適切に<u>説明責任</u>を果たすとともに，保護者，地域住民等から理解と参画を得て，学校・家庭・地域の<u>連携協力</u>による学校づくりを進めること。

□各学校の**設置者**等が，学校評価の結果に応じて，学校に対する支援や<u>条件整備</u>等の改善措置を講じることにより，一定水準の教育の質を保証し，その向上を図ること。

●実施方法

□【 自己評価 】…各学校の教職員が行う評価。実施は義務。

□【 学校関係者評価 】…保護者，地域住民等の学校関係者などにより構成された評価委員会等が，自己評価の結果について評価することを基本として行う評価。実施は**努力義務**。

□【 第三者評価 】…学校運営に関する外部の専門家を中心とした評価者により，教育活動その他の学校運営の状況について専門的視点から行う評価。実施は義務づけられていない。

C 3 自己評価と学校関係者評価のポイント　　　　頻出 香川

●自己評価

□<u>PDCA</u>サイクルによる自己評価。Plan(計画)，Do(実行)，Check(評価)，Action(改善)である。

□<u>重点目標</u>に基づく評価(評価項目の設定❶)，評価結果に基づく**改善**方策の立案が重要。

●学校関係者評価

□<u>外部アンケート</u>等の実施で学校関係者評価に代えることは不適当。

□アンケートへの回答や自己評価結果についての単なる意見聴取などの**受動的**な評価ではなく，評価者の<u>主体的</u>・能動的な評価活動が重要。

────────────────────────────────────

❶「学校評価ガイドライン」に示されている評価項目の全てを網羅する必要はない。

> **ここが出る！** ▶▶
> ・キャリア教育とは何か。それは，実践的な職業教育よりも上位に位置する概念である。
> ・社会的・職業的自立の力の要素として，中央教育審議会答申は，どのようなものを掲げているか。

2011年 1 月31日，中央教育審議会は，「**今後の学校におけるキャリア教育・職業教育の在り方について**」と題する答申を出した。

A 1 キャリア教育とは
頻出 群馬，福岡

以下の文章が頻出。キャリア教育と職業教育を混同しないように。

> □一人一人の社会的・**職業的自立**に向け，必要な基盤となる能力や態度を育てることを通して，**キャリア発達**を促す教育が「キャリア教育」である。

□キャリア教育は，特定の活動や指導方法に限定されるものではなく，様々な**教育活動**を通して実践される。

□キャリア教育の実施に当たっては，社会や職業にかかわる様々な現場における**体験的**な学習活動の機会を設け，それらの体験を通して，子ども・若者に自己と社会の双方についての多様な気付きや**発見**を得させることが重要である。

□一定又は**特定**の職業に従事するために必要な知識，技能，能力や態度を育てる教育は「**職業教育**」である。

□**後期中等教育**を修了するまでに，生涯にわたる多様なキャリア形成に共通して必要な能力や態度を身に付けさせる。

B 2 キャリア・パスポート
頻出 千葉，新潟，福岡

キャリア・パスポートをうまく活用する。

□【 **キャリア・パスポート** 】…児童生徒が，小学校から高等学校までのキャリア教育に関わる諸活動について，特別活動の学級活動及びホームルーム活動を中心として，各教科等と往還し，自らの学習状況や

キャリア形成を見通したり振り返ったりしながら，自身の変容や成長を自己評価できるよう工夫された**ポートフォリオ**のこと。

□なお，その記述や自己評価の指導にあたっては，教師が対話的に関わり，児童生徒一人一人の目標修正などの改善を支援し，個性を伸ばす指導へとつなげながら，学校，家庭及び地域における学びを自己のキャリア形成に生かそうとする態度を養うよう努めなければならない。

□児童生徒自らが記録し，学期，学年，入学から卒業までの学習を見通し，振り返るとともに，将来への展望を図ることができるものとする。

B 3 基礎的・汎用的能力 　　　　　　　　　　　頻出 東京，岡山，福岡

自立や職業への移行に必要な力は5つの要素に分かれる。**基礎的・汎用的能力**は4つの柱からなる。

●力の要素

□①基礎的・基本的な知識・技能，②基礎的・汎用的能力，③論理的思考力・創造力，④意欲・態度及び価値観，⑤専門的な知識・技能。

●基礎的・汎用的能力の4本柱

□【 人間関係形成・社会形成能力 】…多様な他者の考えや立場を理解し，相手の意見を聴いて自分の考えを正確に伝えることができるとともに，自分の置かれている状況を受け止め，役割を果たしつつ他者と協力・協働して社会に参画し，今後の社会を積極的に形成することができる力。

□【 自己理解・自己管理能力 】…自分が「できること」「意義を感じること」「したいこと」について，社会との相互関係を保ちつつ，今後の自分自身の可能性を含めた肯定的な理解に基づき主体的に行動すると同時に，自らの思考や感情を律し，かつ，今後の成長にために進んで学ぼうとする力。

□【 課題対応能力 】…仕事をする上での様々な課題を発見・分析し，適切な計画を立ててその課題を処理し，解決することができる力。

□【 キャリアプランニング能力 】…「働くこと」の意義を理解し，自らが果たすべき様々な立場や役割との関連を踏まえて「働くこと」を位置付け，多様な生き方に関する様々な情報を取捨選択・活用しながら，自ら主体的に判断してキャリアを形成していく力。

テーマ 38

● **教育原理（教育時事）**

学校安全

頻出度 **B**

ここが出る！ ▶▶
- 災害や犯罪など，子どもの安全が脅かされる事態が起きている。学校安全はどういう要素からなり，どのようなことを目指すか。
- 学校安全の活動のメインである安全教育は，どのようなことを目指すか。進める際には，実習やロールプレイング等も行う。

B ① 学校安全の推進に関する計画　　　頻出 群馬，宮崎

2022年4月に，**第3次学校安全の推進に関する計画**が策定されている。学校安全の要素，今後の施策，目指す姿を押さえよう。

●学校安全の活動

⏱□【　安全教育　】…「生活安全」，「交通安全」，「災害安全」の各領域を通じて，自ら安全に行動したり，他の人や社会の安全のために貢献したりできるようにすることを目指す。

⏱□【　安全管理　】…児童生徒等を取り巻く環境を安全に整えることを目指す。

⏱□【　組織活動　】…上記の2つの活動を円滑に進める。

●施策の基本的な方向性

□学校安全計画・**危機管理マニュアル**を見直すサイクルを構築し，学校安全の実効性を高める。

□地域の多様な主体と密接に**連携**・協働し，子供の視点を加えた安全対策を推進する。

□全ての学校における実践的・実効的な**安全教育**を推進する。

□地域の災害リスクを踏まえた実践的な**防災教育**・訓練を実施する。

□事故情報や学校の取組状況などデータを活用し学校安全を「**見える化**」する。

□学校安全に関する意識の向上を図る（学校における**安全文化**の醸成）。

●目指す姿

□全ての児童生徒等が，自ら適切に判断し，**主体的**に行動できるよう，安全に関する資質・能力を身に付けること。

□**学校管理**下における児童生徒等の死亡事故の発生件数について限りな

くゼロにすること。

□学校管理下における児童生徒等の負傷・疾病の発生率について障害や重度の負傷を伴う事故を中心に減少させること。

B 2 学校安全の意義とねらい 頻出 奈良

文部科学省「『生きる力』をはぐくむ学校での安全教育」（2019年3月）を参照。

●学校安全のねらい

□学校安全のねらいは，児童生徒等が自ら安全に行動し，他の人や社会の安全に貢献できる資質・能力を育成するとともに，児童生徒等の安全を確保するための環境を整えることである。

●学校安全の領域

□学校安全の領域は，「生活安全」「交通安全」「災害安全」などがあるが，従来想定されなかった新たな危機事象の出現などにも柔軟に対応し，学校保健や生徒指導など様々な関連領域と連携して取り組むことが重要である。

B 3 学校における安全教育 頻出 奈良，山口

●安全教育の目標

⏱□安全教育の目標は，日常生活全般における安全確保のために必要な事項を実践的に理解し，自他の生命尊重を基盤として，生涯を通じて安全な生活を送る基礎を培うとともに，進んで安全で安心な社会づくりに参加し貢献できるよう，安全に関する資質・能力を育成することである。

●安全教育の進め方

□安全教育は，…学校教育活動全体を通じて計画的な指導が重要であり，そのためには，学校安全計画に適切かつ確実に位置付けるなど，全教職員が理解しておく必要がある。

□安全教育の効果を高めるためには，危険予測の演習，視聴覚教材や資料の活用，地域や校内の安全マップづくり，学外の専門家による指導，避難訓練や応急手当のような実習，ロールプレイング等，様々な手法を適宜取り入れ，児童生徒等が安全上の課題について自ら考え，主体的な行動につながるような工夫が必要である。

ここが出る! ▶▶

・防災教育のねらい，防災管理の概念を覚えよう。後者は，被災後の心のケアといったものまで含むことに注意。
・学校事故発生後に優先すべきは子どもの生命・健康であり，適切な応急手当を行う。

C 1 防災教育と防災管理　　　頻出 宮城，静岡

文部科学省「『生きる力』を育む防災教育の展開」（2013年3月）でいわれていることをみてみよう。

●防災教育のねらい

□自然災害等の現状，原因及び減災等について理解を深め，現在及び将来に直面する災害に対して，的確な思考・判断に基づく適切な意志決定や行動選択ができるようにする。（**知識，思考・判断**）

□地震，台風の発生等に伴う危険を理解・予測し，自らの安全を確保するための行動ができるようにするとともに，日常的な備えができるようにする。（**危険予測，主体的な行動**）

□自他の生命を尊重し，安全で安心な社会づくりの重要性を認識して，学校，家庭及び地域社会の安全活動に進んで参加・協力し，貢献できるようにする。（**社会貢献，支援者の基盤**）

●防災管理

□学校における防災管理とは，安全管理の一環として行われるものであり，火災や自然災害による事故の要因となる学校環境や通学を含む学校生活における危険を予測し，それらの危険を速やかに除去するとともに，災害の発生時及び事後に，適切な応急手当や安全な措置が実施できる体制を確立して，児童生徒等の安全を確保することである。被災後に心のケアに配慮したり，授業再開を図ったりすることなども含まれる。

● 3段階の危機管理

□安全な環境を整備し，災害の発生を未然に防ぐための事前の危機管理（備える）。

□災害の発生時に適切かつ迅速に対処し，被害を最小限に抑えるための発生時の危機管理（命を守る）。

□危機が一旦収まった後，**心のケア**や授業再開など通常の生活の再開を図るとともに，再発の防止を図る**事後**の危機管理（立て直す）。

B 2 学校事故発生直後の応急手当　　　頻出 静岡，島根

学校事故も怖い。2016年の文部科学省「学校事故対応に関する指針」で言われている，応急手当に関する正誤判定問題がよく出る。

●事故発生直後の取組

□「事故」は，原則として，**登下校**中を含めた学校の管理下で発生した事故とする。

□事故発生時に優先すべきことは，事故にあった児童生徒等の**生命**と健康である。事故直後は，まずは被害児童生徒等の医学的対応（**応急手当**）を行う。

□被害児童生徒等の生命に関わる緊急事案については，管理職への報告よりも**救命処置**を優先させ迅速に対応する。

□救命処置において，意識や呼吸の有無が「わからない」場合は，呼吸と思えた状況が**死戦期呼吸**である可能性にも留意して，意識や呼吸がない場合と同様の対応とし，速やかに心肺蘇生と**AED** 装着を実施する。

□心停止かどうかの判断に迷ったり，**胸骨圧迫**のやり方などがわからない場合は，**119** 番通報した際に電話を切らずに指示を仰ぐようにする。

□応急手当を優先しつつも，事故の発生状況や事故後の対応及びその結果について，適宜**メモ**を残すことを心がけ，対応が一段落した時点で**メモ**を整理する。

□被害児童生徒等の**保護者**に対し，事故の発生（第 1 報）を可能な限り早く連絡する。なお，その際には，事故の概況，けがの程度など，**最低限必要**とする情報を整理した上で行う。

●頭頚部外傷への対応

□頭頚部外傷事故は，**男子**に多く，体格の発達や運動能力の向上に伴って増加し，部活動においては，競技経験の浅い**初心者**に事故が起こりやすいことが明らかになっている。

□決してすぐには立たせずに，**意識障害**の有無等をチェックし，意識障害が継続する場合は，直ちに救急車を要請する。

□脳振盪の一項目である**意識消失**（気を失う）から回復した場合も，速やかに受診し**医師**の指示を仰ぐことが重要である。

食育

頻出度 **B**

ここが出る！ ▶▶
- 食育基本法の前文と第2条の空欄補充問題がよく出る。食育が求められる背景と意義を知ろう。
- 学校給食は，食育の上で重要な役割を果たす。学校給食の実施に関わる法規定を知っておこう。

B 1 食育基本法
頻出 京都市，鳥取，宮崎

□子どもたちが豊かな人間性をはぐくみ，<u>生きる力</u>を身に付けていくためには，何よりも「食」が重要である。（前文）

□食育を，生きる上での基本であって，知育，徳育及び<u>体育</u>の基礎となるべきものと位置付けるとともに，様々な経験を通じて「食」に関する知識と「食」を<u>選択</u>する力を習得し，健全な食生活を実践することができる人間を育てる<u>食育</u>を推進することが求められている。（同上）

⏱□もとより，食育はあらゆる世代の国民に必要なものであるが，子どもたちに対する食育は，心身の成長及び<u>人格</u>の形成に大きな影響を及ぼし，生涯にわたって健全な心と身体を培い豊かな<u>人間性</u>をはぐくんでいく基礎となるものである。（同上）

□食育は，食に関する適切な<u>判断力</u>を養い，生涯にわたって健全な<u>食生活</u>を実現することにより，国民の心身の<u>健康</u>の増進と豊かな<u>人間形成</u>に資することを旨として，行われなければならない。（第2条）

B 2 食物アレルギーへの対応
頻出 群馬，岡山市

文部科学省「学校給食における食物アレルギー対応指針」（2015年3月）では，6つの大原則が示されている。

□食物アレルギーを有する児童生徒にも，<u>給食</u>を提供する。そのためにも，<u>安全性</u>を最優先とする。

□<u>食物アレルギー対応委員会</u>等により組織的に行う。

⏱□医師の診断による「<u>学校生活管理指導表</u>」の提出を必須とする。

□安全性確保のため，原因食物の<u>完全除去</u>対応（提供するかしないか）を原則とする。

□学校及び調理場の施設設備，人員等をかんがみ無理な（過度に複雑な）

対応は**行わない**。

□**教育委員会等**は食物アレルギー対応について一定の方針を示すとともに，各学校の取組を支援する。

B 3 学校給食　　　　　　　　　頻出 千葉，宮崎

学校給食法の重要条文を掲げる。

●学校給食法の目的（第1条）

⏱ □この法律は，**学校給食**が児童及び生徒の心身の健全な発達に資するものであり，かつ，児童及び生徒の食に関する正しい理解と適切な**判断**力を養う上で重要な役割を果たすものであることにかんがみ，学校給食及び学校給食を活用した**食**に関する指導の実施に関し必要な事項を定め，もつて**学校給食**の普及充実及び学校における**食育**の推進を図ることを目的とする。

●学校給食の目標（第2条）

□適切な**栄養**の摂取による**健康**の保持増進を図ること。

□日常生活における食事について正しい理解を深め，健全な**食生活**を営むことができる判断力を培い，及び望ましい**食習慣**を養うこと。

□学校生活を豊かにし，明るい**社交性**及び協同の精神を養うこと。

□食生活が**自然**の恩恵の上に成り立つものであることについての理解を深め，**生命**及び自然を尊重する精神並びに**環境**の保全に寄与する態度を養うこと。

□食生活が食にかかわる人々の様々な活動に支えられていることについての理解を深め，**勤労**を重んずる態度を養うこと。

□我が国や各地域の優れた伝統的な**食文化**についての理解を深めること。

□食料の生産，流通及び**消費**について，正しい理解に導くこと。

●学校給食の実施（第4条）

⏱ □義務教育諸学校の設置者は，当該義務教育諸学校において**学校給食**が実施されるように努めなければならない。

●学校給食を活用した食に関する指導（第10条）

□当該義務教育諸学校が所在する**地域**の産物を学校給食に活用することその他の創意工夫を地域の実情に応じて行い，当該地域の**食文化**，食に係る産業又は**自然環境**の恵沢に対する児童又は生徒の理解の増進を図るよう努めるものとする。（第2項）

ここが出る! ▶▶

・情報化社会のなか，教育も情報化することが求められている。教育の情報化を構成する，3つの柱を覚えよう。

・情報教育では，児童・生徒にどのような資質・能力を身に付けさせることとされているか。その中に含まれる情報モラルとは何か。

B 1 社会の情報化
頻出 千葉，奈良，福岡

2019年12月，「**教育の情報化に関する手引**」と題する文書が，文部科学省より公表された。重要事項をみてみよう。

□今日の社会は，生活のあらゆる場面で**ICT**を活用することが当たり前の世の中となっている。さらに，**人工知能**(AI)，ビッグデータ，**IoT** (Internet of Things)，ロボティクス等の先端技術が高度化してあらゆる産業や社会生活に取り入れられ，社会の在り方そのものが劇的に変わる「**Society5.0**」時代の到来が予想されている。

□このような時代において次代を切り拓く子供たちには，**情報活用能力**をはじめ，言語能力や数学的思考力などこれからの時代を生きていく上で基盤となる資質・能力を確実に育成していく必要があり，そのためにもICT❶等を活用して，「公正に**個別最適化**された学び」や学校における**働き方改革**を実現していくことが不可欠である。

□このような状況も踏まえ，今回改訂された学習指導要領においては，初めて「**情報活用能力**」を学習の基盤となる資質・能力と位置付け，**教科等横断**的にその育成を図ることとした。

A 2 教育の情報化と情報教育
頻出 三重，奈良

教育の情報化の3本柱と，情報教育で育む3つの資質・能力である。

● **教育の情報化の3側面**

⏱□【 **情報教育** 】…子どもたちの情報活用能力の育成。

⏱□【 **教科指導におけるICT活用** 】…各教科等の目標を達成するための効果的な**ICT**機器の活用。

❶ICTとは，Information and Communication Technologyの略で，コンピュータや情報通信ネットワークなどの情報コミュニケーション技術のことである。

⏱□【　校務の情報化　】…教員の事務負担の軽減と子どもと向き合う時間の確保。

□あわせて，①教師のICT活用指導力等の向上，②学校ICT環境の整備，③教育情報セキュリティの確保，の3点を実現することが重要。

●情報教育の目標の3観点

⏱□【　情報活用の実践力　】…課題や目的に応じて情報手段を適切に活用することを含めて，必要な情報を主体的に収集・判断・表現・処理・創造し，受け手の状況などを踏まえて発信・伝達できる能力。

⏱□【　情報の科学的な理解　】…情報活用の基礎となる情報手段の特性の理解と，情報を適切に扱ったり，自らの情報活用を評価・改善するための基礎的な理論や方法の理解。

⏱□【　情報社会に参画する態度　】…社会生活の中で情報や情報技術が果たしている役割や及ぼしている影響を理解し，情報モラルの必要性や情報に対する責任について考え，望ましい情報社会の創造に参画しようとする態度。

●情報モラル教育

□携帯電話・スマートフォンやソーシャル・ネットワーキング・サービス(SNS)が子供たちにも急速に普及する中で，児童生徒が自他の権利を尊重し情報社会での行動に責任を持つとともに，犯罪被害を含む危機を回避し，情報を正しく安全に利用できるようにするため，学校における情報モラル教育は極めて重要である。

A 3 情報活用能力とプログラミング教育　　頻出 福井，福岡

習得すべき技能と態度についてである。

●情報活用能力

⏱□「情報活用能力」は，世の中の様々な事象を情報とその結び付きとして捉え，情報及び情報技術を適切かつ効果的に活用して，問題を発見・解決したり自分の考えを形成したりしていくために必要な資質・能力である。

⏱□より具体的に捉えれば，学習活動において必要に応じてコンピュータ等の情報手段を適切に用いて情報を得たり，情報を整理・比較したり，得られた情報を分かりやすく発信・伝達したり，必要に応じて保存・

共有したりといったことができる力であり、さらに、このような学習活動を遂行する上で必要となる情報手段の基本的な操作の習得や、**プログラミング**的思考、**情報モラル**等に関する資質・能力等も含むものである。

□このような情報活用能力を育成することは、将来の**予測**が難しい社会において、情報を**主体的**に捉えながら、何が重要かを主体的に考え、見いだした情報を活用しながら他者と**協働**し、新たな**価値**の創造に挑んでいくために重要である。

□また、**情報技術**は人々の生活にますます身近なものとなっていくと考えられるが、そうした情報技術を手段として学習や**日常生活**に活用できるようにしていくことも重要となる。

● **プログラミング教育**

□小学校では、各教科等の特質に応じて、「プログラミングを**体験**しながら、コンピュータに意図した処理を行わせるために必要な**論理的思考力**を身に付けるための学習活動」を計画的に実施。

□中学校では、技術・家庭科技術分野において、「計測・**制御**のプログラミング」に加え、「ネットワークを利用した**双方向性**のあるコンテンツのプログラミング」について学ぶ。

□高等学校では、全ての生徒が必ず履修する科目「情報Ⅰ」を新設し、全ての生徒が、プログラミングのほか、ネットワーク（**情報セキュリティ**を含む）やデータベースの基礎等について学ぶ。

● **情報モラル教育**

□携帯電話・スマートフォンやソーシャル・ネットワーキング・サービス（**SNS**）が子供たちにも急速に普及する中で、児童生徒が自他の権利を尊重し情報社会での行動に**責任**を持つとともに、**犯罪被害**を含む危機を回避し、情報を正しく**安全**に利用できるようにするため、学校における**情報モラル**教育は極めて重要である。

A 4 GIGA スクール構想 　　　頻出 千葉，東京

近年の目玉政策だ。**1人1台端末**を目指す。

⏱□**GIGAスクール構想**とは、多様な子どもたちを誰一人取り残すことなく、子どもたち一人ひとりに公正に**個別最適化**され、資質・能力を一層確実に育成できる**教育ICT**環境の実現を目指すものである。

□1人1台端末と，高速大容量の通信ネットワークを一体的に整備することで，特別な支援を必要とする子供を含め，多様な子供たちを誰一人取り残すことなく，公正に個別最適化され，資質・能力が一層確実に育成できる教育環境を実現する。

□これまでの我が国の教育実践と最先端のICTのベストミックスを図ることにより，教師・児童生徒の力を最大限に引き出す。

A 5 学校教育の情報化の推進に関する法律　　頻出 静岡，三重

2019年に制定された法律である。基本理念を定めた第3条が頻出。

□学校教育の情報化の推進は，情報通信技術の特性を生かして，個々の児童生徒の能力，特性等に応じた教育，双方向性のある教育等が学校の教員による適切な指導を通じて行われることにより，各教科等の指導等において，情報及び情報手段を主体的に選択し，及びこれを活用する能力の体系的な育成その他の知識及び技能の習得等が効果的に図られるよう行われなければならない。

□学校教育の情報化の推進は，デジタル教科書その他のデジタル教材を活用した学習その他の情報通信技術を活用した学習とデジタル教材以外の教材を活用した学習，体験学習等とを適切に組み合わせること等により，多様な方法による学習が推進されるよう行われなければならない。

□学校教育の情報化の推進は，全ての児童生徒が，その家庭の経済的な状況，居住する地域，障害の有無等にかかわらず，等しく，学校教育の情報化の恵沢を享受し，もって教育の機会均等が図られるよう行われなければならない。

□学校教育の情報化の推進は，情報通信技術を活用した学校事務の効率化により，学校の教職員の負担が軽減され，児童生徒に対する教育の充実が図られるよう行われなければならない。

□学校教育の情報化の推進は，児童生徒等の個人情報の適正な取扱い及びサイバーセキュリティの確保を図りつつ行われなければならない。

□学校教育の情報化の推進は，児童生徒による情報通信技術の利用が児童生徒の健康，生活等に及ぼす影響に十分配慮して行われなければならない。

● 教育原理（教育時事）

性同一性障害の児童生徒への対応 頻出度 C

ここが出る！ ▶▶

・生物学的な性と，自身が自認する性が異なる児童生徒がいる。いわゆる「性同一性障害」の定義を覚えよう。

・性同一性障害の児童・生徒には，どのような支援が求められるか。基本的な考え方と，各場面における支援の具体例を知っておこう。

2015年4月の文部科学省通知「**性同一性障害に係る児童生徒に対するきめ細かな対応の実施等について**」を読んでみよう。

C 1 性同一性障害者の定義 頻出 千葉

□**性同一性障害者**とは，法においては，「生物学的には性別が明らかであるにもかかわらず，心理的にはそれとは別の性別であるとの**持続的な確信**をもち，かつ，自己を身体的及び社会的に他の性別に適合させようとする**意思**を有する者であって，そのことについてその診断を的確に行うために必要な知識及び経験を有する二人以上の医師の一般に認められている医学的知見に基づき行う**診断**が一致しているもの」と定義されている。

C 2 性同一性障害に係る支援・相談体制 頻出 兵庫，神戸市

対応は組織的に行うこと，先入観を持たないことが大切だ。

● 学校における支援体制について

□性同一性障害に係る児童生徒の支援は，最初に相談を受けた者だけで抱え込むことなく，**組織的**に取り組むことが重要であり，学校内外に「**サポートチーム**」を作り，「**支援委員会**」（校内）や**ケース会議**（校外）等を適時開催しながら対応を進めること。

□教職員等の間における情報共有に当たっては，児童生徒が自身の性同一性を可能な限り**秘匿**しておきたい場合があること等に留意しつつ，一方で，学校として効果的な対応を進めるためには，教職員等の間で**情報共有**しチームで対応することは欠かせないことから，当事者である児童生徒やその**保護者**に対し，情報を共有する意図を十分に説明・

相談し<u>理解</u>を得つつ，対応を進めること。

● 医療機関との連携について

□児童生徒が性に<u>違和感</u>をもつことを打ち明けた場合であっても，当該児童生徒が適切な<u>知識</u>をもっているとは限らず，そもそも性同一性障害なのかその他の傾向があるのかも判然としていない場合もあること等を踏まえ，学校が支援を行うに当たっては，<u>医療機関</u>と連携しつつ進めることが重要であること。

□<u>医療機関</u>との連携に当たっては，当事者である児童生徒や保護者の意向を踏まえることが原則であるが，当事者である児童生徒や保護者の<u>同意</u>が得られない場合，具体的な<u>個人情報</u>に関連しない範囲で一般的な助言を受けることは考えられること。

● 学校生活の各場面での支援について

□性同一性障害に係る児童生徒が求める支援は，当該児童生徒が有する違和感の<u>強弱</u>等に応じ様々であり，また，当該違和感は成長に従い減ずることも含め<u>変動</u>があり得るものとされていることから，学校として<u>先入観</u>をもたず，その時々の児童生徒の状況等に応じた支援を行うことが必要であること。

□他の児童生徒や保護者との情報の<u>共有</u>は，当事者である児童生徒や保護者の意向等を踏まえ，<u>個別</u>の事情に応じて進める必要があること。

□医療機関を受診して性同一性障害の<u>診断</u>がなされない場合であっても，児童生徒の悩みや不安に寄り添い支援していく観点から，<u>医療機関</u>との相談の状況，児童生徒や保護者の意向等を踏まえつつ，<u>支援</u>を行うことは可能であること。

● 卒業証明書等について

□<u>指導要録</u>の記載については学齢簿の記載に基づき行いつつ，卒業後に法に基づく戸籍上の性別の変更等を行った者から<u>卒業証明書</u>等の発行を求められた場合は，<u>戸籍</u>を確認した上で，当該者が不利益を被らないよう適切に対応すること。

● 保護者との関係について

□保護者が<u>受容</u>していない場合にあっては，学校における児童生徒の悩みや不安を軽減し問題行動の<u>未然防止</u>等を進めることを目的として，保護者と十分話し合い可能な<u>支援</u>を行っていくことが考えられること。

教育振興基本計画

ここが出る! ▶▶

・新しい教育振興基本計画が策定された。2つのコンセプトと5つの基本的な方針を押さえよう。

・ウェルビーイング，STEAM教育，教育デジタルトランスフォーメーション(DX)といった言葉に注意すること。

2023年3月，中央教育審議会は「**次期教育振興基本計画について**」と題する答申を出した。2023年度より実施される第4期計画の骨格が示されている。

A 1 第4期教育振興基本計画の骨格 頻出 埼玉，大分

まずは骨格を押さえよう。空欄補充の問題が予想される。

● 2つのコンセプト

⏱ □(A)2040年以降の社会を見据えた**持続可能**な社会の創り手の育成。

⏱ □(B)日本社会に根差した**ウェルビーイング**の向上。

● 5つの基本的な方針

⏱ □①グローバル化する社会の**持続的**な発展に向けて学び続ける人材の育成。

⏱ □②誰一人取り残さず，全ての人の可能性を引き出す**共生社会**の実現に向けた教育の推進。

⏱ □③**地域**や家庭で共に学び支え合う社会の実現に向けた教育の推進。

⏱ □④教育デジタルトランスフォーメーション(**DX**)の推進。

⏱ □⑤計画の実効性確保のための基盤整備・**対話**。

B 2 2つのコンセプト 頻出 埼玉

上記の2つのコンセプトについて深めよう。

●Aについて

□将来の予測が困難な時代において，未来に向けて自らが社会の**創り手**となり，課題解決などを通じて，**持続可能**な社会を維持・発展させていくことが求められる。

□**Society5.0**においては，「**主体性**」，「リーダーシップ」，「**創造力**」，

「課題設定・解決能力」,「論理的思考力」,「表現力」,「**チームワーク**」などの資質・能力を備えた人材が待されている。

● Bについて

□ウェルビーイングの実現とは,多様な個人それぞれが幸せや**生きがい**を感じるとともに,地域や社会が幸せや豊かさを感じられるものとなることであり,教育を通じて日本社会に根差した**ウェルビーイング**の向上を図っていくことが求められる。

□ウェルビーイングとは身体的・精神的・**社会的**に良い状態にあることをいい,短期的な**幸福**のみならず,生きがいや人生の意義など将来にわたる**持続的**な幸福を含むものである。

B 3 5つの基本的な方針 　　　　　　　　　　　　　頻出 熊本

5つのうちの3つについて,重要事項を補っておく。

● ①について

□主体的に社会の形成に参画,**持続的社会**の発展に寄与。

□「主体的・**対話的**で深い学び」の視点からの授業改善,大学教育の質保証。

□探究・**STEAM**教育❶,文理横断・文理融合教育等を推進。

● ②について

□子供が抱える困難が多様化・複雑化する中で,**個別最適**・協働的学びの一体的充実や**インクルーシブ**教育システムの推進による多様な教育ニーズへの対応。

□**ICT**等の活用による学び・交流機会,アクセシビリティの向上。

● ④について

□DXに至る3段階(**電子化**→最適化→新たな価値(DX))において,第3段階を見据えた,第1段階から第2段階への移行の着実な推進。

□第3段階の**デジタルトランスフォーメーション**は,デジタル化でサービスや業務,組織を変革することを指し,例えば教育データに基づく教育内容の重点化と教育リソースの配分の最適化が該当する。

---

❶STEAM教育とは,STEM(Science,Technology,Engineering,Mathematics)に加え,芸術,文化,生活,経済,法律,政治,倫理等を含めた広い範囲でAを定義し,各教科等での学習を実社会での問題発見・解決に生かしていくための教科等横断的な学習をいう。

教員の資質能力の向上

頻出度 **B**

B 1 教員に求められる資質能力 　　　頻出 千葉，東京，福井

　2021年1月の中央教育審議会答申「『令和の日本型学校教育』の構築を目指して」にて，今後の教員の姿について言及されている。

●教職員の姿

□教師が技術の発達や新たな<u>ニーズ</u>など学校教育を取り巻く環境の変化を前向きに受け止め，<u>教職生涯</u>を通じて探究心を持ちつつ<u>自律的</u>かつ継続的に新しい<u>知識</u>・技能を学び続け，子供一人一人の学びを最大限に引き出す教師としての役割を果たしている。

□子供の主体的な学びを支援する<u>伴走者</u>としての能力も備えている。

□教師と，総務・財務等に通じる専門職である事務職員，それぞれの分野や組織運営等に専門性を有する多様な外部人材や専門スタッフ等とが<u>チーム</u>となり，個々の教職員がチームの一員として組織的・<u>協働的</u>に取り組む力を発揮しつつ，<u>校長</u>のリーダーシップの下，家庭や<u>地域社会</u>と連携しながら，共通の学校教育目標に向かって学校が運営されている。

●教師に求められる資質・能力

□教師に求められる資質・能力は，例えば，<u>使命感</u>や責任感，教育的愛情，教科や教職に関する専門的知識，<u>実践的指導力</u>，総合的人間力，コミュニケーション能力，<u>ファシリテーション</u>能力などが挙げられている。

□時代の変化に対応して求められる資質・能力として，近年では，<u>AI</u>やロボティクス，ビッグデータ，<u>IoT</u>といった技術が発展したSociety5.0時代の到来による<u>情報活用能力</u>等が挙げられ，特に，<u>学習履歴</u>（スタディ・ログ）の利活用など，教師の<u>データリテラシー</u>の向上が一層必要となってくると考えられる。

C 2 今後の教員研修

　　教員免許更新制が廃止され，研修受講履歴を活用した学びを奨励する。以下は，中教審の専門部会の資料で言われていることである。

□任命権者や服務監督権者・学校管理職等が個々の教師の学びを把握し，教師の**研修受講履歴**を記録・管理していくこと。

□教師と任命権者や服務監督権者・学校管理職等が，**教員育成指標**や，研修受講履歴等を手がかりとして，積極的な**対話**を行うとともに，任命権者や服務監督権者・学校管理職等が，キャリアアップの段階を適切に踏まえるなど，教師本人の**モチベーション**となるような形で，適切な研修を奨励すること。

C 3 チーム学校　　　　　　　　　　頻出 千葉，大分，宮崎

　　今日の学校には，外部の多様な専門スタッフが出入りするようになっている。

●チームとしての学校像

□**校長**のリーダーシップの下，カリキュラム，日々の教育活動，学校の資源が一体的に**マネジメント**され，教職員や学校内の**多様な人材**が，それぞれの**専門性**を生かして能力を発揮し，子供たちに必要な資質・能力を確実に身に付けさせることができる学校。

●教員以外の専門スタッフ

□①**心理**や福祉に関する専門スタッフ，②授業等において教員を支援する専門スタッフ，③**部活動**に関する専門スタッフ，④**特別支援教育**に関する専門スタッフ，が考えられる。

●教員業務支援員

□【　教員業務支援員　】…教員の円滑な業務の実施に必要な支援を行う。（学校教育法施行規則第65条の7）

□業務は，プリント印刷・配布準備，採点補助など。

●部活動指導員

□【　部活動指導員　】…スポーツ，文化，科学等に関する教育活動（教育課程として行われるものを除く）に係る技術的な指導に従事する。（学校教育法施行規則第78条の2）

□単独で実技指導や大会等の引率を行える。

● 教育原理（教育時事）

学校における働き方改革 頻出度 B

ここが出る！ ▶▶
- 学校における働き方改革の目的は何か。そもそも学校が担うべき業務にはどのようなものがあるか。
- 教師の勤務時間の上限に関するガイドラインも公表された。数字の空欄補充問題の出題が予想される。

B 1 学校における働き方改革　　頻出 千葉，三重，大分，宮崎

学校における働き方改革は，子どものためでもある。中央教育審議会答申「学校における働き方改革に関する総合的な方策について」（2019年）を参照。

●働き方改革の目的

□教師のこれまでの働き方を見直し，教師が我が国の学校教育の蓄積と向かい合って自らの授業を磨くとともに日々の生活の質や教職人生を豊かにすることで，自らの人間性や創造性を高め，子供たちに対して効果的な教育活動を行うことができるようになることが学校における働き方改革の目的であり，そのことを常に原点としながら改革を進めていく必要がある。

□教育は人なりと言われるように，我が国の将来を担う子供たちの教育は教師にかかっており，教師とは崇高な使命を持った仕事である。学校における働き方改革の実現により，教師は'魅力ある仕事'であることが再認識され，これから教師を目指そうとする者が増加し，教師自身も士気を高め，誇りを持って働くことができることは，子供たちの教育の充実に不可欠であり，次代の我が国を創造することにほかならない。

●学校が担うべき業務の分類

□学習指導要領等を基準として編成された教育課程に基づく学習指導。

□児童生徒の人格の形成を助けるために必要不可欠な生徒指導・進路指導。

□保護者・地域等と連携を進めながら，これら教育課程の実施や生徒指導の実施に必要な学級経営や学校運営業務。

B **2**　教育委員会が講ずべき措置に関する指針　　頻出 千葉，奈良

　在校等時間の定義と上限を押さえよう。2020年1月の文部科学省告示を参照。

●対象

□公立の義務教育諸学校等の教育職員の給与等に関する特別措置法第2条第2項に規定する教育職員全てを対象とするものとする。

●在校等時間の定義

□教育職員が学校教育活動に関する業務を行っている時間として外形的に把握することができる時間を当該教育職員の「在校等時間」とし，服務監督教育委員会が管理すべき対象とする。

□具体的には，正規の勤務時間外において超勤4項目以外の業務を行う時間も含めて教育職員が在校している時間を基本とする。

●在校等時間に加えるもの

□校外において職務として行う研修への参加や児童生徒等の引率等の職務に従事している時間として服務監督教育委員会が外形的に把握する時間。

□各地方公共団体が定める方法によるテレワーク（情報通信技術を利用して行う事業場外勤務）等の時間。

●在校等時間から除くもの

□正規の勤務時間外に自らの判断に基づいて自らの力量を高めるために行う自己研鑽の時間その他業務外の時間。

□休憩時間。

●時間外在校等時間の上限

⏱□時間外在校等時間とは，1日の在校等時間から所定の勤務時間を除いた時間をいう。

	1か月	1年間
原則	45時間	360時間
特別な事情がある場合	100時間未満	720時間

●超勤4項目

⏱□以下の業務の必要が生じた場合，時間外勤務が命じられる。①生徒の実習に関する業務，②学校の行事に関する業務，③職員会議に関する業務，④非常災害の場合に必要な業務。

● 教育原理（教育時事）
部活動改革

頻出度 **C**

> **ここが出る！** ▶▶
> ・学校の部活動では勝利至上主義が強いが，過度な練習は必ずしも効果をあげ得ないこと，適切な休養が必要，という見方が出ている。
> ・部活指導は，教員の過重労働の大きな原因となっている。今後は，部活動は地域に段階的に移行されることになっている。

2022年12月，スポーツ庁と文化庁は「**学校部活動及び新たな地域クラブ活動の在り方等に関する総合的なガイドライン**」を策定した❶。

B **1** 学校部活動　　　　　　　　　　　**頻出** 宮城，東京，大分

勝利至上主義の「しごき」は改め，節度のある活動にする。

●適切な指導の実施

□校長，部活動顧問，部活動指導員及び**外部指導者**は，学校部活動の実施に当たっては，生徒の**心身**の健康管理，**事故防止**を徹底し，体罰・**ハラスメント**を根絶する。

⏱□運動部活動の部活動顧問，部活動指導員及び外部指導者は，…トレーニング効果を得るために**休養**等を適切に取ることが必要であること，また，過度の練習がスポーツ障害・**外傷**のリスクを高め，必ずしも**体力・運動能力の向上につながらない**こと等を正しく理解し，分野の特性等を踏まえた**効率的**・効果的なトレーニングの積極的な導入等により，**休養**等を適切に取りつつ，**短時間**で効果が得られる指導を行う。

□部活動顧問，部活動指導員及び外部指導者は，生徒の運動・文化芸術等の能力向上や，**生涯**を通じてスポーツ・文化芸術等に親しむ基礎を培うとともに，生徒が**バーンアウト**することなく，技能の向上や大会等での好成績等それぞれの目標を達成できるよう，生徒と**コミュニケーション**を十分に図った上で指導を行う。

□その際，専門的知見を有する保健体育担当の教師や**養護教諭**等と連携・協力し，発達の**個人差**や女子の成長期における体と心の状態等に関する正しい知識を得た上で指導を行う。

---

❶本ガイドラインは，主に中学校を対象とする。

- ●適切な休養日等の設定
  □学期中は，週当たり2日以上の休養日を設ける。平日は少なくとも1
  日，週末は少なくとも1日以上を休養日とする。
⏱ □1日の活動時間は，長くとも平日では2時間程度，学校の休業日は3
  時間程度とし，できるだけ短時間に，**合理的**でかつ効率的・効果的な
  活動を行う。

C 2 新たな地域クラブ活動 頻出 宮城

今後，部活動は段階的に地域に移行される。

⏱ □公立中学校において，学校部活動の維持が困難となる前に，学校と地
  域との連携・協働により，生徒のスポーツ・文化芸術活動の場として，
  新たに**地域クラブ活動**を整備する必要がある。

□都道府県及び市区町村は，生徒にとってふさわしい地域スポーツ環境
  を整備するため，各地域において，専門性や資質・能力を有する**指導
  者**を確保する。

□休日における学校部活動の地域連携や地域クラブ活動への移行につい
  て，2023年度から2025年度までの3年間を**改革推進**期間と位置付けて
  支援する。

C 3 大会等の在り方の見直し

□中学校等の生徒を対象とする大会等の主催者は，生徒の参加機会の確
  保の観点から，大会参加資格を**学校**単位に限定することなく，地域の
  実情に応じ，**地域クラブ活動や複数校合同チーム**の会員等も参加でき
  るよう，全国大会，都道府県大会，地区大会及び市区町村大会におい
  て見直しを行う。

□大会等の主催者は，学校部活動における大会等の引率は原則として**部
  活動指導員**が単独で担うことや，外部指導者や地域のボランティア等
  の協力を得るなどして，生徒の**安全確保**等に留意しつつ，できるだけ
  教師が引率しない体制を整える旨を，大会等の規定として整備し，運
  用する。

□大会等の主催者は，全国大会の開催回数について，生徒や保護者等の
  心身の負担が**過重**にならないようにするとともに，学校生活との適切
  な両立を前提として，種目・部門・分野ごとに適正な回数に**精選**する。

ここが出る！ ▶▶
・義務教育段階での不登校児童生徒の増加を受け，教育機会確保法が制定された。特別の教育課程，学校外の学習活動の利用など，柔軟な視点が打ち出されている。
・教育機会の確保の対象は，年齢や国籍を問わない。

2016年12月に，「**義務教育の段階における普通教育に相当する教育の機会の確保等に関する法律**」が制定された。

B **1** 総則
頻出 広島，宮崎

教育機会の確保とは，不登校児童生徒だけを想定しているのではない。

● 目的（第1条）

□この法律は，教育基本法及び**児童の権利に関する条約**等の教育に関する条約の趣旨にのっとり，**教育機会**の確保等に関する施策に関し，基本理念を定め，並びに国及び地方公共団体の責務を明らかにするとともに，**基本指針**の策定その他の必要な事項を定めることにより，**教育機会**の確保等に関する施策を総合的に推進することを目的とする。

● 定義（第2条）

□不登校児童生徒とは，相当の期間学校を**欠席**する児童生徒であって，学校における**集団**の生活に関する**心理的**な負担その他の事由のために**就学**が困難である状況として文部科学大臣が定める状況にあると認められるものをいう。

□教育機会の確保等とは，**不登校**児童生徒に対する教育の機会の確保，**夜間**その他特別な時間において授業を行う学校における就学の機会の提供その他の義務教育の段階における**普通教育**に相当する教育の機会の確保及び当該教育を十分に受けていない者に対する支援をいう。

● 基本理念（第3条）

□不登校児童生徒が行う**多様**な学習活動の実情を踏まえ，個々の不登校児童生徒の状況に応じた必要な**支援**が行われるようにすること。

□**義務教育**の段階における普通教育に相当する教育を十分に受けていない者の意思を十分に尊重しつつ，その**年齢**又は国籍その他の置かれて

いる事情にかかわりなく，その**能力**に応じた教育を受ける機会が確保されるようにするとともに，その者が，その教育を通じて，社会において**自立的**に生きる基礎を培い，豊かな人生を送ることができるよう，その教育水準の維持向上が図られるようにすること。

C 2 不登校児童生徒等に対する教育機会の確保等 〔頻出〕宮崎

学校外の教育機会の利用も視野に入れる。

●学校の取組への支援（第8条）

□国及び地方公共団体は，全ての児童生徒が豊かな学校生活を送り，**安心**して教育を受けられるよう，児童生徒と学校の教職員との**信頼関係**及び児童生徒相互の良好な関係の構築を図るための取組，児童生徒の置かれている環境その他の事情及びその**意思**を把握するための取組，学校生活上の**困難**を有する個々の児童生徒の状況に応じた支援その他の学校における取組を支援するために必要な措置を講ずるよう努めるものとする。

●情報の共有（第9条）

□国及び**地方公共団体**は，不登校児童生徒に対する適切な支援が組織的かつ**継続的**に行われることとなるよう，不登校児童生徒の状況及び不登校児童生徒に対する支援の状況に係る**情報**を学校の教職員，心理，**福祉**等に関する専門的知識を有する者その他の関係者間で**共有**することを促進するために必要な措置その他の措置を講ずるものとする。

●学校外の学習への支援（第13条）

□国及び地方公共団体は，不登校児童生徒が学校以外の場において行う多様で適切な**学習活動**の重要性に鑑み，個々の不登校児童生徒の**休養**の必要性を踏まえ，当該不登校児童生徒の状況に応じた学習活動が行われることとなるよう，当該不登校児童生徒及びその**保護者**に対する必要な**情報**の提供，助言その他の支援を行うために必要な措置を講ずるものとする。

●就学の機会の提供（第14条）

□地方公共団体は，**学齢期**を経過した者であって学校における就学の機会が提供されなかったもののうちにその機会の提供を希望する者が多く存在することを踏まえ，**夜間**その他特別な時間において授業を行う学校における就学の機会の提供その他の必要な措置を講ずるものとする。

ここが出る！ ▶▶
- 子どもの貧困が社会問題化している。貧困状態の子どもに対する支援として，法律ではどのようなものが定められているか。
- ヤングケアラーの存在が注目されている。デリケートな問題だが，早期発見・把握が重要となる。

B **1** 子どもの貧困対策の推進に関する法律　頻出 千葉，大分

2013年に制定された基本法規である。2019年6月に改正された。

● **目的**

□この法律は，子どもの現在及び**将来**がその生まれ育った環境によって左右されることのないよう，全ての子どもが心身ともに健やかに育成され，及びその教育の**機会均等**が保障され，子ども一人一人が夢や**希望**を持つことができるようにするため，子どもの貧困の解消に向けて，**児童の権利に関する条約**の精神にのっとり，子どもの貧困対策に関し，基本理念を定め，国等の責務を明らかにし，及び子どもの貧困対策の基本となる事項を定めることにより，子どもの**貧困対策**を総合的に推進することを目的とする。（第1条）

● **基本理念**

□子どもの貧困対策は，社会のあらゆる分野において，子どもの年齢及び**発達**の程度に応じて，その意見が尊重され，その**最善の利益**が優先して考慮され，子どもが心身ともに健やかに育成されることを旨として，推進されなければならない。（第2条第1項）

□子どもの貧困対策は，子ども等に対する**教育**の支援，生活の**安定**に資するための支援，職業生活の安定と向上に資するための**就労**の支援，**経済的支援**等の施策を，子どもの現在及び将来がその生まれ育った環境にとって左右されることのない社会を実現することを旨として，子ども等の生活及び取り巻く**環境**の状況に応じて包括的かつ早期に講ずることにより，推進されなければならない。（第2条第2項）

□子どもの貧困対策は，子どもの貧困の背景に様々な**社会的**な要因があることを踏まえ，推進されなければならない。（第2条第3項）

●教育の支援

□国及び地方公共団体は，教育の**機会均等**が図られるよう，**就学**の援助，**学資**の援助，学習の支援その他の貧困の状況にある子どもの教育に関する支援のために必要な施策を講ずるものとする。（第10条）

C 2 子どもの貧困対策に関する大綱　　頻出 徳島，大分

大綱も，2019年11月に改正されている。学校は，子どもの貧困対策のプラットフォームだ。

□学校を地域に開かれた**プラットフォーム**と位置付けて，**スクールソーシャルワーカー**が機能する体制づくりを進めるとともに，地域において支援に携わる人材やNPO等民間団体等が中核となって放課後児童クラブや地域福祉との様々な連携を生み出すことで，苦しい状況にある子供たちを早期に把握し，支援につなげる体制を強化する。

B 3 ヤングケアラー　　頻出 愛媛，高知，沖縄

家事や家族の世話で，子どもらしい暮らしを奪われている子どもがいる。

●定義

□**ヤングケアラー**とは，一般に，本来大人が担うと想定されている**家事**や家族の**世話**などを日常的に行っている児童をいう。

□近年の調査結果❶によると，世話をしている家族が「いる」と回答した子どもは，中学2年生で**5.7**％，全日制高校2年生で 4.1％。

●支援の柱

□支援の柱は，①**早期発見**・把握，②**支援策**の推進，③社会的**認知度**の向上，という3つからなる。

□支援を行うにあたっては，まずは，**福祉**，介護，医療，教育等 といった様々な分野が連携し，**アウトリーチ**により，潜在化しがちなヤングケアラーを早期に発見することが重要である。

□教職員がヤングケアラーの特性を踏まえて子ども本人や**保護者**と接することで，家庭における子どもの状況に気付き，必要に応じて学校における**ケース会議**等において関係者間で情報を共有する等の取組が，ヤングケアラーの早期発見・把握につながる可能性がある。

❶三菱UFJリサーチ＆コンサルティング「ヤングケアラーの実態に関する調査研究」（2021年3月）である。

● 教育原理（教育時事）

令和の日本型学校教育

頻出度 **A**

ここが出る！ ▶▶
- 個別最適な学習とは，どのようなものか。中央教育審議会答申の文章の空欄補充問題が非常に多い。
- ICTは，個別最適な学習の不可欠なツールとなる。その活用に際しての基本的な考え方を知ろう。

　2021年1月，中央教育審議会は「『**令和の日本型学校教育**』の構築を目指して〜全ての子供たちの可能性を引き出す，個別最適な学びと，協働的な学びの実現〜」と題する答申を出した。

A 1 子どもの学び
　頻出 秋田，奈良，大分，宮崎

　令和の学校では，**個別最適な学び**が重視される。

●個に応じた指導
□新型コロナウイルス感染症の感染拡大による臨時休業の長期化により，多様な子供一人一人が**自立**した学習者として学び続けていけるようになっているか，という点が改めて焦点化されたところであり，これからの学校教育においては，子供が**ICT**も活用しながら自ら学習を**調整**しながら学んでいくことができるよう，「**個に応じた指導**」を充実することが必要である。

●指導の個別化
□全ての子供に**基礎的**・基本的な知識・技能を確実に習得させ，思考力・判断力・表現力等や，自ら学習を**調整**しながら粘り強く学習に取り組む態度等を育成するためには，教師が支援の必要な子供により重点的な指導を行うことなどで効果的な指導を実現することや，子供一人一人の特性や**学習進度**，学習到達度等に応じ，指導方法・教材や学習時間等の柔軟な提供・設定を行うことなどの「指導の**個別化**」が必要である。

●学習の個性化
□基礎的・基本的な知識・技能等や，言語能力，**情報活用能力**，問題発見・解決能力等の学習の基盤となる資質・能力等を土台として，幼児期からの様々な場を通じての**体験活動**から得た子供の興味・関心・キ

ャリア形成の方向性等に応じ，探究において課題の設定，情報の収集，整理・分析，まとめ・表現を行う等，教師が子供一人一人に応じた学習活動や学習課題に取り組む機会を提供することで，子供自身が学習が最適となるよう調整する「学習の個性化」も必要である。

● 個別最適な学び

🕐 □以上の「指導の個別化」と「学習の個性化」を教師視点から整理した概念が「個に応じた指導」であり，この「個に応じた指導」を学習者視点から整理した概念が「個別最適な学び」である。

A 2 教職員の姿 　　　　　　　　　　　　類出 東京，福井

教員は，子どもの学びの伴走者だ。

□教師が技術の発達や新たなニーズなど学校教育を取り巻く環境の変化を前向きに受け止め，教職生涯を通じて探究心を持ちつつ自律的かつ継続的に新しい知識・技能を学び続け，子供一人一人の学びを最大限に引き出す教師としての役割を果たしている。

□その際，子供の主体的な学びを支援する伴走者としての能力も備えている。

A 3 今後の方向性 　　　　　　　　　　　　類出 秋田

6つの基本方針が示されている。

> □学校教育の質と多様性，包摂性を高め，教育の機会均等を実現する。
> □連携・分担による学校マネジメントを実現する。
> 🕐 □これまでの実践とICTとの最適な組合せを実現する。
> 🕐 □履修主義・修得主義等を適切に組み合わせる。
> □感染症や災害の発生等を乗り越えて学びを保障する。
> □社会構造の変化の中で，持続的で魅力ある学校教育を実現する。

A 4 ICT の活用に関する基本的な考え方 　　類出 北海道，滋賀

上記の方針でも言われているが，今ではICTの活用は必須だ。

□ICTが必要不可欠なツールであるということは，社会構造の変化に対応した教育の質の向上という文脈に位置付けられる。

⏱□すなわち，子供たちの多様化が進む中で，**個別最適**な学びを実現する必要があること，情報化が加速度的に進む**Society5.0**時代に向けて，**情報活用能力**など学習の基盤となる資質・能力を育む必要があること，少子高齢化，人口減少という我が国の人口構造の変化の中で，地理的要因や地域事情にかかわらず学校教育の質を保障すること，**災害や感染症等の発生**などの緊急時にも教育活動の継続を可能とすること，教師の長時間勤務を解消し学校の**働き方改革**を実現することなど，これら全ての課題に対し，**ICT**の活用は極めて大きな役割を果たし得るものである。

□その一方で，ICTを活用すること自体が**目的化**してしまわないよう，十分に留意することが必要である。

□直面する課題を解決し，あるべき学校教育を実現するための**ツール**として，いわゆる「**二項対立**」の陥穽に陥ることのないよう，ICTをこれまでの実践と**最適に組み合わせて有効に活用する**，という姿勢で臨むべきである。

B 5 学校教育の質の向上に向けた ICT の活用　　頻出 宮崎

令和の学校では，ICT機器を使った授業が当たり前となる。

□ICTの活用により新学習指導要領を着実に実施し，学校教育の質の向上につなげるためには，**カリキュラム・マネジメント**を充実させつつ，各教科等において育成を目指す資質・能力等を把握した上で，特に「**主体的・対話的で深い学び**」の実現に向けた授業改善に生かしていくことが重要である。

□その際，1人1台の端末環境を生かし，端末を日常的に活用することで，ICTの活用が特別なことではなく「**当たり前**」のこととなるようにするとともに，ICTにより現実の社会で行われているような方法で児童生徒も学ぶなど，学校教育を**現代化**することが必要である。

□児童生徒自身がICTを「**文房具**」として自由な発想で活用できるよう環境を整え，授業をデザインすることが重要である。

A 6 新時代の特別支援教育の在り方　　頻出 岩手，京都，大分

各論では，特別支援教育に関する箇所がよく出題される。

● 基本的な考え方

⏳ □特別支援教育は，障害のある子供の自立や**社会参加**に向けた主体的な取組を支援するという視点に立ち，子供一人一人の**教育的ニーズ**を把握し，その持てる力を高め，生活や学習上の困難を**改善**又は克服するため，適切な指導及び必要な**支援**を行うものである。

⏳ □また，特別支援教育は，**発達障害**のある子供も含めて，障害により特別な支援を必要とする子供が在籍する**全ての学校**において実施されるものである

□また，障害者の権利に関する条約に基づく**インクルーシブ**教育システムの理念を構築し，特別支援教育を進展させていくために，引き続き，障害のある子供と障害のない子供が可能な限り**共に教育を受けられる❶**条件整備，障害のある子供の**自立**と社会参加を見据え，一人一人の教育的ニーズに最も的確に応える指導を提供できるよう，通常の学級，**通級**による指導，**特別支援学級**，特別支援学校といった，**連続性**のある多様な学びの場の一層の充実・整備を着実に進めていく必要がある。

● **特別支援教育を担う教師の専門性向上**

□全ての教師には，**障害の特性**等に関する理解と指導方法を工夫できる力や，個別の**教育支援計画**・個別の指導計画などの特別支援教育に関する基礎的な知識，**合理的配慮**に対する理解等が必要である。

□加えて，障害のある人や子供との触れ合いを通して，障害者が日常生活又は社会生活において受ける制限は障害により起因するものだけでなく，社会における様々な**障壁**と相対することによって生ずるものという考え方，いわゆる「**社会モデル**」の考え方を踏まえ，障害による学習上又は生活上の困難について本人の立場に立って捉え，それに対する必要な**支援**の内容を一緒に考えていくような経験や態度の育成が求められる。

□また，こうした経験や態度を，多様な**教育的ニーズ**のある子供がいることを前提とした**学級経営**・授業づくりに生かしていくことが必要である。

❶日本は，障害のある子とそうでない子を分ける特別支援教育を中止するよう，国連から勧告されてもいる。

● 教育原理(教育時事)
わいせつ教員対策法

頻出度 **c**

ここが出る! ▶▶
- 子どもの心に深い傷をもたらす「わいせつ行為」は,断じて許されない。わいせつ教員対策法の第1条,第4条の空欄補充問題が頻出。
- データベースの整備や,免許状の再取得にハードルを設けることにより,わいせつ教員の復帰を厳しくすることになっている。

2021年6月,教育職員等による児童生徒性暴力等の防止等に関する法律が成立した。通称は,**わいせつ教員対策法**である。

B **1** **目的** 頻出 長野,奈良,鹿児島

第1条である。やや長いが,空欄補充問題がよく出る。

●条文

○ □この法律は,教育職員等による児童生徒性暴力等が児童生徒等の**権利**を著しく侵害し,児童生徒等に対し生涯にわたって回復し難い**心理的外傷**その他の心身に対する重大な影響を与えるものであることに鑑み,児童生徒等の尊厳を保持するため,児童生徒性暴力等の**禁止**について定めるとともに,教育職員等による児童生徒性暴力等の防止等に関し,基本理念を定め,国等の責務を明らかにし,基本指針の策定,教育職員等による児童生徒性暴力等の防止に関する措置並びに教育職員等による児童生徒性暴力等の**早期発見**及び児童生徒性暴力等への対処に関する措置等について定め,あわせて,**特定免許状失効者**等に対する教育職員免許法の特例等について定めることにより,教育職員等による児童生徒性暴力等の防止等に関する施策を推進し,もって児童生徒等の**権利利益**の擁護に資することを目的とする。

●用語
□児童生徒等とは,学校に在籍する幼児・児童・生徒,ないしは学校に在籍しない18歳未満の者をさす。
□特定免許状失効者等とは,児童生徒性暴力等を行ったことにより,免許状が**失効**,ないしは免許状**取上げ**の処分を受けた者をさす。

C 2 　重要条文　　　　　　　　　　頻出 岩手，茨城，石川，宮崎

以下の4つの条文がよく出題される。

●基本理念（第4条）

児童生徒性暴力等の防止等に関する施策は…

□児童生徒性暴力等が全ての児童生徒等の心身の**健全**な発達に関係する重大な**問題**であるという基本的認識の下に行われなければならない。

□児童生徒等が**安心**して学習その他の活動に取り組むことができるよう，学校の**内外**を問わず教育職員等による児童生徒性暴力等を根絶することを旨として行われなければならない。

□被害を受けた児童生徒等を適切かつ迅速に**保護**することを旨として行われなければならない。

●教員職員等の責務（第10条）

□教育職員等は，基本理念にのっとり，児童生徒性暴力等を行うことがないよう教育職員等としての**倫理**の保持を図るとともに，その勤務する学校に在籍する児童生徒等が教育職員等による児童生徒性暴力等を受けたと**思われる**ときは，適切かつ**迅速**にこれに対処する責務を有する。

●データベースの整備等（第15条）

□国は，特定免許状失効者等の氏名及び特定免許状失効者等に係る免許状の失効又は取上げの事由，その免許状の失効又は取上げの原因となった事実等に関する情報に係る**データベース**の整備その他の特定免許状失効者等に関する正確な**情報**を把握するために必要な措置を講ずるものとする。

●免許状の再授与の制限（第22条）

□特定免許状失効者等については，その免許状の失効又は取上げの原因となった児童生徒性暴力等の内容等を踏まえ，当該特定免許状失効者等の**改善更生**の状況その他その後の事情により再び免許状を授与するのが**適当**であると認められる場合に限り，再び免許状を授与することができる❶。

❶教員免許状の授与権者は都道府県の教育委員会であるが（234ページ），再授与の際は，教育職員免許状再授与審査会の意見を聴かなければならない。

学習指導要領

□1 全体の教科・科目を，いくつかの広い領域に分けて編成したカリキュラムを相関カリキュラムという。　　　→P.35

1　×
相関カリキュラムではなく，広領域カリキュラムである。

□2 小学校の教育課程は，各教科，特別の教科である道徳，総合的な学習の時間並びに特別活動によって編成する。　→P.35

2　×
小学校ではなく，中学校である。

□3 各学校においては，主体的・探究的で深い学びの実現に向けた授業改善を通して，創意工夫を生かした特色ある教育活動を展開する。　　　→P.37

3　×
探究的ではなく，対話的である。

□4 各学校においては，学びに向かう力，人間性等を涵養する。　　　→P.37

4　○

□5 各学校においては，求められる資質・能力を教科横断的な視点で育成する。　　　　　　　　　　　　→P.38

5　○

□6 小学校の各教科等の授業は，年間40週（第1学年は34週）以上にわたって行うよう計画する。　　　　　　→P.39

6　×
40週ではなく，35週である。

□7 障害のある児童生徒については，長期的な視点で児童への教育的支援を行うために，個別の指導計画を作成し活用することに努める。　　　　　→P.42

7　×
個別の指導計画ではなく，個別の教育支援計画である。

□8 高等学校総合学科では，「産業社会と人間」を原則として卒業年次に履修させる。　　　　　　　　　　→P.46

8　×
卒業年次ではなく，入学年次である。

□9 高等学校卒業までに修得させる単位数は74単位以上である。　　　→P.47

9　○

□10 各学校においては，生徒指導主事を中心に，全教師が協力して道徳教育を展開する。　　　　　　　　　　→P.49

10　×
生徒指導主事ではなく，道徳教育推進教師である。

□11 小学校のクラブ活動は，第4学年以上の同好の児童をもって組織する。　→P.58

11　○

□12 1998年の小学校学習指導要領改訂により，低学年の教科に生活科が新設された。　→P.61

12 ×
1998年ではなく，1989年である。

学習理論

□13 パーカーストが実践した自学自習の方法はドルトン・プランである。　→P.32

13 ○

□14 ブルームは，知識の生成過程に生徒を参加させる発見学習を提唱した。　→P.33

14 ×
ブルームではなく，ブルーナーである。

□15 バス学習は成員を5人ずつのグループに分け，6分間討議させるものである。　→P.67

15 ×
5人ではなく，6人である。

□16 国際学力調査の「PISA」は，OECDが3年間隔で実施するものである。　→P.68

16 ○

□17 『全国学力・学習状況調査』の小学校調査の対象学年は第5学年である。　→P.69

17 ×
第5学年ではなく，第6学年である。

□18 観点別学習状況の観点は，「知識・技能」，「思考・判断・表現」，「主体的に学習に取り組む態度」である。　→P.70

18 ○

生徒指導

□19 生徒指導は，児童生徒が，自発的・主体的に成長や発達する過程を支える教育活動である。　→P.72

19 ○

□20 生徒指導の目的は，才能の発見とよさや可能性の伸長と社会的資質・能力の発達を支えることである。　→P.72

20 ×
才能ではなく，個性である。

□21 課題予防的生徒指導は，教育課程内外の全ての教育活動において求められる基盤である。　→P.74

21 ×
課題予防的生徒指導ではなく，発達支持的生徒指導である。

□22 教育相談は，個人の資質や能力の伸長を支援するという発想が強い。　→P.76

22 ○

□23 スクールカウンセラーは，問題を抱えた児童生徒を取り巻く環境に働きかけ，家庭，学校，地域の関係機関をつなぐ役割を担う。　　　　　　　　→P.77

□24 いじめには，インターネットを通じて行われるものは含まれない。　→P.78

□25 いじめの不登校重大事態と認める欠席日数の目安は年間30日である。　→P.80

□26 いじめの重大事態は，事実関係が確定した段階で調査を開始する。　→P.81

□27 不登校児童生徒への支援は，社会的に自立することを目指す必要がある。　→P.82

□28 18歳以下の自殺は，試験前の時期に増加する傾向がある。　　　　　　→P.84

□29 懲戒の内容が，児童生徒に肉体的・精神的苦痛を与えるようなものと判断された場合，体罰に該当する。　　　　→P.87

特別支援教育

□30 特別支援学校の対象となる障害の程度は，学校教育法施行令で定められている。　　　　　　　　　　　　　→P.89

□31 特別支援学校の設置義務を負うのは都道府県である。　　　　　　　→P.90

□32 義務標準法によると，特別支援学校小・中学部の1学級当たりの児童生徒数の標準は8人である。　　　　　→P.91

□33 通学して教育を受けることが困難な児童生徒に対し教員を派遣して教育を行う場合，必要がある時は，実情に応じた授業時数を定める。　　　　　　　　→P.93

□34 小・中学校等の特別支援学級では，文部科学省の検定済み教科用図書とは別の教科用図書は使用できない。　　　→P.96

23　×
　スクールカウンセラーではなく，スクールソーシャルワーカーである。

24　×
　含まれる。

25　○

26　×
　疑いが生じた段階で調査を開始する。

27　○

28　×
　試験前ではなく，長期休業明けである。

29　×
　肉体的・精神的ではなく，肉体的である。

30　○

31　○

32　×
　8人ではなく，6人である。

33　○

34　×
　使用できる。

□35　学習障害者は，通級による指導の対象
　　に含まれる。　　　　　　　　→P.97

□36　通級による指導は，高等学校では実施
　　することはできない。　　　　→P.97

□37　発達障害者の支援は，社会的障壁の除
　　去に資することを旨として，行われなけれ
　　ばならない。　　　　　　　　→P.99

□38　特別支援教育は，全ての学校において
　　実施される。　　　　　　　　→P.100

□39　障害者の権利に関する条約は，2000年
　　12月の国連総会で採択された。　→P.104

□40　あらかじめ，障害の有無等にかかわら
　　ず多様な人々が利用しやすいよう都市や生
　　活環境をデザインする考え方をバリアフリ
　　ーという。　　　　　　　　　→P.107

人権教育

□41　人権啓発は，人権尊重の精神の涵養を
　　目的とする教育活動である。　→P.112

□42　世界人権宣言は，1948年12月の国連総
　　会で採択された。　　　　　　→P.114

□43　毎年11月４日から11月10日は人権週間
　　と定められている。　　　　　→P.115

□44　人権教育で育てる資質・能力は，知識
　　的側面と技能的側面の２つからなる。
　　　　　　　　　　　　　　　　→P.116

□45　社会教育主事は，社会教育を行う者に
　　専門的技術的な助言と指導を与える。
　　　　　　　　　　　　　　　　→P.118

□46　1965年のユネスコ成人教育推進国際委
　　会にて，フランスのジェルピは生涯教育の
　　概念を提唱した。　　　　　　→P.119

35　○

36　×
実施できる。

37　○

38　○

39　×
2000年ではなく，2006
年である。

40
バリアフリーではなく，
ユニバーサル・デザイ
ンである。

41　×
人権啓発ではなく，人
権教育である。

42　○

43　×
人権週間は12月４日か
ら12月10日である。

44
価値的・態度的側面も
加えた３つからなる。

45　○

46　×
ジェルピではなく，ラ
ングランである。

教育時事

□47　自立や職業への移行に必要な基礎的・汎用的能力は4つの柱からなる。　→P.125

□48　学校安全には、児童生徒等を取り巻く環境を安全に整えることを目指す組織活動が含まれる。　→P.126

□49　児童生徒の生命に関わる緊急事案については、管理職への報告よりも救命措置を優先させる。　→P.129

□50　義務教育諸学校では、学校給食を実施しなければならない。　→P.131

□51　GIGAスクール構想は、1人1台端末と、高速大容量の通信ネットワークを一体的に整備することを目指す。　→P.135

□52　性同一性障害の児童生徒が有する違和感は、成長に伴い変動があり得る。　→P.137

□53　第4期教育振興基本計画の基本方針の一つは「教育デジタルトランスフォーメーションの推進」である。　→P.139

□54　部活動指導員は、単独で大会等の引率を行うことはできない。　→P.141

□55　公立学校教員の時間外在校等時間の上限は、1か月当たり60時間である。　→P.143

□56　子どもの貧困対策は、子どもの貧困の背景に様々な社会的な要因があることを踏まえ、推進されなければならない。　→P.148

□57　「個に応じた指導」を教師視点から整理した概念が「個別最適な学び」である。　→P.151

47　○

48　×
組織活動ではなく、安全管理である。

49　○

50　×
実施は努力義務である。

51　○

52　○

53　○

54　×
行うことができる。

55　×
60時間ではなく、45時間である。

56　○

57　×
教師視点ではなく、学習者視点である。

教育史

● 教育史（西洋教育史）

西洋教育史の人物と業績①（古代〜中世）

頻出度 **B**

ここが出る！ ▶▶
- 西洋教育史における人物とその業績（著作，思想）はよく問われる。人物，著作，および思想上のキーワードを対応させる形式が多い。
- まずは，古代から中世までの重要人物をみてみよう。ソクラテス，プラトン，アリストテレス，コメニウス，そしてロックは頻出。

B 1 人物一覧　　　　　　　　　　　　　頻出 愛知，長崎，宮崎

厳選した15人の人物を掲げる。★は超頻出人物。

人物	著作	記事
⏱□ソクラテス （前469〜前399）		問答法により，自分は何も知らないという「無知の知」を自覚させる。
⏱□プラトン （前427〜前347）	①『クリトン』 ②『国家』	ソクラテスの弟子。アカデメイア*を開設し，青年らを教育。哲人君主の教育，イデア論。
⏱□アリストテレス （前384〜前322）	①『ニコマコス倫理学』 ②『形而上学』 ③『政治学』	プラトンの弟子。中庸の徳を重視。「人間はポリス的動物である」という言葉は有名。独自の学校リュケイオン*を創設。
□キケロ （前106〜前43）	①『雄弁家論』	ラテン語による弁論家の教育に力を注ぐ。
□クィンティリアヌス （35〜95？）	①『雄弁家の教育』	ローマ帝政期の弁論教師。生涯にわたる体系的な弁論家教育を構想。
□ヴィットリーノ （1378〜1446）		人文主義教育者。ゴンザガ家の宮廷学校（**喜びの家**）を経営。
□エラスムス （1469？〜1536）	①『痴愚神礼賛』 ②『対話集』 ③『児童の自由教育』	③にて，精神陶冶の早期開始を提唱し，笞の教育（体罰）を戒める。
□トマス・モア （1478〜1535）	①『ユートピア』	すべての子どもに教育が保障された，理想郷ユートピアを構想。

□ルター (1483〜1546)	①『人々は子どもたちを学校に送るべきであるという説教』 ②『教理問答書』	①にて，両親に子どもを就学させることを強く訴え，近代的な義務教育制度について構想。②は初等教育のテキスト。
□ヴィーヴェス (1492〜1540)	①『学問論』	実物教育論を展開。コメニウス等に影響を与える。
□メランヒトン (1497〜1560)	①『巡察指導書』	①は，教会改革と学校計画の指導書として著名。
□カルヴァン (1509〜1564)	①『ジュネーヴ教会・教理問答』 ②『キリスト教綱要』	青少年の信仰教育を行うジュネーヴ・アカデミーを設立。ルターと並ぶ宗教改革家。
⏱ □コメニウス★ (1592〜1670)	①『大教授学』 ②『世界図絵』	①は近代教授学の金字塔。②は史上初の絵入り教科書。
□デカルト (1596〜1650)	①『方法序説』 ②『哲学の原理』	解析幾何学の創始者。**「われ思う，ゆえにわれあり」**。
⏱ □ロック★ (1632〜1704)	①『人間悟性論』 ②『教育論』	人間の精神は白紙（タブラ・ラサ）である。②では，紳士教育論を展開。

C 2 重要用語

自由七科を構成する，三科と四科を覚えよう。

●自由七科

□【 **自由七科** 】…ヨーロッパの伝統的な教養内容。リベラル・アーツともいう。

□文法，修辞学，**論理学**の三科と，算数，**幾何**，**天文**，音楽の四科から構成される。

●プラトンとアリストテレスの学校

□【 **アカデメイア** 】…プラトンが開設した学校。学問研究も行っていたことから，今日でいう高等教育の原型をなすともいわれる。

□【 **リュケイオン** 】…アリストテレスが創設した学校。アリストテレス一派は，ペリパトス学派とも呼ばれる。

● 教育史（西洋教育史）

西洋教育史の人物と業績②（近代） 頻出度 A

ここが出る! ▶▶

・近代の西洋教育思想は大変よく出題される。それらは，組織的・体系的な近代教育制度を生み出した理論的基礎である。

・ルソー，ペスタロッチ，ヘルバルトなど，西洋教育史上の最重要人物が続々出てくる。各人物のキーワードをしっかり覚えよう。

A 1 人物一覧

頻出 秋田，愛知，長崎，宮崎，沖縄

● 人物一覧

人物	著作	記事
□ラ・シャロッティ (1701〜1785)	①『国民教育論』	フランスの司法官。宗教教育を排し，イエズス会の国外追放を行う。
□ルソー★ (1712〜1778)	①『エミール』 ②『学問芸術論』 ③『人間不平等起源論』 ④『社会契約論』	フランスの思想家。教育小説の①で消極教育論を展開。「子どもの発見者」と称される。
□エルヴェシウス (1715〜1771)	①『精神論』 ②『人間論』	教育は環境であると説く。②にて，「教育はすべてをなしえる」と主張。
□バゼドウ (1724〜1790)		1774年に，**汎愛学院**を設立。現世内的人間を尊重する教育。
□カント (1724〜1804)	①『純粋理性批判』 ②『実践理性批判』 ③『判断力批判』 ④『教育学講義』	「人間は教育されなくてはならない唯一の被造物である」という言葉が有名。
□コンドルセ (1743〜1794)	①『公教育の全般的組織に関する法案』 ②『人間精神進歩史』	フランス革命後に，近代公教育の原理（無償性，男女共学，中立性など）を打ち出す。
□ペスタロッチ★ (1746〜1827)	①『隠者の夕暮れ』 ②『白鳥の歌』 ③『ゲルトルート教育法』	孤児院を経営し，貧民の子弟の教育に取り組む。感覚的直観を重視した直観教授を提唱。

□フィヒテ (1762〜1814)	①「ドイツ国民に告ぐ」	①の講演にて，教育による祖国再建を訴える。
□オーエン (1771〜1858)		英国の空想的社会主義者。ニューラナークに**性格形成学院**を創設。工場法の制定を要求。
□イタール (1774〜1838)	①『アヴェロンの野生児』	アヴェロンの森で発見された野生児の教育を行う。①はその記録。聴覚障害にも関心を抱く。
□ヘルバルト (1776〜1841)	①『一般教育学』	教授の4段階説（明瞭，連合，系統，方法）を提唱❶。
□フレーベル★ (1782〜1852)	①『人間の教育』	1837年に創設した一般ドイツ幼稚園は，世界初の幼稚園。教育用の玩具である「恩物」*を考案。
□マン (1796〜1859)		政党や宗教から独立した，世俗的なコモンスクールを構想。**アメリカ公立学校の父**といわれる。
□セガン (1812〜1880)	①『知的障害児教育の理論』	フランスの医学者。知的障害児教育の先駆者。生理学的教育法（セガン法）を考案。
□ツィラー (1817〜1882)		ヘルバルトの4段階教授説を発展させた5段階教授説（**分析，総合，連合，系統，方法**）を提唱。
□ライン (1847〜1929)		独自の5段階教授説（予備，提示，**比較，総括，応用**）を提唱。

●補説

□【　恩物　】…教育用の玩具。恩物という名称には，神からの子どもたちへの贈り物という意味が込められている。

❶ヘルバルト学派の教授段階論については，教育原理のテーマ2も参照のこと。

ここが出る! ▶▶

・19世紀以降の西洋教育思想は，児童中心主義の新教育運動の支柱となっている。今振り返っても教えられるところが大きい。

・ケイ＝児童の世紀，デューイ＝経験主義，イリイチ＝脱学校論，というような最重要のキーワードを押さえること。

A **1** **人物一覧**　　　　　　　　　頻出 青森，愛知，長崎，沖縄

厳選した17人の思想家・実践家を紹介する。★は超頻出人物。

人物	著作	記事
□スペンサー (1820〜1903)	①『教育論』 ②『社会学原理』	①において，伝統的な古典教育を批判し，実用的な科学の教育が重要であると主張。
□ケイ (1849〜1926)	①『児童の世紀』	スウェーデンの女性思想家。20世紀を「児童の世紀」と呼んだ。
□ケルシェンシュタイナー (1854〜1932)	①『公民教育の概念』	労作の教育的意義を重視し，国民学校を労作学校に転換。職業学校の父。
□ナトルプ (1854〜1924)	①『社会的教育学』	教育を通じて，国民意識の統合，すなわち社会的統一をめざすべきと説く。
□デュルケム (1858〜1917)	①『教育と社会学』 ②『道徳教育論』	教育社会学の開祖。「教育とは，後続世代の組織的・体系的な社会化である」と説く。
□デューイ★ (1859〜1952)	①『学校と社会』 ②『思考の方法』 ③『民主主義と教育』	アメリカにおける進歩主義教育運動の先駆者。「なすことによって学ぶ」経験主義の教育を実践。
□シュタイナー (1861〜1925)		シュタイナー学校を創設。オイリュトミー・フォルメンという独自の教科。

□リーツ (1868〜1919)		ドイツの**田園教育舎**の創設者。午前は知的学習,午後は身体的・芸術的活動を行う。
□クループスカヤ (1869〜1939)	①『国民教育と民主主義』	教育と労働の結合による全面発達,総合技術教育(**ポリテフニズム**)。統一労働学校を構想。
□モンテッソーリ (1870〜1952)	①『モンテッソーリ・メソッド』	障害児教育研究家。ローマの貧民街に「**子どもの家**」を開設し,貧しい家庭の幼児の教育を行う。
□キルパトリック (1871〜1965)	①『プロジェクト・メソッド』	デューイに師事し,単元学習の方法としての「**プロジェクト・メソッド**」を提唱。
□シュプランガー (1882〜1963)	①『生の形式』 ②『青年期の心理学』	人間存在の諸類型を提唱。理論,**経済**,審美,**社会**,権力,宗教という6指標で性格を分類。
□ニイル (1883〜1973)	①『**問題の子ども**』 ②『問題の親』	**サマーヒル学園**を創設し,徹底した自由主義教育を実践する。
□パーカースト (1887〜1973)	①『ドルトン・プランの教育』	マサチューセッツ州ドルトンのハイスクールにおいて,**ドルトン・プラン**を実践。
□マカレンコ (1888〜1939)	①『塔の上の旗』 ②『教育詩』	非行少年の矯正教育に従事。規律ある集団教育による訓育を重視する。
□ブルーナー (1915〜2016)	①『**教育の過程**』	アメリカの発達心理学者。**発見学習**,同じ内容を繰り返し学習させる「螺旋形カリキュラム」を提唱。
□イリイチ (1926〜2002)	①『脱学校の社会』	**脱学校論**を提唱。学校に代わって,人々の自発的な学習を促す学習ネットワークを構築すべきと主張。

ここが出る！ ▶▶

・日本の教育史年表を4つのエポックに分けて見ていこう。出題頻度が高いのは，明治の教育政策史と戦後の民主教育改革だ。
・学制や諸学校令など，重要な法令を押さえよう。時代順に並べ替えさせる問題もよく出る。

B 1 明治期

頻出 秋田，東京，三重，和歌山，長崎

日本の近代学校制度は，明治の初頭に生まれた。

西暦	和暦	事項　◎は重要事項
1871	明治4	文部省が設置される。
1872	明治5	◎学制が布告される。近代的な学校制度の誕生。大学区に大学，中学区に中学，小学区に小学を1校ずつ設置。学制の序文（被仰出書）にて，国民皆学の精神を強調。
1879	明治12	◎教学聖旨を公布。明治天皇による国民教学の根本方針。◎教育令を公布（文部大輔・田中不二麻呂）。「学制」下の画一的な教育制度の改革。
1880	明治13	改正教育令を公布。教育令の方針を転換し，国家の統制，政府の干渉を基本方針とする。就学義務の期間延長。
1882	明治15	『幼学綱要』（元田永孚編纂）が下賜される。
1886	明治19	◎初代文部大臣の森有礼が諸学校令（小学校令，中学校令，帝国大学令，師範学校令）を公布。体系的な近代学校制度の樹立。
1890	明治23	◎教育勅語を発布。日本の教育の基本理念を提示。中村正直，元田永孚，および井上毅が起草。
1891	明治24	不敬事件。内村鑑三が教育勅語への礼拝を拒み，第一高等中学校を辞職。
1894	明治27	高等学校令を公布。高等中学校が高等学校となる。
1899	明治32	高等女学校令，実業学校令を公布。高等女学校と実業学校が，独立の法規定を持つ中等教育機関となる。
1900	明治33	◎小学校令を改正。尋常小学校での4年間が無償の義務教育となる。

	1903	明治36	津田梅子が，女子英学塾を開設。 専門学校令を公布。高等教育機関としての専門学校を制度化。 小学校の教科書が検定制から国定制になる。
⏱	1907	明治40	義務教育の年限が6年に延長される。

C 2 大正～昭和戦前期　　　　　　　　　　頻出 秋田，福井

　大正期には，児童中心主義の新教育運動が展開された。今振り返っても，教えられるところが大きい。

西暦	和暦	事項　◎は重要事項
1917	大正6	臨時教育会議を設置。内閣直属の諮問機関で高等学校制度と大学制度について審議した。 ◎沢柳政太郎が，成城小学校を設立。
1918	大正7	◎大学令を公布。帝国大学以外の官公私立大学の設置が認められる。
1921	大正10	羽仁もと子が，自由学園を創立。 ◎八大教育主張講演会。子どもの自主性や個性を尊重した自由教育を提起。手塚岸衛，小原国芳など，8人の講師が講演。
1923	大正12	木下竹次『学習原論』。
⏱ 1924	大正13	下中弥三郎が，児童の村小学校を設立。池袋児童の村小学校，御影児童の村小学校(兵庫)，雲雀ヶ岡小学校(神奈川)，東京児童の村小学校。
1926	大正15	幼稚園令を公布。幼稚園に関する初の独立した勅令。
1929	昭和4	小原国芳が，玉川学園を創立。
1935	昭和10	◎青年学校令を公布。青年訓練所と実業補習学校が統合され，青年学校となる。
1937	昭和12	教育審議会設置。内閣直属の教育政策審議機関。
1940	昭和15	義務教育費国庫負担法を公布。教員給与の半額を国が負担する。
⏱ 1941	昭和16	◎国民学校令公布。尋常小学校と高等小学校が統合され，**国民学校**となる。

B 3 終戦～昭和50年　　　　　　　　　　頻出 秋田，東京，長崎

　敗戦後，わが国には民主的な教育制度が生まれた。学校体系も大きく変わった(191ページの図を参照)。

西暦	和暦	事項　◎は重要事項
1945	昭和20	GHQが「民主化に関する五大改革指令」を発表。その１項目は「学校教育の自主主義化」。
1946	昭和21	第１次米国教育使節団が報告書を提出。6・3・3制，9年間の無償義務教育，および男女共学を提唱。日本側の教育刷新委員会が審議。
1947	昭和22	◎教育基本法，学校教育法を公布。「6・3・3・4」の学校体系が成立。学習指導要領（試案）を発表。
1948	昭和23	教育委員会法を公布。新制高等学校が発足。
1949	昭和24	社会教育法を公布。
1952	昭和27	日教組が，教師の倫理綱領を採択。
1956	昭和31	◎地方教育行政の組織及び運営に関する法律を公布。教育委員の選出方法が，公選制から任命制になる。
1958	昭和33	◎学習指導要領が，法的拘束力を有する，教育課程の国家基準となる❶。
1960	昭和35	経済審議会「国民所得倍増計画による長期教育拡充計画」
1961	昭和36	５年制の高等専門学校を創設。
1963	昭和38	義務教育諸学校の教科用図書の無償措置に関する法律を公布。
1965	昭和40	第１次教科書裁判（家永三郎による）。
1966	昭和41	中央教育審議会答申「後期中等教育の拡充整備について」，別記「期待される人間像」
1968	昭和43	学習指導要領改訂。教育内容の現代化が図られる。
1970	昭和45	OECD教育使節団「日本の教育政策に関する調査報告」。
1971	昭和46	◎中教審答申「今後における学校教育の総合的な拡充整備のための基本的施策について」（46答申）。
1974	昭和49	学校教育の水準の維持向上のための義務教育諸学校の教育職員の人材確保に関する特別措置法公布。
1975	昭和50	◎専修学校の制度が発足。主任の制度化。

C 4 昭和51年以降　　　　　　　　　　　　　類出 長崎

1970年代半ば以降，教育の量的拡張から質の向上に重点が移る。

. . . .

❶学習指導要領の歴史的変遷については，教育原理のテーマ11を参照。

西暦	和暦	事項　◎は重要事項
1977	昭和52	学習指導要領改訂。ゆとり，教育内容の精選。
1979	昭和54	◎**養護学校**の義務制実施。
		国公立大学共通第1次学力試験が始まる。
1984	昭和59	**臨時教育審議会**を設置。
1987	昭和62	◎臨時教育審議会最終答申が出される。①個性重視，②**生涯学習体系**への移行，③**情報化**への対応，という改革方針が明示される。
1988	昭和63	文部省の社会教育局が**生涯学習局**に改組される。
1989	平成元	学習指導要領改訂。**生活科**を新設。
1990	平成2	**生涯学習振興法**が制定される。
1992	平成4	**学校週5日制**の部分実施。毎月第2土曜が休校。
1993	平成5	高等学校に**総合学科**が創設される。
		通級による指導が始まる。
1997	平成9	小・中学校の**通学区域**の弾力的運用を通知。
		義務教育学校の教員免許取得者に**介護体験**が義務づけられる。
1998	平成10	**中等教育学校**を創設。
		◎学習指導要領改訂。**総合的な学習の時間**を新設。「**生きる力**」を育むことを強調。
2000	平成12	**児童虐待の防止等に関する法律**が制定される。
		学校評議員制度を導入。
2001	平成13	文部省と科学技術庁が統合され，**文部科学省**となる。
2002	平成14	**学校週5日制**の完全実施。
2003	平成15	◎学習指導要領改訂。指導要領の**基準性**を明記。指導要領に示していない内容も指導できることを強調。
2004	平成16	**学校運営協議会**制度を創設。
2006	平成18	◎養護学校，盲学校，聾学校が一本化されて，**特別支援学校**となる。
		◎**教育基本法**改正。前文と18カ条になる。
2009	平成21	**教員免許更新制**を導入。
2010	平成22	**子ども手当**，**高校無償化**制度を実施。
2012	平成24	文部科学省報告「共生社会の形成に向けた**インクルーシブ教育システム**構築のための特別支援教育の推進」。
2013	平成25	**いじめ防止対策推進法**が制定される。
2014	平成26	**障害者の権利に関する条約**を批准。
2015	平成27	小中一貫教育を行う**義務教育学校**制度を創設。
2017	平成29	◎学習指導要領改訂。**外国語教育**の早期化。

教育史

日本教育史年表

● 教育史（日本教育史）

日本教育史の人物と業績①（中世～近世）

頻出度 **B**

ここが出る！ ▶▶

・日本の教育思想は，西洋と比べると出題頻度は低い。本書で紹介する著名な思想家を押さえておけば十分であろう。

・まずは，中世から近世の著名人物を紹介する。特に，江戸時代の私塾を開設した人物などは要注意である。

B 1 人物一覧

頻出 栃木，愛知，長崎，鹿児島

●人物一覧

人物	著作	記事
□最澄 （767～822）	①『山家学生式』 ②『顕戒論』	天台宗の開祖。厳格な僧侶教育を行う。①は修業僧が遵守すべき諸規定を定めたもの。
□空海 （774～835）	①『十住心論』	真言宗の開祖。弘法大師として知られる。庶民教育機関の綜芸種智院を開く。
□林羅山 （1583～1657）	①『三徳抄』	儒学者。上野忍岡の家塾が昌平坂学問所となる。封建社会の身分制度（士農工商）を支持する**上下定分の理**を説く。
□中江藤樹 （1608～1648）	①『翁問答』 ②『孝経啓蒙』	陽明学の開祖。私塾の藤樹書院を開設。近江聖人と仰がれる。
□熊沢蕃山 （1619～1691）	①『集義和書』 ②『集義外書』 ③『大学或問』	中江藤樹の弟子。岡山藩の藩校・花畠教場を開設。学校教育を通した能力主義的人材登用。
□山鹿素行 （1622～1685）	①『武教要録』 ②『聖教要録』	私塾の積徳堂を開き，軍学を教授。武人の道徳たる武士道の探究も行った。
□伊藤仁斎 （1627～1705）	①『論語古義』 ②『孟子古義』	『論語』や『孟子』などの儒教の古典を解読する古義学を提唱。私塾の古義堂を開設。
□貝原益軒 （1630～1714）	①『慎思録』 ②『和俗童子訓』	平易な仮名による教訓書や実用書を執筆。②は，わが国初の体系的な教育論。

□荻生徂徠 (1666〜1728)	①『弁道』 ②『政談』 ③『太平策』	私塾の蘐園塾を経営。古文辞学を創始。教師も門弟も対等の立場で研究を行う会読・輪講。
□石田梅岩 (1685〜1744)	①『都鄙問答』	江戸時代中期の社会教育家。近世の代表的な人生哲学，**石門心学**の創始者。
□安藤昌益 (1703〜1762？)	①『自然真営道』	封建的な身分制度を痛烈に批判。すべての人間が生産活動に従事すべきであると説く。
□塙保己一 (1746〜1821)		和学講談所の創設者。失明するが，日本の古典の調査研究に取り組む。『群書類従』を編纂。
□広瀬淡窓 (1782〜1856)	①『遠思楼詩鈔』	私塾の**咸宜園**を創設。入門者の年齢，身分，学歴を問わない「三奪」を採用した教育方法。
□緒方洪庵 (1810〜1863)		私塾の適塾を開き，蘭学の教育を行う。実力本位の進級体制。福沢諭吉などの逸材を育てる。
□元田永孚 (1818〜1891)	①『幼学綱要』	天皇制公教育体制の確立に貢献。①は勅撰修身教科書。「教学聖旨」や教育勅語の起草にも関わる。
□吉田松陰 (1830〜1859)		私塾の松下村塾を経営。伊藤博文や山県有朋などの要人を育てる。安政の大獄で刑死。

● **江戸期の教育機関**

□【 藩校 】…藩士の教育のために藩が設立した学校。藩学ともいう。代表的な藩校として，明倫館（長州藩），時習館（熊本藩），興譲館（米沢藩），日新館（会津藩），弘道館（水戸藩），致道館（庄内藩）などがある。

□【 寺子屋 】…庶民の子弟を対象とした教育施設。

□【 郷学 】…藩校と寺子屋の中間的な教育施設。藩校の分校・支校的なものと，庶民が設立したものがある。

ここが出る！ ▶▶
・明治期において，近代学校制度の形成に寄与した人物について知っておこう。
・児童中心主義を掲げた大正新教育運動において，中心的な役割を担った人物について知っておこう。

B **1** 人物一覧　　　頻出 岩手，山梨，愛媛，高知，長崎

● 人物一覧

人物	著作	記事
□福沢諭吉 (1834～1901)	①『西洋事情』 ②『文明論之概略』 ③『学問のすゝめ』	慶応義塾の創設者。「天は人の上に人を造らず人の下に人を造らず」と封建制を批判。実学を重視。
□新島襄 (1843～1890)		キリスト教主義教育者。1875年，同志社英学校を創設する。慶応義塾に匹敵する青年教育の場を提供。
□森有礼 (1847～1889)	①『信仰自由論』 ②『日本の教育』	伊藤博文内閣の初代文部大臣。小学校令などの諸学校令*を制定し，近代的な学校体系を確立。
□伊沢修二 (1851～1917)	①『学校管理法』 ②『教育学』 ②『視話法』	東京高等師範学校校長などを歴任。『小学唱歌集』を刊行し，音楽教育の発展にも貢献。
□沢柳政太郎 (1865～1927)	①『実際的教育学』	帝国教育会会長を務める。成城小学校を創設し，そこにて児童中心主義の教育を実践。
□谷本富 (1867～1946)	①『新教育講義』 ②『実用教育学及教授法』	わが国初の教育学博士。ヘルバルト派教育学を学ぶ。「活人物」を育成することを主張。
□野口援太郎 (1868～1941)	①『新教育の原理としての自然と理性』	教育の世紀社を創設。1924年，池袋児童の村小学校を創設し，その校長となる。

□木下竹次 (1872〜1946)	①『学習原論』 ②『学習各論』	奈良女子高等師範学校附属小学校主事。同校にて，合科学習の実践を行う。
□羽仁もと子 (1873〜1957)		1921年に，**自由学園**という私立学校を設立し，「自労自活」の生活中心主義教育を実践。
□芦田恵之助 (1873〜1951)	①『綴り方教授』	東京高等師範学校附属小学校訓導。子どもに主題を選ばせ，自由に文章を綴らせる「**随意選題**」を提唱。
□及川平治 (1875〜1939)	①『分団式動的教育法』	明石女子師範学校附属小学校主事。指導の個別化，学習の個性化を図った，**分団式動的教育**を実践。
□手塚岸衛 (1880〜1936)	①『自由教育真義』	八大教育主張講演会で「**自由教育論**」を論じる。自由ヶ丘学園を創設。
□鈴木三重吉 (1882〜1936)	①『綴方読本』	雑誌『赤い鳥』を創刊。子どもたちに綴り方や自由詩の指導をする。
□倉橋惣三 (1882〜1955)	①『幼稚園保育法真諦』	東京女子高等師範学校附属幼稚園主事。自由遊びを中心とした自由主義保育を提唱。わが国の**幼児教育の父**と称される。
□小原国芳 (1887〜1977)	①『修身教授革新論』 ②『自由教育論』	八大教育主張講演会にて，**全人教育論**を講じる。1929年に玉川学園を創設する。労作教育を重視。
□小砂丘忠義 (1897〜1937)	①『私の綴方生活』	雑誌『綴方生活』を創刊し，同誌上にて，**生活綴方**＊の原理的問題や方法論について発信。

●補説

□【　諸学校令　】…1886（明治19）年に公布された，小学校令，中学校令，帝国大学令，および師範学校令の総称。

□【　生活綴方　】…生活の中で見聞したこと，思ったことなどをありのままに書かせることを通じて，文章表現力を高めていく活動。

西洋教育史

●Answer●

□1 ソクラテスは問答法により，「無知の知」を自覚させた。　→P.162

1　○

□2 イデア論で知られるプラトンは，リュケイオンという学校を開設し，青年らを教育した。　→P.162

2　×
リュケイオンではなく，アカデメイアである。

□3 コメニウスが著した『世界図絵』は，史上初の絵入り教科書として知られている。　→P.163

3　○

□4 デカルトは「人間の精神は白紙」であると説き，紳士教育論を展開した。　→P.163

4　×
デカルトではなく，ロックである。

□5 ルソーは教育小説の『エミール』において，消極教育論を展開した。　→P.164

5　○

□6 カントは，「人間は教育されなくてはならない唯一の被造物」であると説いた。

6　○

□7 コンドルセはフランス革命後に，近代私教育の原理を唱えた。　→P.164

7　×
私教育ではなく，公教育である。

□8 孤児院で貧民教育に取り組んだオーエンは，感覚的直観を重視した直観教授を提唱した。　→P.164

8　×
オーエンではなく，ペスタロッチである。

□9 ラインは，「明瞭，連合，系統，方法」からなる教授の4段階説を唱えた。　→P.165

9　×
ラインではなく，ヘルバルトである。

□10 フレーベルは1737年に世界初の幼稚園を創設した。　→P.165

10　×
1737年ではなく，1837年である。

□11 マンは，世俗的なコモンスクールを構想し，アメリカ公立学校の父と称される。　→P.165

11　○

□12 ケイは，20世紀を「女性の世紀」と呼んだ。　→P.166

12　×
「女性の世紀」ではなく「児童の世紀」である。

□13　ケルシェンシュタイナーは国民学校を労作学校に転換し，職業学校の父といわれる。　　　　　　　　　→P.166

□14　デュルケムは，「教育とは後続世代の組織的・体系的な陶冶である」と説いた。　　　　　　　　　　→P.166

□15　進歩主義教育の先駆者のブルーナーは，「なすことによって学ぶ」経験主義の教育を実践した。　　　→P.166

□16　モンテッソーリは，パリの貧民街に「子どもの家」を開設し，貧しい家庭の幼児の教育を行った。　　→P.167

□17　シュプランガーは6つの指標によって，人間の性格を分類した。　→P.167

日本教育史（事項）

□18　1872年に，教育令が布告され，近代的な学校制度が誕生した。　→P.168

□19　1886年に，初代文部大臣の伊藤博文が諸学校令を公布し，体系的な学校制度が打ち立てられた。　　→P.168

□20　1900年に，義務教育の年限が6年に延長された。　　　　　　　→P.169

□21　1941年に，尋常小学校と高等小学校が統合され，国民学校となった。　→P.169

□22　1947年に，教育基本法，学校教育法が公布され，「6・3・3・4」の学校体系が成立した。　　　　→P.170

□23　1956年に，教育委員の選出方法が任命制から公選制に変わった。　→P.170

□24　1968年に，学習指導要領が法的拘束力を有する国家基準となった。　→P.170

□25　1979年に，養護学校が義務制となった。　　　　　　　　　　　→P.171

13　○

14　×
陶冶ではなく，社会化である。

15　×
ブルーナーではなく，デューイである。

16　×
パリではなく，ローマである。

17　○

18　×
教育令ではなく，学制である。

19　×
伊藤博文ではなく，森有礼である。

20　×
1900年ではなく，1907年である。

21　○

22　○

23　×
公選制が任命制に変わった。

24　×
1968年ではなく，1958年である。

25　○

□26 1987年の中央教育審議会答申で，生涯学習体系への移行という改革方針が示された。 →P.171

26 ×
中央教育審議会ではなく，臨時教育審議会である。

□27 2001年に，文部省と科学技術庁が統合されて文部科学省となった。 →P.171

27 ○

日本教育史（人物）

□28 最澄は，庶民教育機関の綜芸種智院を開いた。 →P.172

28 ×
最澄ではなく，空海である。

□29 貝原益軒の著書『慎思録』は，我が国初の体系的な教育論として知られる。 →P.173

29 ×
『慎思録』ではなく，『和俗童子訓』である。

□30 広瀬淡窓は私塾の咸宜園において，年齢・身分・学歴を排した「三奪」の教育方法を実践した。 →P.173

30 ○

□31 江戸期の藩校と寺子屋の中間的な教育施設として，郷学があった。 →P.173

31 ○

□32 慶應義塾の創始者・福沢諭吉の著作として，『西洋事情』や『学問のすゝめ』がある。 →P.174

32 ○

□33 沢柳政太郎は池袋児童の村小学校を創設し，児童中心主義の教育を実践した。 →P.174

33 ×
池袋児童の村小学校ではなく，成城小学校である。

□34 羽仁もと子は玉川学園を創設し，「自労自活」の生活中心主義教育を実践した。 →P.175

34 ×
玉川学園ではなく，自由学園である。

□35 木下竹次は，指導の個別化，学習の個性化を図った分団式動的教育を実践した。 →P.175

35 ×
木下竹次ではなく，及川平治である。

□36 小砂丘忠義は雑誌『綴方生活』を創刊し，生活綴方の問題や方法論について発信した。 →P.175

36 ○

教育法規

日本国憲法

ここが出る! ▶▶
- 公務員たる者，最高法規の「憲法を知りません」では話にならない。国民の権利・義務，ならびに教育に関する条文は覚えておこう。
- 「基本的人権」，「公共の福祉」，「全体の奉仕者」，「教育を受ける権利」など，重要用語の空欄補充問題が多い。漢字で書けるように。

A 1 重要条文 ★超頻出★

教育公務員として知っておくべき規定である。

●基本的人権の享有（第11条）

□国民は，すべての基本的人権の享有を妨げられない。この憲法が国民に保障する基本的人権は，侵すことのできない永久の権利として，現在及び将来の国民に与へられる。

●自由・権利の保持の責任と濫用の禁止（第12条）

□この憲法が国民に保障する自由及び権利は，国民の不断の努力によつて，これを保持しなければならない。又，国民は，これを濫用してはならないのであつて，常に公共の福祉のためにこれを利用する責任を負ふ。

●個人の尊重，幸福追求権，公共の福祉（第13条）

□すべて国民は，個人として尊重される。生命，自由及び幸福追求に対する国民の権利については，公共の福祉に反しない限り，立法その他の国政の上で，最大の尊重を必要とする。

●法の下の平等（第14条第1項）

□すべて国民は，法の下に平等であつて，人種，信条，性別，社会的身分又は門地により，政治的，経済的又は社会的関係において，差別されない。

●全体の奉仕者（第15条第2項）

□すべて公務員は，全体の奉仕者であつて，一部の奉仕者ではない。

●国及び公共団体の賠償責任（第17条）

□何人も，公務員の不法行為により，損害を受けたときは，法律の定めるところにより，国又は公共団体に，その賠償を求めることができる。

● 思想・良心の自由（第19条）

□思想及び良心の自由は，これを侵してはならない。

● 政教分離（第20条第3項）

□国及びその機関は，宗教教育その他いかなる宗教的活動もしてはならない。

● 居住・移転・職業選択の自由（第22条第1項）

□何人も，公共の福祉に反しない限り，居住，移転及び職業選択の自由を有する。

● 学問の自由（第23条）

□学問の自由は，これを保障する。

● 家族生活における個人の尊厳と両性の平等（第24条第1項）

□婚姻は，両性の合意のみに基いて成立し，夫婦が同等の権利を有することを基本として，相互の協力により，維持されなければならない。

● 生存権（第25条第1項）

□すべて国民は，健康で文化的な最低限度の生活を営む権利を有する。

● 教育を受ける権利，教育の義務（第26条第1項，第2項）

□すべて国民は，法律の定めるところにより，その能力に応じて，ひとしく教育を受ける権利を有する。

□すべて国民は，法律の定めるところにより，その保護する子女に普通教育を受けさせる義務を負ふ。義務教育は，これを無償とする。

● 勤労の権利・義務，児童の酷使の禁止（第27条第1項，第3項）

□すべて国民は，勤労の権利を有し，義務を負ふ。

□児童は，これを酷使してはならない。

● 労働基本権（第28条）

□勤労者の団結する権利及び団体交渉その他の団体行動をする権利は，これを保障する。

● 基本的人権の本質（第97条）

□この憲法が日本国民に保障する基本的人権は，人類の多年にわたる自由獲得の努力の成果であつて，これらの権利は，過去幾多の試錬に堪へ，現在及び将来の国民に対し，侵すことのできない永久の権利として信託されたものである。

教育基本法①―前文，第1条・第2条―

頻出度 **A**

ここが出る！▶▶

- 教育の基本理念について定めた教育基本法の前文の空欄補充問題がよく出る。「公共の精神」など，重要なキーワードを押さえよう。
- 第2条が規定する，教育の5つの目標も頻出。こちらも，空欄補充の問題が多い。

C 1 教育基本法とは

まずは，基本的な事項からである。

●基礎事項

□【 教育基本法 】…わが国の教育理念や教育制度に関する基本事項を定めた法律。

□教育基本法は，1947年3月に制定された。それから約60年を経た2006年12月，全面改正された。

□現行の教育基本法は，前文と，18の条文を含む4つの章からなる。

●改正によって新設された条文

□改正によって新設された条文は，第3条(生涯学習の理念)，第7条(大学)，第8条(私立学校)，第10条(家庭教育)，第11条(幼児期の教育)，第13条(学校，家庭及び地域住民等の相互の連携協力)，第17条(教育振興基本計画)，である。

B 2 前文

頻出 広島，熊本，大分

教育基本法の**前文**は，教育の理念を提示したものであり，大変重要である。原文の空欄補充問題が多いので，しっかり読み込んでおこう。

□我々日本国民は，たゆまぬ努力によって築いてきた民主的で文化的な国家を更に発展させるとともに，世界の平和と人類の福祉の向上に貢献することを願うものである。

□我々は，この理想を実現するため，個人の尊厳を重んじ，真理と正義を希求し，公共の精神を尊び，豊かな人間性と**創造性**を備えた人間の育成を期するとともに，伝統を継承し，新しい文化の創造を目指す教育を推進する。

□ここに，我々は，<u>日本国憲法</u>の精神にのっとり，我が国の未来を切り拓く教育の基本を確立し，その振興を図るため，この法律を制定する。

A 3 教育の目的と目標（第1条・第2条） 頻出 福島，長野，愛知

　教育の**目的**と**目標**については，第1条と第2条で規定されている。目標とは，目的を具体化したものである[❶]。

●教育の目的（第1条）

□教育は，<u>人格</u>の完成を目指し，平和で<u>民主的</u>な国家及び社会の形成者として必要な資質を備えた心身ともに<u>健康</u>な国民の育成を期して行われなければならない。

□教育の根本的な目的について，旧法第1条に引き続き規定したこと。

●教育の目標（第2条）

□教育は，その目的を実現するため，<u>学問の自由</u>を尊重しつつ，次に掲げる目標を達成するよう行われるものとする。
① 幅広い知識と<u>教養</u>を身に付け，<u>真理</u>を求める態度を養い，豊かな<u>情操</u>と道徳心を培うとともに，健やかな**身体**を養うこと。
② <u>個人</u>の価値を尊重して，その能力を伸ばし，<u>創造性</u>を培い，自主及び<u>自律</u>の精神を養うとともに，職業及び生活との関連を重視し，<u>勤労</u>を重んずる態度を養うこと。
③ 正義と責任，<u>男女</u>の平等，自他の敬愛と協力を重んずるとともに，<u>公共の精神</u>に基づき，主体的に社会の形成に参画し，その発展に寄与する態度を養うこと。
④ <u>生命</u>を尊び，自然を大切にし，<u>環境</u>の保全に寄与する態度を養うこと。
⑤ <u>伝統</u>と文化を尊重し，それらをはぐくんできた我が国と郷土を愛するとともに，他国を尊重し，<u>国際社会</u>の平和と発展に寄与する態度を養うこと。

❶各条文の下には，必要に応じて，条文の趣旨に関する解説を添える。文部科学省通知「教育基本法の施行について」（2006年12月22日）でいわれているものである。

教育基本法②—第3条〜第6条— 頻出度 **A**

ここが出る！ ▶▶

- 教育の機会均等について定めた第4条は重要である。2006年の法改正にて，障害のある者に対する支援が規定されたことに注意。
- 義務教育に関する第5条も頻出である。国公立の義務教育学校における授業料不徴収など，制度的な事項も覚えよう。

C 1 生涯学習の理念（第3条）　頻出 秋田, 滋賀

　近い将来，人口のほぼ9割が成人で占められるようになる。**生涯学習**の重要性がいわれるゆえんである。

> □国民一人一人が，自己の人格を磨き，豊かな人生を送ることができるよう，その生涯にわたって，あらゆる機会に，あらゆる場所において学習することができ，その成果を適切に生かすことのできる社会の実現が図られなければならない。

□科学技術の進歩や社会構造の変化，**高齢化**の進展や**自由時間**の増大などに伴って重要となっている生涯学習の理念について，新たに規定したこと。

A 2 教育の機会均等（第4条）　頻出 秋田, 沖縄

　格差社会化が進行する今日，第4条の「**教育の機会均等**」の規定の重要性が増してきている。

> □すべて国民は，ひとしく，その能力に応じた教育を受ける機会を与えられなければならず，人種，信条，性別，社会的身分，経済的地位又は門地によって，教育上差別されない。（第1項）
> □国及び地方公共団体は，障害のある者が，その障害の状態に応じ，十分な教育を受けられるよう，教育上必要な支援を講じなければならない。（第2項）
> □国及び地方公共団体は，能力があるにもかかわらず，経済的理由によって修学が困難な者に対して，奨学の措置を講じなければならない。（第3項）

A 3 義務教育（第5条）

義務教育とは，保護者が子を学校に通わせる義務のことである。

> □国民は，その保護する子に，別に法律で定めるところにより，<u>普通教育</u>を受けさせる義務を負う。（第1項）
>
> □<u>義務教育</u>として行われる普通教育は，各個人の有する能力を伸ばしつつ社会において**自立的**に生きる基礎を培い，また，国家及び社会の形成者として必要とされる基本的な資質を養うことを目的として行われるものとする。（第2項）
>
> □国及び地方公共団体は，<u>義務教育</u>の機会を保障し，その水準を確保するため，適切な役割分担及び相互の**協力**の下，その実施に責任を負う。（第3項）
>
> □国又は地方公共団体の設置する学校における義務教育については，<u>授業料</u>を徴収しない。（第4項）

□保護する子に教育を受けさせる<u>保護者</u>の義務及び義務教育の<u>無償</u>について規定するとともに，義務教育の目的や，国及び地方公共団体の役割と責任について，新たに規定したこと。

□旧法第4条において「**9年**」と規定していた義務教育の期間については，時代の要請に応じて柔軟に対応することができるよう，別に法律で定めることとしたこと。

B 4 学校（第6条）

最後に，**学校**に関連する規定である。

> □法律に定める学校は，<u>公</u>の性質を有するものであって，国，地方公共団体及び法律に定める<u>法人</u>のみが，これを設置することができる。（第1項）
>
> □前項の学校においては，教育の目標が達成されるよう，教育を受ける者の<u>心身</u>の発達に応じて，体系的な教育が**組織的**に行われなければならない。この場合において，教育を受ける者が，学校生活を営む上で必要な**規律**を重んずるとともに，自ら進んで学習に取り組む**意欲**を高めることを重視して行われなければならない。（第2項）

● **教育法規(基本法規)**

教育基本法③ —第７条〜第13条—

頻出度 **A**

ここが出る! ▶▶

- 教育は，学校だけで行われるものではない。2006年の法改正で新設された家庭教育や幼児期の教育に関する条文を覚えよう。
- 教員という存在の原義について言及した第９条も重要である。晴れて教壇に立った自分を思い浮かべながら条文を読もう。

B **1** **第７条〜第９条** 頻出 長野，鳥取

　大学と**私立学校**については，独自の条文が設けられている。

● **大学(第７条)**

□大学は，学術の中心として，高い教養と<u>専門的能力</u>を培うとともに，深く**真理**を探究して新たな知見を創造し，これらの成果を広く社会に提供することにより，社会の**発展**に寄与するものとする。(第１項)

□大学については，自主性，<u>自律性</u>その他の大学における教育及び研究の特性が尊重されなければならない。(第２項)

□**知識基盤社会**における大学の役割の重要性や，大学の固有の特性にかんがみ，大学の基本的な役割等について，新たに規定したこと。

● **私立学校(第８条)**

□私立学校の有する<u>公</u>の性質及び学校教育において果たす重要な役割にかんがみ，国及び地方公共団体は，その**自主性**を尊重しつつ，**助成**その他の適当な方法によって私立学校教育の振興に努めなければならない。

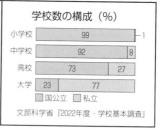

学校数の構成 (%)

	国公立	私立
小学校	99	1
中学校	92	8
高校	73	27
大学	23	77

文部科学省『2022年度・学校基本調査』

● **教員(第９条)**

⏱ □法律に定める学校の教員は，自己の<u>崇高</u>な使命を深く自覚し，絶えず研究と<u>修養</u>に励み，その職責の遂行に努めなければならない。(第１項)

□前項の教員については，その使命と職責の重要性にかんがみ，その**身分**は尊重され，<u>待遇</u>の適正が期せられるとともに，養成と<u>研修</u>の充実が図られなければならない。（第2項）

A 2 第10条〜第13条　　　　　　　　　　　[頻出]山梨，福岡

　教育は学校だけで行われるのではない。**家庭教育**や**社会教育**に関する条文にも目を通しておこう。

●家庭教育（第10条）

□父母その他の保護者は，子の教育について<u>第一義的責任</u>を有するものであって，生活のために必要な**習慣**を身に付けさせるとともに，自立心を育成し，心身の調和のとれた発達を図るよう努めるものとする。（第1項）

□<u>国</u>及び<u>地方公共団体</u>は，家庭教育の自主性を尊重しつつ，保護者に対する学習の機会及び**情報**の提供その他の家庭教育を**支援**するために必要な施策を講ずるよう努めなければならない。（第2項）

●幼児期の教育（第11条）

□<u>幼児期</u>の教育は，生涯にわたる<u>人格</u>形成の基礎を培う重要なものであることにかんがみ，国及び地方公共団体は，幼児の健やかな成長に資する良好な**環境**の整備その他適当な方法によって，その振興に努めなければならない。

●社会教育（第12条）

□個人の要望や社会の要請にこたえ，<u>社会</u>において行われる教育は，国及び地方公共団体によって<u>奨励</u>されなければならない。（第1項）

□国及び地方公共団体は，<u>図書館</u>，博物館，<u>公民館</u>その他の社会教育施設の設置，学校の施設の利用，学習の機会及び情報の提供その他の適当な方法によって<u>社会教育</u>の振興に努めなければならない。（第2項）

●学校，家庭及び地域住民等の相互の連携協力（第13条）

□学校，家庭及び<u>地域住民</u>その他の関係者は，教育におけるそれぞれの役割と責任を自覚するとともに，相互の**連携**及び協力に努めるものとする。

教育基本法④ ―第14条～第17条―

頻出度 **C**

・教育の中立性に関する法規定を覚えよう。政治や宗教に関する教養は，教育上「尊重」されなければならない，と規定されている。
・現在，各地で教育振興基本計画が独自に策定されている。その根拠となる教育基本法第17条の条文を覚えておこう。

B 1 政治教育・宗教教育（第14条・第15条） 頻出 東京，神戸市，大分

教育は，**中立**なものでなければならない。なお，宗教教育が禁じられているのは国公立の学校であって，私立学校はこの限りではない。

●政治教育（第14条）

□良識ある<u>公民</u>として必要な政治的教養は，教育上<u>尊重</u>されなければならない。（第1項）
□法律に定める学校は，特定の<u>政党</u>を支持し，又はこれに反対するための<u>政治教育</u>その他政治的活動をしてはならない。（第2項）

●宗教教育（第15条）

□宗教に関する<u>寛容</u>の態度，宗教に関する一般的な<u>教養</u>及び宗教の社会生活における地位は，教育上<u>尊重</u>されなければならない。（第1項）
□国及び地方公共団体が設置する学校は，特定の宗教のための<u>宗教教育</u>その他宗教的活動をしてはならない。（第2項）

C 2 教育行政（第16条） 頻出 宮崎

教育行政とは，教育が円滑に実施されるための条件整備のことである。「教育の機会均等」や「公正」といった文言に注目。

●条文

□教育は，不当な<u>支配</u>に服することなく，この法律及び他の法律の定めるところにより行われるべきものであり，教育行政は，国と<u>地方公共団体</u>との適切な役割分担及び相互の協力の下，<u>公正</u>かつ適正に行われなければならない。（第1項）

□国は，全国的な教育の**機会均等**と教育水準の維持向上を図るため，教育に関する施策を総合的に策定し，実施しなければならない。（第2項）

□**地方公共団体**は，その地域における教育の振興を図るため，その実情に応じた教育に関する施策を策定し，実施しなければならない。（第3項）

□国及び地方公共団体は，教育が円滑かつ継続的に実施されるよう，必要な**財政上**の措置を講じなければならない。（第4項）

●趣旨

□教育が不当な**支配**に服してはならない旨を旧法第10条に引き続き規定するとともに，教育がこの法律及び他の法律の定めるところにより行われるべき旨について，新たに規定したこと。

□教育行政について，**公正**かつ適正に行われなければならない旨，国及び地方公共団体のそれぞれの役割分担と責任及び**財政上**の措置について，新たに規定したこと。

C 3 教育振興基本計画（第17条）　　　頻出 石川

本条文の規定を受けて，**教育振興基本計画**が策定されている。

●条文

□政府は，教育の**振興**に関する施策の総合的かつ計画的な推進を図るため，教育の振興に関する施策についての基本的な方針及び講ずべき施策その他必要な事項について，基本的な**計画**を定め，これを国会に報告するとともに，公表しなければならない。（第1項）

□**地方公共団体**は，前項の計画を参酌し，その地域の実情に応じ，当該地方公共団体における教育の振興のための施策に関する基本的な**計画**を定めるよう努めなければならない。（第2項）

●趣旨

□本法に規定された教育の目的や理念等を具体化するためには，教育の**振興**に関する施策を総合的，体系的に位置付け，実施することが必要であることにかんがみ，**教育振興基本計画**について，新たに規定したこと。

教育を受ける権利

ここが出る! ▶▶

・教育を受けることは，国民の基本的な権利である。その法的根拠となる条文を覚えよう。

・法的規定にもかかわらず，教育の機会は，すべての人々に平等に開かれてはいない。その実態の一端をみておこう。

B 1 教育を受ける権利

頻出 山口，熊本，宮崎

根本規定は，日本国憲法第26条第1項である。

⏱ □すべて国民は，法律の定めるところにより，その能力に応じて，ひとしく教育を受ける権利を有する。（憲法第26条第1項）

A 2 教育の機会均等

頻出 秋田，東京，沖縄

憲法第26条の規定を受けて，教育基本法第4条では，**教育の機会均等**について定められている。改正法では障害者の権利について規定され，現在では特別支援教育が重視されている。

⏱ □すべて国民は，ひとしく，その能力に応じた**教育を受ける機会**を与えられなければならず，人種，信条，性別，社会的身分，経済的地位又は門地によって，教育上差別されない。（第1項）

⏱ □国及び地方公共団体は，障害のある者が，その障害の状態に応じ，十分な教育を受けられるよう，教育上必要な支援を講じなければならない。（第2項）

□国及び地方公共団体は，能力があるにもかかわらず，経済的理由によって修学が困難な者に対して，奨学の措置を講じなければならない。（第3項）

□教育における差別の禁止や国及び地方公共団体による奨学の措置について規定するとともに，障害のある者に対する支援について新たに規定したこと。（文部科学省）

□「その障害の状態に応じ」という文言を，障害者を隔離する**分離**教育を正当化するものと捉えてはならない。

C 3　教育の機会均等原則の背景

教育の機会均等原則は，戦前の教育への反省から生まれた。

□戦前では，能力のある者でも，制度的な条件（分岐型の学校制度）により，上級学校への進学機会が制約されていた。

□戦後は，その反省から，右側の単線型へと変わった。

戦前：**分岐型**
中等教育段階から，差別的な複数のコースに**分岐**。

戦後：**単線型**
差別的な分岐はなく，幅広い層が高等教育に進学できる。

C 4　今日における教育機会の格差

法規定とは裏腹に，今日でも，教育機会の格差は存在する。4年制大学への進学率の都道府県格差をみてみよう。

4年制大学進学率マップ（2022年春）

最高値＝76.8%（東京）
全国値＝56.6%
最低値＝39.6%（秋田）

■　50%以上
■　45%以上50%未満
□　45%未満

*浪人を含む大学進学率である。
　分母は推定18歳人口。
資料：文部科学省『学校基本調査』

□最高の東京と最低の秋田では，4大進学率に倍近くの開き。

□各都道府県の大学進学率は，県民所得のような経済指標と強く相関している。子どもの学力とは相関していない。

□大学進学チャンスは，能力よりも**経済力**に規定されている可能性。

191

● 教育法規（基本法規）

義務教育

ここが出る！ ▶▶

・義務教育の正確な概念を押さえよう。誰が何をする義務をいうのか。概念を簡潔に説明させる問題がよく出る。

・義務教育の無償とはどういうことか。当然，何から何までタダということではない。無償の範囲について知っておこう。

A 1 義務教育に関する根本規定 頻出 神奈川，滋賀，広島，大分

まずは，上位法である憲法の根本規定からである。

● 日本国憲法第26条第2項

⏱ □すべて国民は，法律の定めるところにより，その保護する子女に普通教育を受けさせる義務を負ふ。義務教育は，これを無償とする。

● ポイント

□義務教育の「義務」とは，保護者が子どもを義務教育諸学校に就学させる義務をいう。子どもが学校に行く義務をいうのではない。

□また，義務教育は**無償**とされている。

A 2 義務教育に関する具体的な規定 頻出 福島，滋賀，佐賀

上記の規定は，教育基本法や学校教育法において具体化されている。該当する条文を引用する。

● 教育基本法第5条第1項

□国民は，その保護する子に，別に法律で定めるところにより，普通教育を受けさせる義務を負う。

● 学校教育法第16条

□保護者（子に対して親権を行う者（親権を行う者のないときは，未成年後見人）をいう。）は，次条に定めるところにより，子に9年の普通教育を受けさせる義務を負う

□「次条」とは，学校教育法第17条のことである。**学齢**の子どもを小・中学校等の義務教育諸学校に通わせるべきことを規定している。

B 3 義務教育の無償とは 頻出 福島

　義務教育の**無償**とはどういうことか。学用品から修学旅行費まで，何から何までタダということか。

●法規定

⏱ □国又は地方公共団体の設置する学校における義務教育については，授業料を徴収しない。（教育基本法第5条第4項）

□学校においては，授業料を徴収することができる。ただし，国立又は公立の小学校及び中学校，**義務教育学校**，中等教育学校の前期課程又は特別支援学校の小学部及び中学部における義務教育については，これを徴収することができない。（学校教育法第6条）

●無償の範囲

□義務教育の無償とは，国公立の義務教育諸学校における授業料の不徴収という意味である。

□義務教育諸学校の学用品費，通学費，修学旅行費までもが軒並みタダというのではない。これらを負担し得ない保護者は，市町村による就学援助の対象となる。

B 4 教科書の無償制度

　現行の法規定では，義務教育諸学校（私立校も含む）の**教科書**は国によって無償で給付されることになっている。

●義務教育諸学校の教科用図書の無償措置に関する法律第3条

⏱ □国は，毎年度，義務教育諸学校の児童及び生徒が各学年の課程において使用する教科用図書で…採択されたものを購入し，義務教育諸学校の設置者に無償で給付するものとする。

●解説

　文部科学省ホームページに掲載されている解説文を引用する。

□教科書無償給与の対象となるのは，国・公・私立の義務教育諸学校の全児童生徒であり，その使用する全教科の教科書である。

□学年の中途で転学した児童生徒については，転学後において使用する教科書が転学前と異なる場合に新たに教科書が給与される。

教育法規　義務教育

教育の中立性

ここが出る！ ▶▶
- 若者の政治的無関心や道徳心の希薄化がいわれる今日，政治教育や宗教的教養は重視されるべきものである。しかし，その内容は中立的なものでなければならない。この点に関する法規定を覚えよう。
- 私立学校では，宗教教育を実施できることに要注意。

B **1** **政治教育** 　　　　　　　　　　　　　　頻出 東京

　若者の政治的無関心が問題化しているなか，**政治教育**の重要性が増している。しかし，その内容は中立的なものでなければならない。

● **教育基本法第14条**

> □良識ある<u>公民</u>として必要な政治的教養は，教育上**尊重**されなければならない。（第１項）
> □法律に定める学校は，特定の<u>政党</u>を支持し，又はこれに反対するための<u>政治教育</u>その他政治的活動をしてはならない。（第２項）

● **教員の政治的活動について**

□上記の第２項において，政治教育や政治的活動が禁じられているのは<u>学校</u>であって，個々の教員ではない。
□しかし，公務員としての教員は，「政治的行為の<u>制限</u>」という服務を遵守しなければならない（地公法第36条，教特法第18条）。

C **2** **宗教教育** 　　　　　　　　　　　　　　頻出 神戸市，大分

　日本国憲法第20条第３項に基本規定がある。教育基本法第15条は，この規定を具体化したものである。

● **日本国憲法第20条第３項**

> □<u>国</u>及びその機関は，宗教教育その他いかなる<u>宗教的活動</u>もしてはならない。

● **教育基本法第15条**

> □宗教に関する<u>寛容</u>の態度，宗教に関する一般的な<u>教養</u>及び宗教の社

会生活における地位は，教育上**尊重**されなければならない。（第1項）

□国及び**地方公共団体**が設置する学校は，特定の宗教のための**宗教教育**その他宗教的活動をしてはならない。（第2項）

●補説

□宗教教育や宗教的活動が禁じられるのは，国公立の学校である。<u>私立</u>学校はこの限りではない。

⏱□たとえば，私立学校の「教育課程を編成する場合は，…<u>宗教</u>を加えることができる。この場合においては，宗教をもつて…<u>道徳</u>に代えることができる」。（学校教育法施行規則第50条第2項）

C 3 教育行政　　　　　　　　　　　　頻出 宮崎

教育とは，中立的な法に則して行われるべきものである。

□教育は，不当な**支配**に服することなく，この法律及び他の法律の定めるところにより行われるべきものであり，教育行政は，国と**地方公共団体**との適切な役割分担及び相互の協力の下，**公正**かつ適正に行われなければならない。（教育基本法第16条第1項）

□「教育は，不当な<u>支配</u>に服することなく」という，中立規定がポイントである。

C 4 教育基本法の全体構成

テーマ2～8において，教育の基本法規である**教育基本法**についてみてきた。その構成を整理しよう。★は2006年改正による新設条文。

第1条　教育の目的	第10条　家庭教育★
第2条　教育の目標	第11条　幼児期の教育★
第3条　**生涯学習の理念**★	第12条　社会教育
第4条　教育の機会均等	第13条　学校，家庭及び地域住民等の相互の連携協力★
第5条　**義務教育**	第14条　政治教育
第6条　学校教育	第15条　宗教教育
第7条　大学★	第16条　教育行政
第8条　**私立学校**★	第17条　**教育振興基本計画**★
第9条　教員	第18条　法令の制定

● **教育法規（学校に関する法規）**

学校とは

ここが出る！ ▶▶
- 世には，学校と銘打つ施設が数多い。そのうち，法律で定められている正規の学校はどれか。
- 学校を設置することができるのは誰か。国＝国立学校，地方公共団体＝公立学校，学校法人＝私立学校，という枠組みを押さえよう。

A 1 学校とは　　　　　　　　　　　　　頻出 福島，長野

正規の学校とは，**学校教育法第1条**で規定されている学校をいう。

⏱ □この法律で，学校とは，<u>幼稚園</u>，小学校，中学校，<u>義務教育学校</u>，高等学校，中等教育学校，特別支援学校，<u>大学</u>及び高等専門学校とする。（学校教育法第1条）

□学校には，その学校の目的を実現するために必要な校地，校舎，校具，<u>運動場</u>，<u>図書館</u>又は図書室，<u>保健室</u>その他の設備を設けなければならない。（学校教育法施行規則第1条）

B 2 学校の設置者と経費負担　　　　　　頻出 東京，長野

上記の学校を設置できるのは誰か。

● **法規定**

⏱ □学校は，国，地方公共団体および<u>学校法人</u>のみが，これを設置することができる。（学校教育法第2条第1項）

⏱ □学校を設置しようとする者は，学校の種類に応じ，<u>文部科学大臣</u>の定める設備，編制その他に関する<u>設置基準</u>に従い，これを設置しなければならない。（第3条）

□学校の<u>設置者</u>は，その設置する学校を管理し，法令に特別の定のある場合を除いては，その学校の<u>経費</u>を負担する。（第5条）

● **国庫負担**

□国は，義務教育諸学校に要する経費の<u>3分の1</u>を負担する。（義務教育費国庫負担法第2条）

C ❸　１条学校の変化

　正規の学校（１条学校）は，時代と共に増えている。

●変化の過程

□1961年に高等専門学校，1998年に中等教育学校，2015年に義務教育学校が正規の学校（１条学校）に追加された。

●高等専門学校

□【　高等専門学校　】…実践的・創造的技術者を養成する，修業年限５年の高等教育機関。卒業生は準学士と称することができる。

□入学資格は，高校入学資格と同様，中学校卒業者や中等教育学校の前期課程修了者などである。

●中等教育学校

□【　中等教育学校　】…６年間の中高一貫教育を行う学校。

□中学校に相当する３年の前期課程と，高等学校に相当する３年の後期課程に分かれる。

●義務教育学校

□【　義務教育学校　】…小学校から中学校までの義務教育を一貫して行う学校。

□市区町村には，小・中学校の設置義務があるが，義務教育学校の設置をもって設置義務の履行とみなされる。（学校教育法第38条）

C ❹　学校の設置者構成

　2022年現在の各学校の数と設置者構成は，以下のようである。大学は，８割近くが私立である。

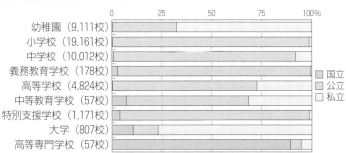

文部科学省『2022年度・学校基本調査報告』より作成

● 教育法規（学校に関する法規）

各学校の目的・目標① 頻出度 C

ここが出る！ ▶▶

- 前テーマでみた1条学校に含まれる，幼稚園と小学校の目的・内容を覚えよう。学校教育法の条文の空欄補充問題が多い。
- 義務教育の目標について定めた学校教育法第21条は頻出。幼稚園や高等学校のものと識別させる問題がよく出る。

C 1 幼稚園の目的・目標

学校教育法第22条と第23条を読んでみよう。

●目的（学校教育法第22条）

□幼稚園は，義務教育及びその後の教育の**基礎**を培うものとして，幼児を保育し，幼児の健やかな成長のために適当な環境を与えて，その心身の発達を助長することを目的とする。

●目標（学校教育法第23条）

□健康，安全で幸福な生活のために必要な基本的な習慣を養い，身体諸機能の調和的発達を図ること。

□集団生活を通じて，喜んでこれに参加する態度を養うとともに家族や身近な人への信頼感を深め，自主，自律及び協同の精神並びに規範意識の芽生えを養うこと。

□身近な社会生活，生命及び自然に対する興味を養い，それらに対する正しい理解と態度及び思考力の芽生えを養うこと。

□日常の会話や，絵本，童話等に親しむことを通じて，言葉の使い方を正しく導くとともに，相手の話を理解しようとする態度を養うこと。

□音楽，身体による表現，造形等に親しむことを通じて，豊かな感性と表現力の芽生えを養うこと。

B 2 小学校の目的・目標　　　頻出 埼玉，長野，奈良，大分

義務教育を担う小学校の目標は数多い。しっかり覚えよう。

●目的（学校教育法第29条）

□小学校は，心身の発達に応じて，義務教育として行われる普通教育のうち基礎的なものを施すことを目的とする。

●目標（学校教育法第21条）

第21条は，義務教育の目標を10掲げている。

⏱ □学校内外における<u>社会的活動</u>を促進し，自主，自律及び協同の精神，規範意識，公正な判断力並びに<u>公共の精神</u>に基づき主体的に社会の形成に参画し，その発展に寄与する態度を養うこと。

⏱ □学校内外における<u>自然体験活動</u>を促進し，生命及び自然を尊重する精神並びに<u>環境</u>の保全に寄与する態度を養うこと。

⏱ □我が国と郷土の現状と<u>歴史</u>について，正しい理解に導き，<u>伝統と文化</u>を尊重し，それらをはぐくんできた我が国と郷土を愛する態度を養うとともに，進んで外国の文化の理解を通じて，他国を尊重し，<u>国際社会</u>の平和と発展に寄与する態度を養うこと。

□家族と<u>家庭</u>の役割，生活に必要な衣，<u>食</u>，住，情報，産業その他の事項について基礎的な理解と技能を養うこと。

□読書に親しませ，生活に必要な<u>国語</u>を正しく理解し，使用する基礎的な能力を養うこと。

□生活に必要な<u>数量的</u>な関係を正しく理解し，処理する基礎的な能力を養うこと。

□生活にかかわる<u>自然現象</u>について，観察及び実験を通じて，<u>科学的</u>に理解し，処理する基礎的な能力を養うこと。

□健康，安全で幸福な生活のために必要な習慣を養うとともに，運動を通じて<u>体力</u>を養い，心身の調和的発達を図ること。

□生活を明るく豊かにする音楽，美術，文芸その他の<u>芸術</u>について基礎的な理解と技能を養うこと。

□<u>職業</u>についての基礎的な知識と技能，<u>勤労</u>を重んずる態度及び個性に応じて将来の進路を選択する能力を養うこと。

●児童の体験活動の充実（学校教育法第31条）

□小学校においては，教育指導を行うに当たり，児童の<u>体験的</u>な学習活動，特にボランティア活動など社会奉仕体験活動，<u>自然体験</u>活動その他の体験活動の充実に努めるものとする。

□この場合において，<u>社会教育</u>関係団体その他の関係団体及び関係機関との<u>連携</u>に十分配慮しなければならない。

ここが出る！ ▶▶

・2015年に，小中一貫教育を行う義務教育学校制度が創設された。法規上の目的はどのようなものか。

・普通教育と専門教育の双方を担う高等学校の目的・目標を押さえよう。個性，進路，専門教育といった独自の用語が出てくる。

B 1 中学校の目的・目標

中学校の目的は，学校教育法第45条が定めている。

□中学校は，小学校における教育の基礎の上に，心身の発達に応じて，義務教育として行われる普通教育を施すことを目的とする。（第45条）

□目標は，小学校と同じである。

C 2 義務教育学校の目的・目標

2015年の学校教育法改正により，小・中一貫教育を行う義務教育学校制度が創設された。

□義務教育学校は，心身の発達に応じて，義務教育として行われる普通教育を基礎的なものから一貫して施すことを目的とする。（第49条の２）

□目標は，小学校と同じである。

B 3 高等学校の目的・目標　　　　　　　頻出 福島

高等学校段階になると，普通教育のみならず，専門教育も行われる。

●目的（学校教育法第50条）

□高等学校は，中学校における教育の基礎の上に，心身の発達及び進路に応じて，高度な普通教育及び専門教育を施すことを目的とする。

●目標（学校教育法第51条）

□義務教育として行われる普通教育の成果を更に発展拡充させて，豊かな人間性，創造性及び健やかな身体を養い，国家及び社会の形成

者として必要な資質を養うこと。

□社会において果たさなければならない使命の自覚に基づき，個性に
応じて将来の進路を決定させ，一般的な教養を高め，**専門的**な知
識，技術及び技能を習得させること。

□個性の確立に努めるとともに，社会について，広く深い理解と健全
な**批判力**を養い，社会の発展に寄与する態度を養うこと。

●補足

□高等学校には，全日制の課程のほか，定時制の課程を置くことができ
る。（学校教育法第53条第1項）

□高等学校には，全日制の課程又は定時制の課程のほか，通信制の課程
を置くことができる。（第54条第1項）

⏱□高等学校の学科は，①普通教育を主とする学科，②専門教育を主とす
る学科，③普通教育及び専門教育を選択履修を旨として総合的に施す
学科，の3つである。（高等学校設置基準第5条）

C 4 中等教育学校の目的・目標

中高一貫教育を行う**中等教育学校**の目的は，中学校と高等学校の目的
を折衷させたものとなっている。目標は，高等学校とほぼ同じ。

●目的（学校教育法第63条）

□中等教育学校は，小学校における教育の基礎の上に，心身の発達及
び進路に応じて，義務教育として行われる普通教育並びに高度な普
通教育及び専門教育を**一貫**して施すことを目的とする。

●目標（学校教育法第64条）

□豊かな人間性，創造性及び健やかな身体を養い，国家及び社会の形
成者として必要な資質を養うこと。

□社会において果たさなければならない使命の自覚に基づき，個性に
応じて将来の進路を決定させ，一般的な教養を高め，**専門的**な知
識，技術及び技能を習得させること。

□個性の確立に努めるとともに，社会について，広く深い理解と健全
な**批判力**を養い，社会の発展に寄与する態度を養うこと。

学校図書館・読書活動

ここが出る！ ▶▶

- 子どもの読書活動推進が言われる現在，学校図書館の重要性が増している。そこでの職務に従事するのは，司書教諭と学校司書である。学校図書館は，一般公衆にも利用させることができる。
- 法で定められている，子ども読書の日はいつか。

C 1 学校図書館 頻出 大分，宮崎

学校図書館法の基本規定である。

●法の目的

□この法律は，学校図書館が，学校教育において欠くことのできない基礎的な設備であることにかんがみ，その健全な発達を図り，もつて学校教育を充実することを目的とする。（第1条）

●学校図書館とは

□この法律において「学校図書館」とは，小学校，中学校及び高等学校において，図書，視覚聴覚教育の資料その他学校教育に必要な資料を収集し，整理し，及び保存し，これを児童又は生徒及び教員の利用に供することによつて，学校の教育課程の展開に寄与するとともに，児童又は生徒の健全な教養を育成することを目的として設けられる学校の設備をいう。（第2条）

□学校には，学校図書館を設けなければならない。（第3条）

●学校図書館の運営

□学校は，おおむね左の各号に掲げるような方法によつて，学校図書館を児童又は生徒及び教員の利用に供するものとする。

1）図書館資料を収集し，児童又は生徒及び教員の利用に供すること。

2）図書館資料の分類排列を適切にし，及びその目録を整備すること。

3）読書会，研究会，鑑賞会，映写会，資料展示会等を行うこと。

4）図書館資料の利用その他学校図書館の利用に関し，児童又は生徒に対し指導を行うこと。

5）他の学校の学校図書館，図書館，博物館，公民館等と緊密に連絡し，及び協力すること。（第4条第1項）

□学校図書館は，その目的を達成するのに支障のない限度において，一

般公衆に利用させることができる。(第4条第2項)

B 2 司書教諭・学校司書 　　　　　　　　頻出 千葉，福岡，大分

　学校には**司書教諭**と**学校司書**が置かれる。後者は，2014年の法改正で新設された。以下に学校図書館法の関連条文を掲げる。

●司書教諭

⏱ □学校には，学校図書館の専門的職務を掌らせるため，司書教諭を置かなければならない。(第5条第1項)

　□前項の司書教諭は，主幹教諭(養護又は栄養の指導及び管理をつかさどる主幹教諭を除く。)，指導教諭又は教諭をもつて充てる。この場合において，当該主幹教諭等は，司書教諭の講習を修了した者でなければならない。(第5条第2項)

●学校司書

⏱ □学校には，前条第1項の司書教諭のほか，学校図書館の運営の改善及び向上を図り，児童又は生徒及び教員による学校図書館の利用の一層の促進に資するため，専ら学校図書館の職務に従事する職員(学校司書)を置くよう努めなければならない。(第6条第1項)

C 3 子どもの読書活動の推進に関する法律

　2001年に制定された法律である。第2条でいわれているように，読書は子どもの人間形成において重要な役割を果たす。

●基本理念

　□子ども(おおむね18歳以下の者をいう。)の読書活動は，子どもが，言葉を学び，感性を磨き，表現力を高め，創造力を豊かなものにし，人生をより深く生きる力を身に付けていく上で欠くことのできないものであることにかんがみ，すべての子どもがあらゆる機会とあらゆる場所において自主的に読書活動を行うことができるよう，積極的にそのための環境の整備が推進されなければならない。(第2条)

●子ども読書の日

　□子どもが積極的に読書活動を行う意欲を高めるため，子ども読書の日を設ける。(第10条第1項)

⏱ □子ども読書の日は，4月23日とする。(第10条第2項)

● **教育法規（学校に関する法規）**

学級の編制

ここが出る！ ▶▶

- 小学校，中学校の学級数の標準はどれくらいか。1学級当たりの児童・生徒数の標準はどれくらいか。
- 法改正により，小学校の学級編制の標準が変わった。具体的な改訂内容と趣旨を知っておこう。

C 1 小・中学校の学級数と1学級当たりの児童・生徒数の上限

　小学校の場合，1学年3クラスとすると，学級数は 3 × 6 ＝ 18学級である。これは，法が規定する標準の範囲内なのか。

● **標準学級数**

> □小学校の学級数は，<u>12</u>学級以上<u>18</u>学級以下を標準とする❶。ただし，地域の実態その他により特別の事情のあるときは，この限りでない。（学校教育法施行規則第41条，中学校にも準用）

● **1学級当たりの児童・生徒数の上限**

> □1学級の児童数は，法令に特別の定めがある場合を除き，<u>40</u>人以下とする。ただし，特別の事情があり，かつ，教育上支障がない場合は，この限りでない。（小学校設置基準第4条，中学校も同じ）

B 2 小・中学校の1学級当たりの児童・生徒数の標準 　頻出 秋田

　公立義務教育諸学校の学級編制及び教職員定数の標準に関する法律という法律がある（略称は義務標準法）。その第3条をみてみよう。

● **小学校（義務教育学校の前期課程を含む）**

　□同学年の児童で編制する学級は<u>35</u>人。

　□2の学年の児童で編制する学級（複式学級）は<u>16</u>人。ただし，第1学年の児童を含む学級にあっては<u>8</u>人。

　□特別支援学級は<u>8</u>人。

---

❶義務教育学校の学級数の標準は，18学級以上27学級以下である。（学校教育法施行規則第79条の3）

●**中学校（義務教育学校の後期課程及び中等教育学校の前期課程を含む）**

□同学年の生徒で編制する学級は40人。

□２の学年の生徒で編制する学級（複式学級）は8人。

□特別支援学級は8人。

B 3 小学校の学級編制の標準の改訂 頻出 高知

2021年２月，前述の義務標準法が改正され，公立小学校の学級編制の標準が変更された。以下は，文部科学省による趣旨の説明である。

□Society5.0時代の到来や子供たちの多様化の一層の進展等の状況も踏まえ，誰一人取り残すことなく，全ての子供たちの可能性を引き出す教育へ転換し，個別最適な学びと協働的な学びを実現することが必要であることから，一人一人の教育的ニーズに応じたきめ細かな指導を可能とする指導体制と安全・安心な教育環境を整備するために公立の小学校の学級編制の標準を段階的に引き下げる。

□小学校の学級編制の標準を現行の40人（第１学年は35人）から35人に引き下げる❷。

C 4 1学級当たりの児童・生徒数の実態

上記の法改正を待つまでもなく，学級の小規模化が進んでいる。現在では，7割が30人以下の学級である。

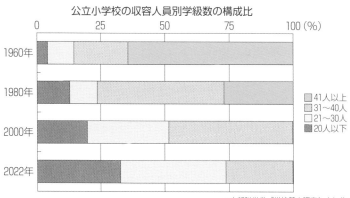

公立小学校の収容人員別学級数の構成比

■41人以上
□31〜40人
□21〜30人
■20人以下

＊文部科学省『学校基本調査』より作成

❷2025年度には，全学年で35人学級が実現する。

教育活動の日程

> **ここが出る!** ▶▶
> ・学年はいつに始まり，いつに終わるのか。また，学期について定めるのは誰か。これらの点に関する正誤判定問題が頻出。
> ・学校の休業日に関する法規定もよく出る。特に臨時休業の規定が重要。臨時休業が認められる2つの場合を知っておこう。

C 1 学年 ▶ 頻出 東京

学年の期間は，学校教育法施行規則にて定められている。

●原則規定

□小学校の学年は，4月1日に始まり，翌年3月31日に終わる。（学校教育法施行規則第59条，他の学校にも準用）

●高等学校における特例

□第59条の規定にかかわらず，修業年限が3年を超える**定時制**の課程を置く場合は，その最終の学年は，4月1日に始まり，9月30日に終わるものとすることができる。（学校教育法施行規則第104条第2項）

□校長は，特別の必要があり，かつ，教育上支障がないときは，…学年の途中においても，学期の区分に従い，入学を許可し並びに各学年の課程の修了及び卒業を認めることができる。（第104条第3項）

C 2 学期・休業日・授業の終始時刻 ▶ 頻出 岩手

公立学校の場合，学期や休業日は自治体の教育委員会が定める。土曜授業などが行えるよう，休業日の規定は弾力化されている。

●公立学校の学期・休業日

⏱ □公立の学校の学期並びに夏季，冬季，学年末，農繁期等における**休業日**又は家庭及び地域における体験的な学習活動その他の学習活動のための休業日（**体験的学習活動等休業日❶**）は，市町村又は都道府県の設置する学校にあつては当該市町村又は都道府県の**教育委員会**が定める。（学校教育法施行令第29条第1項）

---

❶連休と接続させることにより，まとまった休暇（キッズウィーク）を設定することもできる。

□公立小学校における休業日は，次のとおりとする。ただし，第3号に掲げる日を除き，当該学校を設置する地方公共団体の**教育委員会が必要と認める場合は，この限りでない。**
①国民の祝日に関する法律に規定する日
②日曜日及び土曜日
③学校教育法施行令第29条第1項の規定により教育委員会が定める日
（学校教育法施行規則第61条，他の学校にも準用）

●私立学校の学期・休業日

□私立小学校における学期及び休業日は，当該学校の学則で定める。（学校教育法施行規則第62条）

●授業の終始時刻

□授業終始の時刻は，校長が定める。（学校教育法施行規則第60条）

B 3 臨時休業 頻出 東京，神奈川

法で想定されている**臨時休業**は，2通りある。非常変災時と，感染症予防のための休業である。

●法規定

⏱ □非常変災その他急迫の事情があるときは，校長は，臨時に授業を行わないことができる。この場合において，公立小学校についてはこの旨を教育委員会に報告しなければならない。（学校教育法施行規則第63条）

⏱ □学校の設置者は，感染症の予防上必要があるときは，臨時に，学校の全部又は一部の休業を行うことができる。（学校保健安全法第20条）

□非常変災の臨時休業の判断を下すのは校長。感染症予防の臨時休業❷の判断を下すのは学校の設置者であることに注意。

●臨時休業の種類

□臨時休業には，学級閉鎖，学年閉鎖，および休校の3種類がある。

❷新型コロナウイルスがまん延した2020年度では，各地の学校が臨時休業に踏み切った。

● **教育法規（学校に関する法規）**

学校保健

頻出度 **A**

ここが出る！ ▶▶

・学校保健に関連して，学校がなすべきことは何か。健康診断のみ
ならず，健康相談や保健指導も行う。子どもの健康格差の解消の
上で，保護者への保健指導は重要である。

・学校安全に関連して，学校がなすべきことは何か。

A 1 学校保健安全法の目的　　　　頻出 新潟，岡山，大分

学校保健安全法第1条である。

□この法律は，学校における児童生徒等及び職員の健康の保持増進を図
るため，学校における保健管理に関し必要な事項を定めるとともに，
学校における教育活動が安全な環境において実施され，児童生徒等の
安全の確保が図られるよう，学校における安全管理に関し必要な事項
を定め，もつて学校教育の円滑な実施とその成果の確保に資すること
を目的とする。（第1条）

A 2 学校保健　　　　　　　　　　頻出 山梨，岡山，宮崎

学校には保健室を置き，健康相談や保健指導を行う。健康診断につい
てはテーマ21を参照。

●**学校保健計画等の策定**

□学校においては，児童生徒等及び職員の心身の健康の保持増進を図
るため，児童生徒等及び職員の健康診断，環境衛生検査，児童生徒
等に対する指導その他保健に関する事項について計画を策定し，こ
れを実施しなければならない。（学校保健安全法第5条）

●**学校環境衛生基準**

□学校の設置者は，学校環境衛生基準に照らしてその設置する学校の適
切な環境の維持に努めなければならない。（第6条第2項）

□学校環境衛生基準に基づき，毎学年定期に環境衛生検査を行う。

●**保健室**

□学校には，健康診断，健康相談，保健指導，救急処置その他の保健に
関する措置を行うため，保健室を設けるものとする。（第7条）

●健康相談・保健指導

□学校においては，児童生徒等の心身の健康に関し，健康相談を行うものとする。（第8条）

□養護教諭その他の職員は，相互に連携して，健康相談又は児童生徒等の健康状態の日常的な観察により，児童生徒等の心身の状況を把握し，健康上の問題があると認めるときは，遅滞なく，当該児童生徒等に対して必要な指導を行うとともに，必要に応じ，その保護者に対して必要な助言を行うものとする。（第9条）

●地域の医療機関等との連携

□学校においては，救急処置，健康相談又は保健指導を行うに当たつては，必要に応じ，当該学校の所在する地域の医療機関その他の関係機関との連携を図るよう努めるものとする。（第10条）

A 3 学校安全 　　　　頻出 福島，群馬，福岡，宮崎

学校安全に関連して，学校には，以下の2つのことが要請されている。災害等が起きた時，迅速な対処ができるようにするためだ。

●学校安全計画の策定等

□学校においては，児童生徒等の安全の確保を図るため，当該学校の施設及び設備の安全点検❶，児童生徒等に対する通学を含めた学校生活その他の日常生活における安全に関する指導，職員の研修その他学校における安全に関する事項について計画を策定し，これを実施しなければならない。（学校保健安全法第27条）

●危険等発生時対処要領の作成等

□学校においては，児童生徒等の安全の確保を図るため，当該学校の実情に応じて，危険等発生時において当該学校の職員がとるべき措置の具体的内容及び手順を定めた対処要領（危険等発生時対処要領）を作成するものとする。（第29条第1項）

□学校においては，事故等により児童生徒等に危害が生じた場合において，当該児童生徒等及び当該事故等により心理的外傷その他の心身の健康に対する影響を受けた児童生徒等その他の関係者の心身の健康を回復させるため，これらの者に対して必要な支援を行うものとする。（第29条第3項）

❶安全点検は，毎学期1回以上行う。

● 教育法規（学校に関する法規）
教科書・著作権

頻出度
B

ここが出る! ▶▶
- 教科書を採択するのは誰か。公立学校と国・私立学校では，採択権者が異なることに要注意。
- 学校では，著作物を複製して教材に用いることが多い。トラブルを起こさないよう，著作権法の基本規定を知っておこう。

B 1 教科書の性質　　　　　　　　　頻出 茨城，東京，宮崎

　　教科書の法的な概念を押さえよう。「重すぎるランドセル」が問題になっているが，**デジタル教科書**の使用も認められることになった。

●教科書とは

□教科書とは，「<u>小学校</u>，中学校，義務教育学校，高等学校，中等教育学校及びこれらに準ずる学校において，**教育課程**の構成に応じて組織排列された教科の主たる教材として，教授の用に供せられる児童又は生徒用図書であつて，文部科学大臣の**検定**を経たもの又は**文部科学省**が著作の名義を有するものをいう」。（教科書の発行に関する臨時措置法第2条第1項）

●教科書の使用義務と補助教材

⏱□小学校においては，文部科学大臣の**検定**を経た教科用図書又は**文部科学省**が著作の名義を有する教科用図書を使用しなければならない。（学校教育法第34条第1項，他の学校にも準用）

□教科用図書及び第2項に規定する教材以外の教材で，**有益適切**なものは，これを使用することができる。（第34条第4項）

●特例規定

□<u>高等学校</u>，中等教育学校の後期課程及び**特別支援学校**並びに特別支援学級においては，当分の間，…第34条第1項に規定する教科用図書**以外**の教科用図書を使用することができる。（学校教育法附則第9条）

B 2 教科書の採択と無償給与　　　　　　　頻出 東京

　　教科書を採択するのは誰か。

●採択

□教科書の採択権は，公立学校の場合，設置者の市町村や都道府県の**教**

育委員会にある。国立・私立学校の場合は，その校長にある。

● 無償給与

⏱ □国は，毎年度，義務教育諸学校の児童及び生徒が各学年の課程におい
て使用する教科用図書で…採択されたものを購入し，義務教育諸学校
の設置者に無償で給付するものとする。

□転学した場合，転学後の学校において使用している教科書が転学前に
給与を受けた教科書と異なるものであれば，再度無償で給与される。

□デジタル教科書は，無償給与の対象とはならない。

C 3 学校における著作物の使用 頻出 宮城，東京，大分

学校での著作物の複製は，著作権の侵害に当たるのか。

● 学校その他の教育機関における複製等

⏱ □学校その他の教育機関において教育を担任する者及び授業を受ける者
は，その授業の過程における利用に供することを目的とする場合には，
その必要と認められる限度において，公表された著作物を複製し，若
しくは公衆送信することができる。(著作権法第35条第1項)

□ただし，当該著作物の種類及び用途並びに当該複製の部数及び当該複
製，公衆送信又は伝達の態様に照らし著作権者の利益を不当に害する
こととなる場合は，この限りでない。(同上)

● 営利を目的とした著作物の使用について

□公表された著作物は，営利を目的とせず，かつ，聴衆又は観衆から料
金を受けない場合には，公に上演し，演奏し，上映し，又は口述する
ことができる。(第38条第1項)

● ポイント

□著作物は授業の過程において使用できる。録画した番組を授業内で見
せるのはよいが，それを持ち寄って，児童生徒が自由に見れるように
ライブラリー化するのは，授業の過程から外れるので不可。

□学校では，教育を担任する者(教員，生徒等)は，必要と認められる限
度において，著作物をコピー(複製)できる。ただし，著作権者の利益
を不当に害することになる場合，コピーは不可!

□営利を目的としない場合，著作物を上映できる。入場料を徴収して，
他人が制作したDVDを上映するというのは不可!

開かれた学校運営

頻出度 **B**

ここが出る！ ▶▶

・保護者や地域住民が，学校運営に参画するようになっている。学校評議員ならびに学校運営協議会の制度について知っておこう。

・それぞれの委員は，どのようにして選ばれるか。どのような権限を持つか。これらに関する正誤判定の問題が多い。

C **1** **学校評議員制度**　　　　　　　　頻出 大分

この制度の法的根拠は，学校教育法施行規則第49条である。本条文の規定は，他の学校にも準用される。

□小学校には，設置者の定めるところにより，<u>学校評議員</u>を置くことができる。（第1項）

□学校評議員は，<u>校長</u>の求めに応じ，学校運営に関し**意見**を述べることができる。（第2項）

□学校評議員は，当該小学校の職員**以外**の者で教育に関する理解及び識見を有するもののうちから，校長の<u>推薦</u>により，当該小学校の<u>設置者</u>が委嘱する。（第3項）

B **2** **学校運営協議会制度**　　　　　頻出 東京，奈良，大分

続いて，**学校運営協議会**についてである。

● 制度の概要

□【　学校運営協議会　】…学校運営に関して協議する機関として，指定学校ごとに置かれる機関。

⏱ □別名，**コミュニティ・スクール**制度ともいう。コミュニティ・スクールを最初に提唱したのは，アメリカの<u>オルセン</u>である。

● 法規定（地方教育行政法第47条の5）

□教育委員会は，**教育委員会規則**で定めるところにより，その所管に属する学校ごとに，当該学校の運営及び当該運営への必要な支援に関して協議する機関として，<u>学校運営協議会</u>を置くように努めなければならない。（第1項）

□学校運営協議会の委員は，次に掲げる者について，教育委員会が任

命する。（第2項）

①対象学校の所在する地域の住民

②対象学校に在籍する生徒，児童又は幼児の**保護者**

③社会教育法第9条の7第1項に規定する**地域学校協働活動推進員**
その他の対象学校の運営に資する活動を行う者

④その他当該教育委員会が必要と認める者

□対象学校の**校長**は，当該対象学校の運営に関して，教育課程の編成
その他教育委員会規則で定める事項について基本的な**方針**を作成
し，当該対象学校の学校運営協議会の**承認**を得なければならない。
（第4項）

□学校運営協議会は，対象学校の**運営**に関する事項について，教育委
員会又は校長に対して，**意見**を述べることができる。（第6項）

□学校運営協議会は，対象学校の職員の採用その他の任用に関して教
育委員会規則で定める事項について，当該職員の任命権者に対して
意見を述べることができる。（第7項）

● **学校運営に関する情報の提供**

□学校は，当該小学校に関する**保護者**及び地域住民その他の関係者の理
解を深めるとともに，これらの者との**連携**及び協力の推進に資するた
め，当該小学校の教育活動その他の学校運営の状況に関する**情報**を積
極的に提供するものとする。（学校教育法第43条，他の学校にも準用）

● **コミュニティ・スクールの数**

□学校運営協議会を設置している学校（コミュニティ・スクール）は増加
の傾向。2022年では1万5221校で，全公立学校の**42.9**%にもなる。

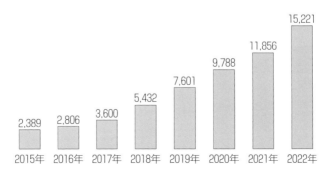

ここが出る！ ▶▶

・学校教育法第17条は，保護者が義務教育諸学校に就学させるべき子どもの年齢を規定している。条文の中の数字を押さえよう。
・就学援助の対象者が増えている。法的根拠や，国と市町村の費用負担割合について知っておこう。

B **1** 保護者の就学義務　　　　　　　　　　　　　頻出 東京，福岡

　就学義務とは，保護者が学齢の子どもを義務教育諸学校に通わせる義務である。学校教育法の条文を読んでみよう。

●就学義務

□保護者は，子の満6歳に達した日の翌日以後における最初の学年の初めから，満12歳に達した日の属する学年の終わりまで，これを小学校，義務教育学校の前期課程又は**特別支援学校**の小学部に就学させる義務を負う。（学校教育法第17条第1項）

□保護者は，子が小学校の課程，義務教育学校の前期課程又は特別支援学校の小学部の課程を修了した日の翌日以後における最初の学年の初めから，満15歳に達した日の属する学年の終わりまで，これを中学校，義務教育学校の後期課程，中等教育学校の前期課程又は特別支援学校の中学部に就学させる義務を負う。（第17条第2項）

●就学猶予・免除

□保護者が就学させなければならない子で，病弱，発育不完全その他やむを得ない事由のため，就学困難と認められる者の保護者に対しては，市町村の教育委員会は，…前条第1項又は第2項の義務を猶予又は免除することができる。（学校教育法第18条）

□2022年5月時点の就学猶予者は1,111人，就学免除者は2,934人となっている。多くは外国籍の子どもである。

B **2** 就学援助　　　　　　　　　　　　　　　　　頻出 東京，佐賀

　就学させたくても，それができない家庭もある。その場合，国や地方公共団体は，就学の**援助**をしなければならない。

●**法規定**

⏱ □**経済的理由**によつて，就学困難と認められる**学齢児童又は学齢生徒**
　の保護者に対しては，**市町村**は，必要な援助を与えなければならな
　い。（学校教育法第19条）

□市町村の負担額の**2分の1**を国が補助する**❶**。

□国の補助の対象品目は，学用品費，通学費，修学旅行費，学校給食
　費，**オンライン学習通信費❷**などである。

●**学齢・児童生徒とは**

□学齢児童・生徒とは，**保護者**が義務教育諸学校に就学させることを義
　務づけられている年齢の子女のことである。

□小学校の就学年齢（6〜11歳）の場合は**学齢児童**，中学校の就学年齢
　（12〜14歳）の場合は**学齢生徒**と呼ばれる。

C **3**　**就学校の変更・区域外就学**　　　　　**頻出** 東京

　　いじめ等，やむを得ない理由の場合，就学校の変更も認められる。

●**就学校の変更**

□**市町村**の教育委員会は，…その指定した小学校，中学校又は義務教育
　学校を**変更**することができる。この場合においては，すみやかに，そ
　の保護者及び小学校，中学校又は義務教育学校の校長に対し，その旨
　を通知するとともに，新たに指定した小学校，中学校又は義務教育学
　校の校長に対し，通知をしなければならない。（学校教育法施行令第
　8条）

●**区域外就学**

□児童生徒等をその住所の存する市町村の設置する小学校，中学校又は
　義務教育学校以外の小学校，中学校，義務教育学校又は中等教育学校
　に就学させようとする場合には，その保護者は，…その旨をその児童
　生徒等の住所の存する**市町村の教育委員会**に届け出なければならな
　い。（学校教育法施行令第9条第1項）

・・・

❶就学困難な児童及び生徒に係る就学奨励についての国の援助に関する法律施行令第1条
　第1項の規定による。補助の対象は，要保護者に対する援助経費である。

❷感染症対策で自宅学習が増えていることを受け，最近加えられた品目である。

● 教育法規（児童・生徒に関する法規）

就学に関する諸業務 頻出度 C

ここが出る！ ▶▶

・学齢児童・生徒の存在を把握するため，学齢簿が作成される。学齢簿を作成するのは誰か。それには，どのような事項が記載されるか。

・義務教育諸学校においても，いわゆる落第は認められるか。この点について，法的根拠も交えて説明できるようにしよう。

B 1 学齢簿 頻出 長野

学校に就学させるべき学齢児童・生徒の存在を把握するため，**学齢簿**の作成が行われる。

●学齢簿の作成者

⏱
□**市町村**の教育委員会は，当該市町村の区域内に住所を有する学齢児童及び学齢生徒について，**学齢簿**を編製しなければならない。（学校教育法施行令第１条第１項）

□学齢簿の編製は，当該市町村の**住民基本台帳**に基づいて行なうものとする。（第１条第２項）

□市町村の教育委員会は，毎学年の初めから**５**月前までに，文部科学省令で定める日現在において，当該市町村に住所を有する者で前学年の初めから終わりまでの間に満**６**歳に達する者について，あらかじめ，前条第１項の**学齢簿**を作成しなければならない。（第２条）

●学齢簿の記載事項

学校教育法施行規則第30条第１項にて，以下の６つが規定されている。

□**学齢児童**又は**学齢生徒**に関する事項（氏名，現住所，**生年月日**及び性別）

□**保護者**に関する事項（氏名，現住所及び保護者と学齢児童又は学齢生徒との関係）

□就学する**学校**に関する事項

□就学の**督促**等に関する事項

□就学義務の**猶予**又は免除に関する事項

□その他必要な事項（**市町村**の教育委員会が学齢児童又は学齢生徒の就学に関し必要と認める事項）

C 2 　課程の修了・卒業の認定

法規定上は，「**成績を評価して**」と明言されていることに注意。

●課程修了・卒業認定における配慮事項

□小学校において，各学年の課程の**修了**又は卒業を認めるに当たつては，児童の平素の**成績**を評価して，これを定めなければならない。（学校教育法施行規則第57条，他の学校にも準用）

●卒業証書の授与

□**校長**は，小学校の全課程を修了したと認めた者には，**卒業証書**を授与しなければならない。（第58条，他の学校にも準用）

C 3 　原級留置の措置について

原級留置とは，俗にいう落第のことである。

●義務教育諸学校における原級留置

□学校教育法施行規則第57条の規定により，義務教育諸学校でも，成績不良者や**長期欠席者**の原級留置はあり得ることになる。

□しかし，義務教育諸学校では，加齢とともに自動的に進級させる**年齢主義**の考え方がとられている。

●課程主義と年齢主義

各学年の修了や卒業の認定の方式には 2 種類ある。

□【　**課程主義**　】…課程の内容の修得状況をもとに進級の可否を決定する方式。

□【　**年齢主義**　】…生徒の加齢とともに自動的に進級させる方式。

●高等学校における原級留置の実態

高等学校では，原級留置がとられることがある。

	全日制普通科		全日制専門学科		定時制	
	留置者	比率	留置者	比率	留置者	比率
1 年	1,707人	0.3%	714人	0.4%	135人	2.5%
2 年	1,360	0.2	501	0.3	108	1.9
3 年	311	0.0	94	0.0	89	1.6
4 年	＊＊	＊＊	＊＊	＊＊	39	1.0
単位制	228	0.1	17	0.1	632	1.2
合計	3,606	0.2	1,326	0.2	1,003	1.3

文部科学省「2021年度・児童生徒の問題行動・不登校等生徒指導上の諸課題に関する調査」

ここが出る！ ▶▶

・今日，学校で荒れ狂う子どもが少なからずいる。児童・生徒に対する懲戒，ならびに出席停止の措置について知っておこう。

・中学校の学園ドラマで，「お前は退学だ！」と教員が怒鳴るシーンを見たことがある。法規定に照らしてあり得ることなのか。

A 1 児童・生徒の懲戒 　　　頻出 岩手，宮城，宮崎

　　教室の秩序を乱す子どもがいたらどうするか。手をこまねいているわけにはいくまい。教員は，子どもを**懲戒**する権限を有する。

●懲戒に関する基本規定

⏱ □校長及び教員は，教育上必要があると認めるときは，文部科学大臣の定めるところにより，児童，生徒及び学生に懲戒を加えることができる。ただし，体罰を加えることはできない。（学校教育法第11条）

●懲戒に当たっての配慮事項

□校長及び教員が児童等に懲戒を加えるに当つては，児童等の心身の発達に応ずる等教育上必要な配慮をしなければならない。（学校教育法施行規則第26条第1項）

B 2 退学・停学 　　　頻出 茨城，大阪，神戸市

　　学校教育法施行規則第26条をみてみよう。義務教育諸学校でも，退学の措置をとることができるのか。

●退学・停学を行う者

□懲戒のうち，退学，停学及び訓告の処分は，校長が行う。（第2項）

●退学

□退学は，公立の小学校，中学校，義務教育学校又は特別支援学校に在学する学齢児童又は学齢生徒を**除き**，次の各号のいずれかに該当する児童等に対して行うことができる。（第3項）

①性行不良で改善の見込がないと認められる者

②学力劣等で成業の見込がないと認められる者

③正当の理由がなくて出席常でない者

④学校の秩序を乱し，その他学生又は生徒としての本分に反した者

● 停学

□停学は，**学齢**児童又は**学齢生徒❶**に対しては，行うことができない。
（第4項）

● まとめ

□上記の諸規定から，次のように整理できる。

	退学	停学
公立の義務教育諸学校	不可	不可
国・私立の義務教育諸学校	可	不可

A 3 出席停止　　　　　　　　　　　　頻出 岩手，千葉，神奈川

　　義務教育諸学校では，**出席停止**の措置をとることができる。法的根拠
は，学校教育法第35条である。この規定は中学校にも準用される。

● 法規定

□市町村の教育委員会は，次に掲げる行為の1又は2以上を繰り返し
行う等**性行不良**であつて他の児童の教育に妨げがあると認める児童
があるときは，その**保護者**に対して，児童の**出席停止**を命ずること
ができる。（第1項）

①他の児童に**傷害**，心身の苦痛又は財産上の損失を与える行為

②職員に傷害又は心身の苦痛を与える行為

③施設又は設備を損壊する行為

④**授業**その他の教育活動の実施を妨げる行為

● 出席停止を命じる際の配慮事項

□市町村の教育委員会は，前項の規定により出席停止を命ずる場合に
は，あらかじめ**保護者**の意見を聴取するとともに，理由及び期間を
記載した**文書**を交付しなければならない。（第2項）

□市町村の教育委員会は，出席停止の命令に係る児童の**出席停止**の期
間における学習に対する**支援**その他の教育上必要な措置を講ずるも
のとする。（第4項）

❶学齢児童・生徒とは，義務教育諸学校に就学する年齢の子どものことである。

● **教育法規（児童・生徒に関する法規）**

健康診断と感染症予防

ここが出る！▶▶

- ・学校では，定期の健康診断が実施される。実施時期や結果の取扱い等，細かい事項が出題されることがある。
- ・感染症予防のため，学校では患者の出席停止や臨時休業の措置がとられる。これらの実施権者に関するひっかけ問題がよく出る。

B **1** 健康診断の基本規定　　　　　　　頻出 東京，佐賀，熊本

学校教育法第12条は出題頻度が高い。

□学校においては，法律で定めるところにより，幼児，児童，生徒及び学生並びに職員の健康の保持増進を図るため，健康診断を行い，その他その保健に必要な措置を講じなければならない。（学校教育法第12条）

□学校の設置者は，法律の規定による健康診断を行おうとする場合その他政令で定める場合においては，保健所と連絡するものとする。（学校保健安全法第18条）

A **2** 定期と臨時の健康診断　　　　　　　頻出 福島，長野

学校では，定期と臨時の健康診断が実施される。

● **定期の健康診断**

□学校においては，毎学年定期に，児童生徒等の健康診断を行わなければならない。（学校保健安全法第13条第1項）

□（定期の）健康診断は，毎学年，6月30日までに行うものとする。（学校保健安全法施行規則第5条第1項）

□定期の健康診断の結果は，21日以内に当人と保護者に通知する。（同第9条）

□学校においては，（定期の）健康診断の結果に基づき，疾病の予防処置を行い，又は治療を指示し，並びに運動及び作業を軽減する等適切な措置をとらなければならない。（学校保健安全法第14条）

● 臨時の健康診断

□（臨時の）健康診断は，次に掲げるような場合で必要があるときに，
…行うものとする。（学校保健安全法施行規則第10条）
①感染症又は食中毒の発生したとき。
②風水害等により感染症の発生のおそれのあるとき。
③夏季における休業日の直前又は直後。
④結核，寄生虫病その他の疾病の有無について検査を行う必要のあるとき。
⑤卒業のとき。

A 3 感染症の予防　　　　　　　　頻出 福島，熊本，宮崎

新型コロナ対策の上で，知っておくべき規定である。

● 感染症予防のための措置

□校長は，感染症にかかつており，かかつている疑いがあり，又はかかるおそれのある児童生徒等があるときは，政令で定めるところにより，出席を停止させることができる❶。（学校保健安全法第19条）
□学校の設置者は，感染症の予防上必要があるときは，臨時に，学校の全部又は一部の休業を行うことができる。（第20条）

● 感染症の種類（学校保健安全法施行規則第18条第１項）

第１種	エボラ出血熱，クリミア・コンゴ出血熱，痘そう，南米出血熱，ペスト，マールブルグ病，ラッサ熱，急性灰白髄炎，ジフテリア，重症急性呼吸器症候群，中東呼吸器症候群及び特定鳥インフルエンザ
第２種	インフルエンザ（特定鳥インフルエンザを除く），百日咳，麻しん，流行性耳下腺炎，風しん，水痘，咽頭結膜熱，結核及び髄膜炎菌性髄膜炎
第３種	コレラ，細菌性赤痢，腸管出血性大腸菌感染症，腸チフス，パラチフス，流行性角結膜炎，急性出血性結膜炎その他の感染症

□第一種の出席停止期間の基準は「治癒するまで」である。

❶この場合，学校の設置者に報告をしなければならない。

ここが出る! ▶▶
・在学した児童・生徒の記録である指導要録の保存期間は何年か。
　学籍に関する記録は，保存期間が長いことに注意。
・学校において常備しておくべき学校備付表簿のうち，主なものを
　知っておこう。指導要録，出席簿，健康診断票など。

B 1 指導要録
頻出 東京，大分

　指導要録とは，児童等の学習及び健康の状況を記録した書類の原本の
ことをいう。

● 指導要録の作成義務

□校長は，その学校に在学する児童等の指導要録を作成しなければな
　らない。（学校教育法施行規則第24条第1項）

● 指導要録の保存期間

　指導要録の学籍に関する記録は，長期間保存する。

□学校備付表簿の一つである指導要録の保存期間は5年間。

□ただし，指導要録及びその写しのうち入学，卒業等の学籍に関する記
　録については，その保存期間は，20年間とする。（第28条第2項）

● 指導要録の送付

□校長は，児童等が進学した場合においては，その作成に係る当該児童
　等の指導要録の抄本又は写しを作成し，これを進学先の校長に送付し
　なければならない。（第24条第2項）

□校長は，児童等が転学した場合においては，その作成に係る当該児童
　等の指導要録の写しを作成し，その写し及び前項の抄本又は写しを転
　学先の校長に送付しなければならない。（第24条第3項）

● 補足

□学籍に関する記録については，原則として学齢簿の記載に基づき，学
　年当初及び異動の生じたときに記入する。

□就学義務が猶予・免除される場合又は児童の所在が1年以上不明であ
　る場合は，在学しない者として取り扱い，在学しない者と認めた年月
　日及びその事由等を記入する。

C 2 出席管理　　　　　　　　　　頻出 東京，長野，佐賀

　学齢児童・生徒の保護者に，就学義務をきちんと全うさせる上でも，**出席管理**は重要である。

●校長による出席管理の義務

□小学校，中学校，義務教育学校，中等教育学校及び特別支援学校の<u>校長</u>は，常に，その学校に在学する学齢児童又は学齢生徒の<u>出席状況</u>を明らかにしておかなければならない。（学校教育法施行令第19条）

□校長は，当該学校に在学する学齢児童又は学齢生徒が，休業日を除き引き続き<u>7</u>日間出席せず，その他その出席状況が<u>良好</u>でない場合において，…保護者に正当な事由がないと認められるときは，速やかに，その旨を当該学齢児童又は学齢生徒の住所の存する<u>市町村</u>の教育委員会に通知しなければならない。（学校教育法施行令第20条）

●出席簿の作成義務

□校長は，当該学校に在学する児童等について<u>出席簿</u>を作成しなければならない。（学校教育法施行規則第25条）

B 3 学校備付表簿　　　　　　　　　頻出 秋田，東京

　学校において備えなければならない表簿を，**学校備付表簿**という。

●学校備付表簿の種類（学校教育法施行規則第28条第1項）

□学校に関係のある<u>法令</u>

□<u>学則</u>，日課表，教科用図書配当表，学校医執務記録簿，学校歯科医執務記録簿，学校薬剤師執務記録簿及び学校日誌

□職員の<u>名簿</u>，履歴書，出勤簿並びに担任学級，担任の教科又は科目及び<u>時間表</u>

□<u>指導要録</u>，その写し及び抄本並びに<u>出席簿</u>及び健康診断に関する表簿

□入学者の選抜及び<u>成績考査</u>に関する表簿

□資産原簿，<u>出納簿</u>及び経費の予算決算についての帳簿並びに図書機械器具，標本，模型等の教具の目録

□往復文書処理簿

●学校備付表簿の保存期間（学校教育法施行規則第28条第2項）

⏱□これらの表簿の保存期間は<u>5</u>年間。ただし，指導要録の学籍に関する記録は<u>20</u>年間保存する。

● **教育法規（児童・生徒に関する法規）**

児童・生徒の保護

ここが出る! ▶▶

- ・子どもは，保護されなければならない存在である。改正された児童福祉法の総則規定を読んでおこう。空欄補充問題が多い。
- ・児童虐待が社会問題化している。児童虐待への対応に際して，学校はどのようなことに配慮すべきか。

A **1** 児童福祉法

頻出 茨城，大阪，岡山，広島

1947年に制定された**児童福祉法**は，児童の福祉について定めている。近年，需要が増えている学童保育に関する条文も見ておこう。

●総則規定

□全て児童は，児童の権利に関する条約の精神にのつとり，適切に**養育**されること，その**生活**を保障されること，愛され，**保護**されること，その心身の健やかな成長及び発達並びにその**自立**が図られることその他の**福祉**を等しく保障される権利を有する。（第1条）

□全て国民は，児童が**良好**な環境において生まれ，かつ，社会のあらゆる分野において，児童の年齢及び発達の程度に応じて，その**意見**が尊重され，その**最善の利益**が優先して考慮され，心身ともに**健やか**に育成されるよう努めなければならない。（第2条第1項）

□児童は「満18歳に満たない者」と規定している。（第4条第1項）

●放課後児童健全育成事業

□放課後児童健全育成事業❶とは，**小学校**に就学している児童であつて，その保護者が労働等により昼間家庭にいないものに，授業の終了後に児童**厚生施設**等の施設を利用して適切な**遊び**及び生活の場を与えて，その健全な育成を図る事業をいう。（第6条の3第2項）

A **2** 児童虐待の定義

頻出 東京，大分

2000年に，児童虐待の防止等に関する法律（児童虐待防止法）が制定された。

----

❶通称は学童保育である。

●法律の目的

□この法律は，児童虐待が児童の人権を著しく侵害し，その心身の成長及び人格の形成に重大な影響を与えるとともに，我が国における将来の世代の育成にも懸念を及ぼすことにかんがみ，児童に対する虐待の禁止，児童虐待の予防及び早期発見その他の児童虐待の防止に関する国及び地方公共団体の責務，児童虐待を受けた児童の保護及び自立の支援のための措置等を定めることにより，児童虐待の防止等に関する施策を促進し，もって児童の権利利益の擁護に資することを目的とする。（第1条）

●児童虐待とは

「児童虐待」とは，保護者がその監護する児童（18歳に満たない者）について行う次に掲げる行為をいう。（第2条）

> □児童の身体に外傷が生じ，又は生じるおそれのある暴行を加えること。（**身体的虐待**）
>
> □児童にわいせつな行為をすること又は児童をしてわいせつな行為をさせること。（**性的虐待**）
>
> □児童の心身の正常な発達を妨げるような著しい減食又は長時間の放置，保護者以外の同居人による前2号又は次号に掲げる行為と同様の行為の放置その他の保護者としての監護を著しく怠ること。（**ネグレクト**）
>
> □児童に対する著しい暴言又は著しく拒絶的な対応，児童が同居する家庭における配偶者に対する暴力その他の児童に著しい心理的外傷を与える言動を行うこと。（**心理的虐待**）❷

A 3 早期発見義務と通告義務   頻出 福井，大阪，神戸市，大分

児童虐待防止法にて，2つの義務が定められている。

●早期発見義務

□学校，児童福祉施設，病院，…その他児童の福祉に業務上関係のある団体及び学校の教職員，…その他児童の福祉に職務上関係のある者は，児童虐待を発見しやすい立場にあることを自覚し，児童虐待の早

❷児童相談所が対応した相談件数の統計をみると，最近では心理的虐待が最も多い。

期発見に努めなければならない。（第5条第1項）

□第1項に規定する者は，正当な理由がなく，その職務に関して知り得た児童虐待を受けたと思われる児童に関する秘密を漏らしてはならない。（第5条第3項）

● 通告義務

⏱□児童虐待を受けたと**思われる**児童を発見した者は，速やかに，これを市町村，都道府県の設置する福祉事務所若しくは児童相談所又は児童委員を介して市町村，都道府県の設置する福祉事務所若しくは児童相談所に通告しなければならない。（第6条第1項）

B 4 児童虐待への対応 　　　　　　　　頻出 福井，福岡，大分

文部科学省「学校・教育委員会等向け虐待対応の手引き」（2020年6月）で，言われていることである。

● 親権の行使に対する配慮

⏱□児童の親権を行う者は，児童のしつけに際して，体罰を加えることその他民法の規定による監護及び教育に必要な範囲を超える行為により当該児童を懲戒してはならず，当該児童の親権の適切な行使に配慮しなければならない。（児童虐待防止法第14条第1項）

● 学校・教職員の役割，責務

□虐待の早期発見に努めること（努力義務）。

□虐待を受けたと思われる子供について，市町村（虐待対応担当課）や児童相談所等へ通告すること（**義務**）。

□虐待の予防・防止や虐待を受けた子供の保護・自立支援に関し，関係機関への協力を行うこと（努力義務）。

□虐待防止のための子供等への教育に努めること（努力義務）。

● 情報の提供

⏱□児童相談所や市町村（虐待対応担当課）から虐待に係る子供又は保護者その他の関係者に関する資料又は情報の提供を求められた場合，必要な範囲で提供することができる。

● 保護者への対応

⏱□保護者から情報元（虐待を認知するに至った端緒や経緯）に関する開示の求めがあった場合は，情報元を保護者に**伝えない**こととするとともに，児童相談所等と連携しながら対応する。

□学校が保護者から威圧的な要求や暴力の行使等を受ける可能性がある場合は，即座に設置者に連絡すると同時に，設置者と連携して速やかに児童相談所，警察等の関係機関，弁護士等の専門家と情報共有し，対応を検討する。

A 5 児童の権利に関する条約 頻出 宮城，東京，京都

1989年の国連総会にて，**児童の権利に関する条約**が採択された。児童の保護はもちろん，最善の利益や意見表明権を尊重する。

● 4つの権利

□児童の権利条約では，子どもの権利を①生きる権利，②育つ権利，③守られる権利，④参加する権利，の4つに分類している。

●差別の禁止（第2条）

□締約国は，その管轄の下にある児童に対し，児童又はその父母若しくは法定保護者の人種，皮膚の色，性，言語，宗教，政治的意見その他の意見，国民的，種族的若しくは社会的出身，財産，心身障害，出生又は他の地位にかかわらず，いかなる差別もなしにこの条約に定める権利を尊重し，及び確保する。

●児童に対する措置の原則（第3条）

□児童に関するすべての措置をとるに当たっては，…児童の最善の利益が主として考慮されるものとする。

●生命に対する固有の権利（第6条）

□締約国は，すべての児童が生命に対する固有の権利を有することを認める。

●意見を表明する権利（第12条）

□締約国は，自己の意見を形成する能力のある児童がその児童に影響を及ぼすすべての事項について自由に自己の意見を表明する権利を確保する。

●表現の自由（第13条）

□児童は，表現の自由についての権利を有する。この権利には，口頭，手書き若しくは印刷，芸術の形態又は自ら選択する他の方法により，国境とのかかわりなく，あらゆる種類の情報及び考えを求め，受け及び伝える自由を含む。

テーマ **24**

● 教育法規（教職員に関する法規）

教職員の配置

頻出度 **B**

ここが出る! ▶▶
- 教職員なくして，学校は成り立たない。各学校に配置すべき教職員の種類を押さえよう。正誤判定の問題が頻出である。
- よく出るのは，副校長を置くときは教頭を置かなくてよいこと，高校や中等教育学校では事務職員が必置であることなどである。

C **1** **教職員の配置義務**

最も基本的な規定は，学校教育法第7条である。

☐学校には，校長及び相当数の教員を置かなければならない。（学校教育法第7条）

B **2** **小学校・中学校** 頻出 福島

学校教育法第37条をみてみよう。下記の諸規定は小学校に関するものであるが，中学校及び義務教育学校にも準用される。

☐小学校には，校長，教頭，教諭，養護教諭及び事務職員を置かなければならない。（第1項）

☐小学校には，…副校長，主幹教諭，指導教諭，栄養教諭その他必要な職員を置くことができる。（第2項）

☐副校長を置くときその他特別の事情のあるときは教頭を，養護をつかさどる主幹教諭を置くときは養護教諭を，特別の事情のあるときは事務職員を，それぞれ置かないことができる。（第3項）

☐特別の事情のあるときは，…教諭に代えて助教諭又は講師を，養護教諭に代えて養護助教諭を置くことができる❶。（第18項）

B **3** **高等学校・中等教育学校**

高等学校は学校教育法第60条，中等教育学校は第69条にて定められている。順にみていこう。

❶学校教育法第37条第18項については，高等学校と中等教育学校にも同様の規定がある。

● 高等学校

⏱ □高等学校には，校長，教頭，教諭及び事務職員を置かなければならない。（学校教育法第60条第1項）

□副校長，主幹教諭，指導教諭，養護教諭，栄養教諭，養護助教諭，実習助手，技術職員その他必要な職員を置くことができる。（第2項）

□副校長を置くときは，教頭を置かないことができる。（第3項）

● 中等教育学校

□中等教育学校には，校長，教頭，教諭，養護教諭及び事務職員を置かなければならない。（学校教育法第69条第1項）

□副校長，主幹教諭，指導教諭，栄養教諭，実習助手，技術職員その他必要な職員を置くことができる。（第2項）

□副校長を置くときは教頭を，養護をつかさどる主幹教諭を置くときは養護教諭を，それぞれ置かないことができる。（第3項）

B 4 表による整理　　　　　　　　　　頻出 福島

これまでの内容を，表組の形に整理しよう。赤字の箇所は頻出。

	小・中学校, 義務教育学校	高等学校	中等教育学校
校長	必置	必置	必置
副校長	配置可能	配置可能	配置可能
教頭	必置だが特規あり	必置だが特規あり	必置だが特規あり
主幹教諭	配置可能	配置可能	配置可能
指導教諭	配置可能	配置可能	配置可能
教諭	必置だが特規あり	必置だが特規あり	必置だが特規あり
養護教諭	必置だが特規あり	配置可能	必置だが特規あり
事務職員	必置だが特規あり	必置	必置
栄養教諭	配置可能	配置可能	配置可能
助教諭	配置可能	配置可能	配置可能
講師	配置可能	配置可能	配置可能
養護助教諭	配置可能	配置可能	配置可能
実習助手	規定なし	配置可能	配置可能
技術職員	規定なし	配置可能	配置可能

● **教育法規（教職員に関する法規）**
教職員の職務

頻出度 **C**

ここが出る！ ▶▶

- それぞれの教職員は，どのようなことを職務としているか。職務内容の文章と職名を結びつけさせる問題がよく出る。
- 教職員の職務上の地位には，どのようなものがあるか。こちらも，職務内容と地位の名称を対応させる問題が多い。

B **1** 　**教職員の職務**　　　　　　　頻出 福島，東京，愛媛

　教職員の職務は，学校教育法第37条において定められている。以下の諸規定は小学校のものであるが，他の学校にも準用される。

職名	職務内容
□校長	・校務をつかさどり，所属職員を監督する。
□副校長	・校長を助け，命を受けて校務をつかさどる。 ・校長に事故があるときはその職務を代理し，校長が欠けたときはその職務を行う❶。
□教頭	・校長（校長及び副校長）を助け，校務を整理し，及び必要に応じ児童の教育をつかさどる。 ・校長（校長及び副校長）に事故があるときは校長の職務を代理し，校長（校長及び副校長）が欠けたときは校長の職務を行う。
□主幹教諭	・校長（校長及び副校長）及び教頭を助け，命を受けて校務の一部を整理し，並びに児童の教育をつかさどる。
□指導教諭	・児童の教育をつかさどり，並びに教諭その他の職員に対して，教育指導の改善及び充実のために必要な指導及び助言を行う。
□教諭	・児童の教育をつかさどる。
□養護教諭	・児童の養護をつかさどる。
□栄養教諭	・児童の栄養の指導及び管理をつかさどる。
□事務職員	・事務をつかさどる。

C **2** 　**職務上の地位**　　　　　　　　　　頻出 東京

　職員の種類とは別に，**職務上の地位**も設けられている。各学校段階に置かれるものをみていこう。

---

❶この場合，「副校長が2人以上あるときは，あらかじめ校長が定めた順序で，その職務を代理し，又は行う」とされる。教頭についても同様である。

●小学校・中学校・高等学校に置くもの

□【 教務主任 】…教育計画の立案その他の教務に関する事項について連絡調整及び指導，助言に当たる。（学校教育法施行規則第44条）

□【 学年主任 】…当該学年の教育活動に関する事項について連絡調整及び指導，助言に当たる。（同上）

□【 保健主事 】…保健に関する事項の管理に当たる。（第45条）

□【 研修主事 】…研修計画の立案その他の研修に関する事項について連絡調整及び指導，助言に当たる❷。（第45条の2）

●中学校・高等学校に置くもの

□【 生徒指導主事 】…生徒指導に関する事項をつかさどり，当該事項について連絡調整及び指導，助言に当たる。（学校教育法施行規則第70条）

□【 進路指導主事 】…生徒の職業選択の指導その他の進路の指導に関する事項をつかさどり，当該事項について連絡調整及び指導，助言に当たる。（第71条）

●高等学校に置くもの

□【 学科主任 】…当該学科の教育活動に関する事項について連絡調整及び指導，助言に当たる。（学校教育法施行規則第81条）

□【 農場長 】…農業に関する実習地及び実習施設の運営に関する事項をつかさどる。（同上）

●それぞれの地位に充てる人材

□上記の各地位には，指導教諭又は**教諭**を充てる。

□ただし，保健主事には養護教諭を充てることもできる。

●留意事項

□主任制度は，学校の機能増大や組織の複雑化が進んできたことを受けて，1975年に創設された。

□各地位の職務を遂行するにあたっては，校長の監督を受けることとされる。

----

❷研修主事は「置くことができる」という規定である。

● 教育法規（教職員に関する法規）

教職員の任用

頻出度 **B**

ここが出る！ ▶▶

- ・教職員を任命するのは誰か。教員になるのを妨げる欠格事由にはどのようなものがあるか。正誤判定問題がよく出る。
- ・公立学校の教員は，最初は条件附の任用となる。その期間が，一般の公務員と異なることに注意のこと。

B 1　教職員の任命権と採用の方法　　　[頻出] 東京，熊本

地方教育行政の組織及び運営に関する法律（地方教育行政法）は，教職員の**任命権者**について規定している。

●任命権者に関する基本規定

> □教育委員会の所管に属する学校その他の教育機関の校長，園長，<u>教員</u>，事務職員，技術職員その他の職員は，…<u>教育委員会</u>が任命する。（地方教育行政法第34条）

●任命権者に関する具体規定

⏱ □県費負担教職員❶の任命権は，<u>都道府県委員会</u>に属する。（地方教育行政法第37条第１項）

□指定都市の教職員の任命権者と給与負担者は，<u>当該指定都市</u>である。

都道府県立学校の教員	都道府県の教育委員会が任命権者
市町村立学校の教職員	
指定都市の市立学校の教職員	当該指定都市の教育委員会が任命権者

●教職員の採用及び昇任の方法

⏱ □公立学校の校長の採用並びに教員の採用及び昇任は，<u>選考</u>によるものとし，その選考は，…公立学校にあつてはその校長及び教員の任命権者である<u>教育委員会</u>の教育長が行う。（教育公務員特例法第11条）

C 2　欠格事由

校長や教員になるのを阻む**欠格事由**として，学校教育法第９条は，以下の４つを挙げている。

---

❶市町村立の小・中学校等の教職員である（指定都市除く）。給与を都道府県が負担するので，このように呼ばれる。公立学校の教員の給与は条例で定められる。

□<u>禁錮</u>以上の刑に処せられた者

□免許状がその効力を失い，当該失効の日から<u>3年</u>を経過しない者

□免許状取上げの処分を受け，<u>3年</u>を経過しない者❷

□日本国憲法又はその下に成立した政府を<u>暴力</u>で破壊することを主張する政党その他の団体を結成し，又これに加入した者

B 3 条件附採用 頻出 東京，香川

　公立学校の教員は，最初は**条件附**の採用とされる。教員の場合，その期間が一般の公務員の倍である。

□職員の採用は，全て<u>条件付</u>のものとし，その職員がその職において<u>6月</u>を勤務し，その間その職務を良好な成績で遂行したときに正式採用になるものとする。（地方公務員法第22条第1項）

⏱ □公立学校の<u>教諭</u>，助教諭及び講師に係る地方公務員法第22条第1項に規定する採用については，同項中「6月」とあるのは「<u>1年</u>」として同項の規定を適用する。（教育公務員特例法第12条第1項）

C 4 幅広い人材を学校に招くために

　最近，**民間人校長**が学校経営に敏腕を振るうケースが増えている。英語の授業等では，外部の非常勤講師(地域人材)が活用される。

●**民間人校長**

□学校の運営上特に必要がある場合には，<u>教員免許</u>を持たない者でも，校長として採用できる。（学校教育法施行規則第22条）

□この規定は，副校長や<u>教頭</u>にも適用される。（第23条）

●**特別非常勤講師**

□教科の領域の一部を担当する<u>非常勤講師</u>には，教員の相当免許状を有しない者を充てることができる。（教育職員免許法第3条の2第1項）

□非常勤の講師に任命し，又は雇用しようとする者は，…その旨を<u>授与権者</u>❸に届け出なければならない。（第3条の2第2項）

・・

❷わいせつ等の非行をした教員も，3年経てば免許を再取得し教壇に復帰できるが，わいせつ教員対策法により，免許の再授与が拒否されることもあり得る。

❸都道府県の教育委員会である。

教員免許状

> **ここが出る！** ▶▶
> ・教壇に立つには，教員免許状が必要である。教員免許状の種類，授与，および効力に関する法規定を押さえよう。
> ・教員不足が言われるなか，特別免許状や臨時免許状の活用が求められるようになっている。両者の区別をつけておくこと。

B 1 教員免許状の種類と授与権者　　　頻出 秋田，山口，大分

　　教育職員免許法で定められている。この法律は教員免許に関する事項を定め，教職員の**資質の保持と向上**を図ることを目指す。

□免許状は，普通免許状，特別免許状及び臨時免許状とする。（教育職員免許法第4条第1項）

□免許状は，都道府県の教育委員会が授与する。（第5条第6項）

A 2 普通免許状　　　頻出 宮城，東京，熊本市，大分

　　教員免許状の大半は，**普通免許状**である。

●普通免許状の種類と区分

□普通免許状は，学校（義務教育学校，中等教育学校及び幼保連携型認定こども園を除く）の種類ごとの教諭の免許状，養護教諭の免許状及び栄養教諭の免許状とする。

□それぞれ専修免許状，一種免許状及び二種免許状（**高等学校**教諭の免許状にあつては，専修免許状及び一種免許状）に区分する。

●普通免許状の効力

□普通免許状は，全ての都道府県において効力を有する。（教育職員免許法第9条第1項）

●相当免許状主義

□幼稚園，小学校，中学校，高等学校の教員は，原則として，学校の種類ごとの教員免許状が必要。

□義務教育学校の教員は，小学校と中学校の両方の教員免許状が必要。中等教育学校の教員は，中学校と高等学校の両方の教員免許状が必要。

□特別支援学校の教員は，特別支援学校と特別支援学校の各部（幼稚部・小学部・中学部・高等部）に相当する学校種の両方の教員免許状が必要。

□児童の養護をつかさどる教員，児童の栄養の指導及び管理をつかさどる教員は，それぞれ養護教諭（養護助教諭）の免許状，栄養教諭の免許状が必要。

B 3 特別免許状・臨時免許状 類出 東京

教職課程を履修していなくても，優れた知識や技能を持つ社会人等には，**特別免許状**や**臨時免許状**を授与することができる。

	特別免許状	臨時免許状
種類	学校❶の種類ごとの教諭の免許状	学校の種類ごとの助教諭の免許状及び養護助教諭の免許状
授与	教育職員検定に合格した者に授与する。	普通免許状を有する者を採用することができない場合に限り，教育職員検定に合格したものに授与する。
効力	授与権者の置かれる都道府県内。有効期間はなし。	授与権者の置かれる都道府県内において3年間。

□教育職員検定は，受検者の人物，学力，実務及び身体について，授与権者が行う。（教育職員免許法第6条第1項）
□教員免許更新制の廃止により，普通免許状と特別免許状の有効期間はなくなっている。

B 4 免許状の失効

以下に該当する場合，免許状は効力を失う。教育職員免許法第10条第1項の規定による。

□禁錮以上の刑に処せられた者。
□日本国憲法施行の日以後において，日本国憲法又はその下に成立した政府を暴力で破壊することを主張する政党その他の団体を結成し，又はこれに加入した者。
□公立学校の教員であつて懲戒免職の処分を受けたとき。
□公立学校の教員であつて…地方公務員法第28条第1項第1号又は第3号❷に該当するとして分限免職の処分を受けたとき。

----

❶特別免許状は，幼稚園，義務教育学校，中等教育学校及び幼保連携型認定こども園を除く。臨時免許状は後3者を除く。
❷「勤務実績がよくない，職に必要な適格性を欠く」である。244ページを参照。

教員研修①

ここが出る！ ▶▶

- 専門職としての教員は，絶えず研修に励まなくてはならない。このことに関連する法規定を覚えよう。
- 不評であった教員免許更新制は廃止され，研修記録を作成し，資質向上に関する指導助言がなされることになった。

A 1 教員研修の基本規定　　　頻出 福島，茨城，東京，奈良，和歌山

教員研修については，教育公務員特例法で定められている。

●基本規定

□教育公務員は，その職責を遂行するために，絶えず<u>研究</u>と修養に努めなければならない。（教育公務員特例法第21条第1項）

□教育公務員の<u>研修実施者</u>は，教育公務員の研修について，それに要する施設，研修を奨励するための方途その他研修に関する<u>計画</u>を樹立し，その実施に努めなければならない。（第21条第2項）

●研修の機会

□教育公務員には，<u>研修</u>を受ける機会が与えられなければならない。（教育公務員特例法第22条第1項）

□教員は，授業に支障のない限り，<u>本属長</u>の承認を受けて，<u>勤務場所</u>を離れて研修を行うことができる。（第22条第2項）

□教育公務員は，<u>任命権者</u>の定めるところにより，<u>現職</u>のままで，長期にわたる研修を受けることができる。（第22条第3項）

●研修の実施者

□研修実施者は，中核市の県費負担教職員の場合は<u>中核市</u>教育委員会で，その他の校長及び教員の場合は任命権者❶である。

B 2 資質向上の指標及び教員研修計画

□<u>文部科学大臣</u>は，公立の小学校等の校長及び<u>教員</u>の計画的かつ効果的な資質の向上を図るため，…指標の策定に関する<u>指針</u>を定めなければならない。（教育公務員特例法第22条の2第1項）

❶232ページを参照。

□公立の小学校等の校長及び教員の任命権者は，指針を参酌し，その地域の実情に応じ，当該校長及び教員の職責，経験及び適性に応じて向上を図るべき校長及び教員としての資質に関する指標を定めるものとする。（第22条の３第１項）

□公立の小学校等の校長及び教員の研修実施者は，指標を踏まえ，当該校長及び教員の研修について，毎年度，体系的かつ効果的に実施するための計画を定めるものとする。（第22条の４第１項）

A 3 研修記録の作成と資質向上に関する指導助言 　頻出 東京

　法改正で新設された条文である。記録を活用し，個々の教員の立ち位置を踏まえた研修がなされる。

●研修記録の作成

□公立の小学校等の校長及び教員の任命権者は，文部科学省令で定めるところにより，当該校長及び教員ごとに，研修の受講その他の当該校長及び教員の資質の向上のための取組の状況に関する記録を作成しなければならない。（教育公務員特例法第22条の５第１項）

●資質向上に関する指導助言

□公立の小学校等の校長及び教員の指導助言者は，当該校長及び教員がその職責，経験及び適性に応じた資質の向上のための取組を行うことを促進するため，当該校長及び教員からの相談に応じ，研修，認定講習等その他の資質の向上のための機会に関する情報を提供し，又は資質の向上に関する指導及び助言を行うものとする。（教育公務員特例法第22条の６第１項）

□公立の小学校等の校長及び教員の指導助言者は，…相談への対応，情報の提供並びに指導及び助言を行うに当たつては，当該校長及び教員に係る指標及び教員研修計画を踏まえるとともに，当該校長及び教員の研修等に関する記録に係る情報を活用するものとする。（第22条の６第２項）

●指導助言者

□指導助言者は，県費負担教職員の場合は市町村教育委員会で，その他の校長及び教員の場合は任命権者である。

● **教育法規（教職員に関する法規）**

教員研修②

頻出度
B

B **1** **初任者研修**　　　　　　　　　　　頻出 岩手，東京，和歌山

新規採用教員は，**初任者研修**を受けることになっている。

□公立の小学校等の教諭等の**研修実施者**は，当該教諭等に対して，その採用の日から**1年間**の教諭又は保育教諭の職務の遂行に必要な事項に関する実践的な**研修**を実施しなければならない。（教育公務員特例法第23条第1項）

□指導助言者は，初任者研修を受ける者の所属する学校の副校長，教頭，**主幹教諭**，指導教諭，教諭…又は講師のうちから，**指導教員**を命じるものとする。（第23条第2項）

□指導教員は，初任者に対して教諭の職務の遂行に必要な事項について指導及び**助言**を行うものとする。（第23条第3項）

B **2** **中堅教諭等資質向上研修**　　　　頻出 岩手，東京，広島

2016年の教育公務員特例法改正により，以前の10年経験者研修が**中堅教諭等資質向上研修**に変わった。

□公立の小学校等の教諭等の研修実施者は，当該教諭等に対して，個々の能力，**適性**等に応じて，公立の小学校等における教育に関し相当の経験を有し，その教育活動その他の**学校運営**の円滑かつ効果的な実施において中核的な役割を果たすことが期待される**中堅教諭等**としての職務を遂行する上で必要とされる資質の向上を図るために必要な事項に関する研修（**中堅教諭等資質向上研修**）を実施しなければならない。（教育公務員特例法第24条第1項）

□**指導助言者**は，中堅教諭等資質向上研修を受ける者の能力，適性等

について評価を行い，その結果に基づき，**当該者ごとに**中堅教諭等資質向上研修に関する計画書を作成しなければならない。（第24条第2項）

C 3 指導改善研修 　　　　　　　　　　　　頻出 東京

2008年度より，**指導改善研修**が導入されている。

□公立の小学校等の教諭等の任命権者は，児童，生徒又は幼児に対する指導が不適切であると認定した教諭等に対して，その能力，適性等に応じて，当該指導の改善を図るために必要な事項に関する**研修❶**を実施しなければならない。（教育公務員特例法第25条第1項）
□任命権者は，指導改善研修の終了時において，指導改善研修を受けた者の児童等に対する指導の改善の程度に関する認定を行わなければならない。（第25条第4項）
□任命権者は，前条第4項の認定において指導の改善が**不十分**でなお児童等に対する指導を適切に行うことができないと認める教諭等に対して，免職その他の必要な措置を講ずるものとする。（第25条の2）

C 4 大学院修学休業

専修免許状の取得機会を広げるため，**大学院修学休業**の制度が設けられている。日本の教員は大学院卒の割合が低い。

□公立学校の教員は，「任命権者の許可を受けて，3年を超えない範囲内で年を単位として定める期間，大学の大学院の課程…に在学してその課程を履修するための休業をすることができる」。（教育公務員特例法第26条第1項）
□大学院修学休業をしている教員は，「地方公務員としての身分を保有するが，職務に従事しない」。（第27条第1項）
□大学院修学休業をしている期間については，給与を支給しない。（第27条第2項）

❶指導改善研修の期間は，原則として1年を超えてはならない。

● 教育法規（教職員に関する法規）

教員の服務①

ここが出る！ ▶▶

・公務員としての教員は，**全体の奉仕者**としての性格を持つ。このことを規定した法規の名称を答えさせる問題がよく出る。
・公務員としての教員は，職務上，どのような義務を課されているか。地方公務員法で規定されている，3つの義務を押さえよう。

A 1 全体の奉仕者

頻出 岩手，滋賀，熊本

公務員とは，**全体の奉仕者**としての性格を持つことを肝に銘じよう。

□すべて公務員は，**全体の奉仕者**であつて，一部の奉仕者ではない。（日本国憲法第15条第2項）

□すべて職員は，**全体の奉仕者**として公共の利益のために勤務し，且つ，職務の遂行に当つては，全力を挙げてこれに**専念**しなければならない。（地方公務員法第30条）

A 2 教員の職務上の義務

公務員としての教員は，地方公務員法が規定する，公務員の**職務上の義務**を遂行しなければならない。それは3つある。

□**服務の宣誓義務**（地公法第31条，国公法第97条）
□法令等及び上司の**職務上の命令**に従う義務（地公法第32条，国公法第98条第1項，地教行法第43条第2項）
□職務に**専念**する義務（地公法第35条，国公法第101条第1項）

A 3 職務上の義務について定めた条文

★超頻出★

上記の3つの義務について，法的根拠をしっかり覚えておこう。

● 服務の宣誓義務

□職員は，**条例**の定めるところにより，**服務の宣誓**をしなければならない。（地公法第31条）
□職員は，**政令**の定めるところにより，服務の宣誓をしなければならない。（国公法第97条）

□地方公務員は**条例**，国家公務員は**政令**に依拠することに注意。

● **法令等及び上司の職務上の命令に従う義務**

⏱ □職員は，その職務を遂行するに当つて，法令，条例，**地方公共団体**の規則及び地方公共団体の機関の定める規程に従い，且つ，上司の**職務上の命令**に忠実に従わなければならない。（地公法第32条）

□職員は，その職務を遂行するについて，**法令**に従い，且つ，上司の職務上の命令に**忠実**に従わなければならない。（国公法第98条第１項）

□**県費負担教職員**は，その職務を遂行するに当つて，法令，当該市町村の条例及び規則並びに当該市町村委員会の定める教育委員会規則及び規程に従い，かつ，**市町村委員会**その他職務上の上司の職務上の**命令**に忠実に従わなければならない。（地教行法第43条第２項）

● **職務に専念する義務**

⏱ □職員は，法律又は条例に特別の定がある場合を除く外，その**勤務時間**及び職務上の注意力のすべてをその**職責遂行**のために用い，当該地方公共団体がなすべき責を有する**職務**にのみ従事しなければならない。（地公法第35条）

□職員は，法律又は命令の定める場合を除いては，その**勤務時間**及び職務上の**注意力**のすべてをその**職責**遂行のために用い，**政府**がなすべき責を有する職務にのみ従事しなければならない。（国公法第101条第１項）

B **4** **服務の監督権者**　　　　　　　[頻出] 福島

　県費負担教職員❶の服務を監督するのは誰か。この点に関するひっかけ問題がよく出る。

□公務員の服務を監督するのは，**任命権者**である。

□県費負担教職員の任命権者は，**都道府県**の教育委員会である。

⏱ □しかしながら，県費負担教職員の服務を監督するのは，**市町村**の教育委員会である。（地教行法第43条第１項）

----

❶市町村立の小・中学校等の教職員である（指定都市除く）。給与を都道府県が負担するので，このように呼ばれる。

● 教育法規（教職員に関する法規）
教員の服務②

ここが出る! ▶▶

- 最近，教員の不祥事がよく取り沙汰される。そのためか，教員がしてはならないこと，あるいは制限されていることに関する法規定がよく出題されるようになっている。
- 教育公務員の政治的行為の制限は，一般の公務員とどう違うか。

A ① 教員の身分上の義務

公務員としての教員は，**身分上**，以下の5つの義務を有する。

□信用失墜行為の禁止（地公法33，国公法99）

□秘密を守る義務（地公法34，国公法100）

□政治的行為の制限（地公法36，教特法18，国公法102）

□争議行為等の禁止（地公法37，国公法98-2）

□営利企業等の従事制限（地公法38，国公法103・104，教特法17）

A ② 4つの義務に関する法規定 ★超頻出★

まずは，4つの義務に関する地公法の条文をみてみよう。政治的行為の制限については，やや込み入っているので，別枠を設ける。

●信用失墜行為の禁止

⏱ □職員は，その職の**信用**を傷つけ，又は職員の職全体の**不名誉**となるような行為をしてはならない。（地方公務員法第33条）

●秘密を守る義務

⏱ □職員は，職務上知り得た**秘密**を漏らしてはならない。その職を**退いた**後も，また，同様とする。（第34条第1項）

□法令による**証人**，鑑定人等となり，職務上の秘密に属する事項を発表する場合においては，**任命権者**の許可を受けなければならない。（第34条第2項）

●争議行為等の禁止

⏱ □職員は，地方公共団体の機関が代表する使用者としての住民に対して**同盟罷業**，怠業その他の争議行為をし，又は地方公共団体の機関の活動能率を低下させる**怠業的行為**をしてはならない。（第37条第1項）

● 営利企業等の従事制限

⏱ □職員は, 任命権者の許可を受けなければ, 営利を目的とする**私企業**を営むことを目的とする会社その他の団体の役員その他人事委員会規則で定める地位を兼ね, 若しくは自ら営利を目的とする**私企業**を営み, 又は**報酬**を得ていかなる事業若しくは事務にも従事してはならない。（地方公務員法第38条第1項）

□教育公務員は, 教育に関する他の職を兼ね, 又は教育に関する他の事業若しくは事務に従事することが**本務**の遂行に支障がないと**任命権者**において認める場合には, **給与**を受け, 又は受けないで, その職を兼ね, 又はその事業若しくは事務に従事することができる。（教育公務員特例法第17条第1項）

B 3 政治的行為の制限 　　　　　　　　　　　　頻出 埼玉, 東京, 大分

一般の公務員と教育公務員とでは, 規定が異なる。

● 共通の規定

□職員は, 政党その他の**政治的団体**の結成に関与し, 若しくはこれらの団体の役員となつてはならず, 又はこれらの団体の構成員となるように, 若しくはならないように**勧誘運動**をしてはならない。（地方公務員法第36条第1項）

● 一般の公務員

□職員は, …次に掲げる**政治的行為**をしてはならない。（地方公務員法第36条第2項）

□ただし, 当該職員の属する地方公共団体の**区域外**において, …政治的行為をすることができる。（同上）

● 教育公務員

□**公立学校**の教育公務員の政治的行為の制限については, 当分の間, **国家公務員**の例による。（教育公務員特例法第18条第1項）

● 両者の違い

> □一般の公務員は, 自分が勤務する自治体の**区域外**において, 政治的行為をすることができる。
>
> ⏱ □教育公務員の政治的行為の制限の範囲は, **全国**に及ぶ。

● **教育法規（教職員に関する法規）**

教員の処分

頻出度 **C**

ここが出る！ ▶▶

- 分限処分と懲戒処分の違いを知っておこう。それぞれの具体的な種類を答えさせる問題がよく出る。
- 分限処分と懲戒処分が下されるのは，どのような場合か。それぞれに該当する事由を選ばせる問題が多い。

C **1** **処分の種類と基準**

分限処分と懲戒処分の２つに大別される。

● **分限と懲戒**

□【 **分限処分** 】…職制上の変更や，職責を十分果たすことができない場合の不利益処分。

⇒ 降給，降任，**休職**，免職がある。

□【 **懲戒処分** 】…規則違反や非行を行った者に対する，懲罰として下される処分。

⇒ 戒告，減給，**停職**，免職がある。

● **分限と懲戒の基準**

□すべて職員の分限及び懲戒については，<u>公正</u>でなければならない。（地方公務員法第27条第１項）

B **2** **分限と懲戒の事由**　　　　　　　　　頻出 青森，群馬，岡山

どのような場合に，上記の分限処分や懲戒処分は下されるか。

● **分限処分の事由**

分限処分の事由は４つある。（地方公務員法第28条第１項）

□<u>勤務実績</u>が良くない場合❶。

□<u>心身の故障</u>のため，職務の遂行に支障があり，又はこれに堪えない場合。

□前２号に規定する場合の外，その職に必要な<u>適格性</u>を欠く場合。

□職制若しくは定数の改廃又は予算の減少により廃職又は<u>過員</u>を生じた場合。

---

❶職員の執務については，任命権者による定期的な人事評価が行われる。

● 懲戒処分の事由

懲戒処分の事由は，以下の３つとされる。（第29条第１項）

⏱ □法律又はこれに基く<u>条例</u>，地方公共団体の規則若しくは地方公共団体の機関の定める規程に<u>違反</u>した場合。

⏱ □職務上の<u>義務</u>に違反し，又は職務を怠つた場合。

⏱ □全体の奉仕者たるにふさわしくない<u>非行</u>のあつた場合。

● 懲戒処分の状況

2021年度に懲戒処分を受けた教員数は702人である。その事由や種類の内訳をみてみよう。文部科学省の統計による。

懲戒処分を受けた教員数（事由別）

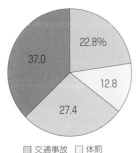

懲戒事故 □体罰
□性犯罪等 ■その他

懲戒処分の種類

■免職 □停職 ■減給 ■戒告

C 3 不適格教員

不適格教員は免職もあり得る。

□都道府県委員会は，…その任命に係る市町村の<u>県費負担教職員</u>で次の各号のいずれにも該当するものを<u>免職</u>し，引き続いて当該都道府県の常時勤務を要する職(指導主事並びに校長，園長及び<u>教員の職を除く</u>)に採用することができる。
①児童又は生徒に対する指導が<u>不適切</u>であること。
②<u>研修</u>等必要な措置が講じられたとしてもなお児童又は生徒に対する指導を適切に行うことができないと認められること。

□上記の条文(地方教育行政法第47条の２第１項)は，テーマ29でみた<u>指導改善研修</u>の後になされる措置と関連している。

教員の勤務規則

ここが出る！ ▶▶

- 市町村立学校の教職員の給与は，都道府県と国が負担する。その論理と負担の割合について知っておこう。
- 労働基準法の重要条文を読んでおこう。育児休業取得のための条件はどのようなものか。

B **1** **教員の勤務時間・給与** 頻出 熊本

●法規定

> □職員の勤務時間その他職員の給与以外の勤務条件を定めるに当つては，国及び他の地方公共団体の職員との間に権衡を失しないように適当な考慮が払われなければならない。（地方公務員法第24条第4項）
>
> □職員の給与，勤務時間その他の勤務条件は，条例で定める。（地方公務員法第24条第5項）
>
> □県費負担教職員の給与，勤務時間その他の勤務条件については，…都道府県の条例で定める。（地方教育行政法第42条）

●県費負担教職員について

□【 **県費負担教職員** 】…市町村立の小・中学校等の教職員（指定都市除く）。給与は都道府県が負担する。

□市町村立の小学校，中学校，義務教育学校，中等教育学校の前期課程及び特別支援学校の教職員の給与は，都道府県の負担とする。（市町村立学校職員給与負担法第1条）

□ただし，その3分の1は国が負担する。（義務教育費国庫負担法第2条）

C **2** **教育職員給与法** 頻出 熊本市

正式名称は，公立の義務教育諸学校等の教育職員の給与等に関する特別措置法である。

□この法律は，公立の義務教育諸学校等の教育職員の職務と勤務態様の特殊性に基づき，その給与その他の勤務条件について特例を定めるものとする。（第1条）

□教育職員には，その者の給料月額の**百分の四**に相当する額を基準とし
て，条例で定めるところにより，**教職調整額**を支給しなければならな
い。（第3条第1項）

□教育職員については，**時間外勤務**手当及び休日勤務手当は，支給しな
い**❶**。（第3条第2項）

C 3 労働基準法

教員も労働者である以上，**労働基準法**の規定を知っておく必要がある。

●労働時間

□使用者は，労働者に，休憩時間を除き1週間について<u>40</u>時間を超え
て，労働させてはならない。（第32条第1項）

□使用者は，1週間の各日については，労働者に，休憩時間を除き1日
について <u>8</u> 時間を超えて，労働させてはならない。（第32条第2項）

●休憩

□使用者は，労働時間が6時間を超える場合においては少くとも<u>45</u>
分，8時間を超える場合においては少くとも<u>1</u>時間の休憩時間を労働
時間の<u>途中</u>に与えなければならない。（第34条第1項）

●休日

□使用者は，労働者に対して，毎週少くとも<u>1</u>回の休日を与えなければ
ならない。（第35条第1項）

C 4 育児休業・休職

□職員は，**任命権者**の承認を受けて，当該子が<u>3</u>歳に達する日まで，<u>育
児休業</u>をすることができる。（地方公務員の育児休業等に関する法律
第2条第1項）

□育児休業中は，職務に従事しないので，**給与**は支給されない。（第4条）

□公立学校の校長及び教員の休職の期間は，結核性疾患のため長期の休
養を要する場合の休職においては，満<u>2</u>年とする。ただし，任命権者
は，特に必要があると認めるときはその休職の期間を満<u>3</u>年まで延長
することができる。（教育公務員特例法第14条第1項）

---

❶月収の4％の教職調整額で，諸手当がまかなわれていることになる。この点については
批判が多い。

教育委員会

ここが出る! ▶▶
- 教育委員会のメンバーである委員は，誰によってどのようにして選ばれるか。任期は何年か。
- 教育委員会の業務は何か。総合教育会議や通常会議に関する規定についても問われる。

B 1 教育委員会の組織

頻出 熊本

教育委員会とは，地域における教育行政の中心となる機関である。

● 設置

□都道府県，市町村及び…地方公共団体の組合に**教育委員会**を置く。（地方教育行政法第2条）

● 組織

□教育委員会は，**教育長及び4人の委員**をもつて組織する。（第3条）

□ただし，都道府県若しくは市の教育委員会にあつては教育長及び**5人以上の委員**，町村の教育委員会にあつては教育長及び**2人以上の委員**をもつて組織することができる。（同上）

B 2 教育長・教育委員

頻出 東京，熊本，大分

2014年の地方教育行政法改正により，従来の教育長と教育委員長が「**教育長**」に一本化された。

● 教育長・教育委員の任命

□教育長は，当該地方公共団体の長の被選挙権を有する者で，人格が高潔で，教育行政に関し識見を有するもののうちから，**地方公共団体の長**が，議会の同意を得て，**任命**する。（第4条第1項）

□委員も同様に，地方公共団体の長が，議会の同意を得て**任命**する。（第4条第2項）

□**破産手続開始の決定を受けて復権を得ない者**，**禁錮**以上の刑に処せられた者は，教育長や教育委員にはなれない。（第4条第3項）

● 公選制から任命制へ

□戦後初期の**教育委員会法**の下では，教育委員は，地域住民の直接選挙で選ばれる**公選制**であった。

□1956年に同法が廃止され，地方教育行政法が施行されるのに伴い，公選制が任命制に変わった。

●**教育委員の任命に際しての配慮事項**

⏱□委員の任命に当たつては，委員の年齢，性別，職業等に著しい偏りが生じないように配慮するとともに，委員のうちに保護者である者が含まれるようにしなければならない。(第4条第5項)

●**任期**

□教育長の任期は3年とし，委員の任期は4年とする。(第5条第1項)

□教育長及び委員は，再任されることができる。(第5条第2項)

C 3 教育委員会の業務　　　　　　　　頻出 東京，熊本

●**基本規定**

□教育委員会は，…学校その他の教育機関を管理し，学校の組織編制，教育課程，教科書その他の教材の取扱及び教育職員の身分取扱に関する事務を行い，並びに社会教育その他教育，学術及び文化に関する事務を管理し及びこれを執行する。(地方自治法第180条の8)

●**総合教育会議**

□地方公共団体の長は，…その地域の実情に応じ，当該地方公共団体の教育，学術及び文化の振興に関する総合的な施策の大綱を定めるものとする。(地方教育行政法第1条の3第1項)

□地方公共団体の長は，大綱の策定に関する協議及び次に掲げる事項についての協議…を行うため，総合教育会議を設けるものとする。(第1条の4第1項)

□総合教育会議は，地方公共団体の長及び教育委員をもって構成し，地方公共団体の長が招集する。(第1条の4第2項，第3項)

●**教育委員会の会議**

□教育委員会の会議は，教育長が招集する。(第14条第1項)

□教育委員会は，教育長及び在任委員の過半数が出席しなければ，会議を開き，議決をすることができない。(第14条第3項)

□教育委員会の会議は，公開する。ただし，人事に関する事件その他の事件について，教育長又は委員の発議により，出席者の三分の二以上の多数で議決したときは，これを公開しないことができる。(第14条第7項)

基本法規

●Answer●

□ 1　国民の権利については，公共の福祉に
反しない限り，最大の尊重を必要とする。
→P.180

1　○

□ 2　国及びその機関は，宗教教育をしては
ならない。　→P.181

2　○

□ 3　すべて国民は，その能力に応じて，ひ
としく教育を受ける権利を有する。
→P.181

3　○

□ 4　すべて国民は，その保護する子女に初
等教育を受けさせる義務を負う。　→P.181

4　×
初等教育ではなく，普
通教育である。

□ 5　2006年12月の教育基本法改正により，
第10条「家庭教育」の条文が新設された。
→P.182

5　○

□ 6　経済的理由で修学が困難な者に対し，
国・地方自治体は奨学の措置を講じなけれ
ばならない。　→P.184

6　○

□ 7　国立及び私立の義務教育諸学校では，
授業料が徴収される。　→P.185

7　×
国立学校では授業料は
徴収されない。

□ 8　父母その他の保護者は，子の教育につ
いて第一義的責任を有する。　→P.187

8　○

□ 9　良識ある市民として必要な政治的教養
は，教育上尊重されなければならない。
→P.188

9　×
市民ではなく，公民で
ある。

□10　第二次世界大戦後，日本の学校体系は
複線型から単線型に変わった。　→P.191

10　○

□11　学年の途中で転学した児童生徒につい
ては，転学後において使う教科書が転学前
と異なる場合，新たに教科書が無償給与さ
れる。　→P.193

11　○

□12　私立学校においては，宗教をもって道
徳に代えることができる。　→P.195

12　○

学校の法規

□13 学校教育法第1条が定める学校の中に，専修学校は含まれる。 →P.196

□14 学校の設置者は，特別の定めがある場合を除き，その学校の経費を負担する。 →P.196

□15 市区町村は，義務教育学校の設置をもって，小・中学校の設置義務の履行に代えることができる。 →P.197

□16 高等学校の目標は，高度な普通教育及び職業教育を施すことである。 →P.200

□17 学校図書館には，学校司書を置かなければならない。 →P.203

□18 公立小学校の1学級の児童数の標準は，第1学年を除いて40人である。 →P.204

□19 公立学校の休業日は，設置者の市町村又は都道府県の教育委員会が定める。 →P.206

□20 校長は，感染症の予防上必要があるときは，学校の全部又は一部の休業を行うことができる。 →P.207

□21 学校の設置者は，学校環境衛生基準に照らしてその設置する学校の適切な環境の維持に努めなければならない。 →P.208

□22 養護教諭その他の職員は，健康上の問題があると認めるときは，必要に応じ，当該児童生徒の保護者に対して必要な助言を行う。 →P.209

□23 高等学校では，文部科学大臣の検定済教科用図書以外の教科用図書を使用することはできない。 →P.210

13 ×
含まれない。

14 ○

15 ○

16 ×
職業教育ではなく，専門教育である。

17 ×
学校司書ではなく，司書教諭である。

18 ×
40人ではなく，35人である。

19 ○

20 ×
校長ではなく，学校の設置者である。

21 ○

22 ○

23 ×
使用できる。

□24 教育機関の学校は著作物の複製を認められているので、市販の計算ドリルを丸ごと複製し長期休業中の課題としても、著作権法に抵触しない。 →P.211

24 ×
抵触する。著作権者の利益を明らかに侵害する。

□25 学校運営協議会が置かれた学校の校長は、学校運営の方針を作成し、学校評議員の承認を得なければならない。
→P.213

25 ×
学校評議員ではなく、学校運営協議会である。

児童・生徒の法規

□26 経済的理由によって就学困難と認められる学齢児童・生徒の保護者に対しては、都道府県は必要な援助を与えなければならない。 →P.215

26 ×
都道府県ではなく、市町村である。

□27 就学援助の費目の中には、オンライン学習通信費が含まれる。 →P.215

27 ○

□28 市町村の教育委員会は、区域内に住む学齢児童・生徒について学齢簿を作成しなければならない。 →P.216

28 ○

□29 義務教育諸学校では、原級留置の措置がとられることはない。 →P.217

29 ×
ある。

□30 校長及び教員は、必要があると認める場合は、児童生徒に対し体罰を行うことができる。 →P.218

30 ×
行うことはできない。

□31 義務教育諸学校では、退学の措置をとることはできない。 →P.219

31 ×
国・私立学校では退学の措置もあり得る。

□32 義務教育諸学校では、停学の措置をとることはできない。 →P.219

32 ○

□33 市町村の教育委員会は、性行不良の児童生徒の出席停止を命じる場合は、あらかじめ保護者の意見を聴取しなければならない。 →P.219

33 ○

□34 学校においては，毎学期定期に，児童生徒の健康診断を行わなければならない。　→P.220

34 ×
毎学期ではなく，毎学年である。

□35 指導要録の学籍に関する記録は10年間保存する。　→P.223

35 ×
10年ではなく，20年である。

□36 児童福祉法では，「児童は満18歳に満たない者」と定めている。　→P.224

36 ○

□37 学校の教職員は，児童虐待を発見しやすい立場にあることを自覚し，児童虐待の早期発見に努めなければならない。　→P.225

37 ○

□38 児童の親権を行う者は，児童のしつけに際して，体罰を行うことができる。　→P.226

38 ×
行うことはできない。

□39 児童虐待を認知した学校は，保護者からその端緒や経緯の開示を求められた場合，情報元を保護者に伝えなければならない。　→P.226

39 ×
伝えない。

□40 児童の権利に関する条約は，1948年の国連総会で採択された。　→P.227

40 ×
1948年ではなく，1989年である。

教職員の法規

□41 小学校には，教諭を必ず置かなければならない。　→P.228

41 ×
講師や助教諭で代えることもできる。

□42 指導教諭は，校長（校長及び副校長）及び教頭を助け，命を受けて校務の一部を整理し，並びに児童生徒の教育をつかさどる。　→P.230

42 ×
指導教諭ではなく，主幹教諭である。

□43 公立学校の校長の採用並びに教員の採用及び昇任は，選考によるものとする。　→P.232

43 ○

□44 教員免許を持たない者も，校長として採用できる。　→P.233

44 ○

□45 公立学校の教員は，半年の条件附採用の期間を良好な成績で勤務した後，正式採用に至る。　→P.233

□46 特別免許状は，授与権者の置かれる都道府県内において10年間有効である。　→P.235

□47 県費負担教職員の指導助言者は，市町村の教育委員会である。　→P.237

□48 管理職の副校長や教頭は，初任者研修の指導教員となることはできない。　→P.238

□49 指導改善研修を経ても指導の改善が不十分で，適切な指導ができないと認められる教員に対しては，免職その他必要な措置が講じられる。　→P.239

□50 県費負担教職員の服務を監督するのは，市町村の教育委員会である。　→P.241

□51 地方公務員は職務上知り得た秘密を漏らしてはならないが，職を退いた後はこの限りでない。　→P.242

□52 地方公務員は，いかなる場合であっても営利企業等に従事してはならない。　→P.243

□53 教育公務員の政治的行為の制限の範囲は，国家公務員と同じく全国に及ぶ。　→P.243

□54 勤務実績が良くないことは，地方公務員の懲戒処分の事由に該当する。　→P.244

□55 県費負担教職員の給与の半分は国が負担する。　→P.246

□56 教育委員会の委員の任命に当たっては，委員のうちに保護者が含まれるようにしなければならない。　→P.249

45　×
半年ではなく，1年間である。

46　×
特別免許状の有効期間はない。

47　○

48　×
なることができる。

49　○

50　○

51　×
職を退いた後も同様である。

52　×
任命権者の許可を得れば従事できる。

53　○

54　×
懲戒処分ではなく，分限処分である。

55　×
半分ではなく，3分の1である。

56　○

教育
心理

人間の発達

頻出度 **B**

ここが出る! ▶▶

・人間の発達に関する基本的な学説について知っておこう。それぞれの説に属する論者の名前を覚えておくこと。

・子どもの発達段階について押さえよう。短文を提示して，どの段階のものかを答えさせる問題がよく出る。対応できるようにしよう。

B **1** 人間の発達の規定要因

頻出 山口，長崎

遺伝（成熟）か**環境**かという古典的な論争を経て，近年では，両者を折衷させた見方も提出されている。

●成熟説

□【 **成熟優位説** 】…発達を規定する要因は主として成熟❶であり，後天的な環境（経験）による影響は，限定的なものにすぎない。

□成熟優位説は，<u>ゲゼル</u>が提唱した（双子の階段上りの実験）。

●環境説

字のごとく，環境要因を重視する。3人の論者の学説をみてみよう。

□【 **ワトソン** 】…条件づけによって，健康な赤ん坊を自由に医者，弁護士，泥棒など，何にでもしてみせると豪語した。

□【 **バンデューラ** 】…他者の行動や特性を観察することによって，その行動型や特性を獲得するモデリング学習理論を提唱した。

⏱□【 **ジェンセン** 】…**環境閾値説**を提唱。人間の諸特性を発現させるのに必要な環境刺激の水準（閾値）は，特性によって異なる。

↓

□右図の特性A（身長の伸びなど）は，環境刺激をほとんど要さずに発現するが，特性B（絶対音感など）の発現には，かなり好ましい環境条件が必要となる。

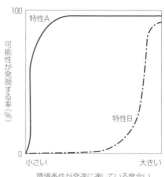

❶遺伝的プログラムにしたがって進行する発達の過程をいう。

● 輻輳説
ふくそう

□【　輻輳説　】…人間の発達に対しては，遺伝も環境も影響する。

□輻輳説を提唱したのは，シュテルンである。

子どもの発達段階　　　　　　　頻出 秋田，福井，山梨

　心理学の言葉で，経験則を理論づけよう。

● 乳児期

□出生から1歳ないしは1歳半ごろまでの時期。

□直立歩行，ことばの使用，そして離乳完了の時期を迎える。

□母子の愛着(アタッチメント)が生まれ，基本的信頼感が確立する。

□【　8か月不安　】…生後8か月頃の乳児の人見知り反応。スピッツが提唱。

● 幼児期

□1歳ないしは1歳半から6歳ごろまでの時期。母子分離も進行。

□マーラーは母子一体の分離過程を①分化期，②練習期，③再接近期，④固体化期，の4つに区分した。分離・固体化過程と呼ばれる。

□自我の芽生えからくる第一次反抗期(2〜4歳)を迎える。

● 児童期

□おおよそ，小学校の時期に相当する。

□仲間集団で遊ぶギャング・エイジ(徒党時代)を迎える。

□【　チャム・グループ　】…同性及び同質性で結びついた排他的な集団。女子で多い。

□【　9歳の壁　】…ろう教育において，小学校中学年で教科の学びの困難が発生しがちなこと。

● 思春期

□第二次性徴が生じる。身体の成熟と精神の未成熟のギャップ。

□第二次反抗期を迎える。親からの独立(心理的離乳)に向かう。

● 青年期

□親への依存から脱し，精神的に独立する心理的離乳の時期(ホリングワース)。所属集団が明確でない境界人の時期(レヴィン)。

□アイデンティティ(自我同一性)の確立をもって終結する。

□ホールは，青年期を疾風怒濤の時期と呼んだ。

教育心理

人間の発達

発達の理論①

頻出度 **A**

- ピアジェとフロイトの発達段階説について押さえよう。大変よく出題される。時期を並べ替えさせる問題や，各時期の記述を選ばせる問題が頻出。対応できるようにしよう。
- コールバーグの道徳性発達理論の大枠について知っておこう。

A **1** ピアジェの認知的発達段階説　　頻出 秋田，東京，神奈川

ピアジェによる，認知の発達段階説(発生的認識論)は有名である。

●考え方

□既存の認識枠組み(シェマ)を新しい経験に適応させる調節と，既存のシェマによって外界を捉える同化を通して，認知は高度化する。

●段階区分

□感覚運動期(0～2歳)，前操作期(2～7歳頃)，具体的操作期(7～11，12歳頃)，形式的操作期(11，12～15歳頃)，の4段階からなる。

●各段階の特徴

感覚運動期	□言語が未獲得で，もっぱら感覚と運動的活動(触れるなど)を通して外界の事物を認識する。 □循環反応や対象の永続性などの認知機能を獲得。
前操作期	□実際に触れたりせずとも，それまでの認識体験(表象)をもとに，それを認識できるようになる。 □事物の心像(イメージ)を貯蔵する能力も発達し，ごっこ遊びも盛んになる。 □思考はまだ，自己中心性が目立つ。
具体的操作期	□脱中心化により，客観的に物事を捉えられる。 □液体を背の低い容器から背の高い容器に移し替えたとき，保存の論理を援用して，量に変化はないことを見抜くことができる。
形式的操作期	□可能性について考えたり，仮説検証的な推理を行ったりすることができる。 □「両生類は卵から生まれる」，「カエルは両生類である」，よって「カエルは卵から生まれる」というような，演繹的な推論も可能になる。

B 2 フロイトの性的発達段階説   頻出 東京，神奈川

精神分析学の創始者**フロイト**の性的発達段階説も有名である。

時期	特徴
口唇期 （0〜1歳半頃）	□口から授乳されることで満足感を得，他者へ愛や**信頼感**を獲得する時期。
肛門期 （2〜4歳頃）	□肛門から排泄することで性的快感を得る時期。 □それに対して，親からのしつけに**反抗**する時期でもある。
男根期 （3〜6歳頃）	□身体の男女差に対する関心が高まってくるため，心的エネルギーが性器に向けられるようになる □異性の親に性愛を抱き，同性の親を競争相手として憎むエディプス・コンプレックスの時期。
潜伏期 （6歳頃〜）	□性に関して，穏やかな時期。
性器期 （思春期以降）	□生殖を志向し始めるようになる。 □性愛も，幼児的な**自己愛**から，全人格的な対象愛へと変化するようになる。

A 3 コールバーグの道徳性発達理論   頻出 東京，神奈川，大分

コールバーグは，道徳性の3水準6段階説を提唱した。

●道徳性の発達の3水準

- □【 前慣習的水準 】…社会の道徳を学ぶ段階。
- □【 慣習的水準 】…社会の道徳を身につけた段階。
- □【 脱慣習的水準 】…社会の道徳を批判し，自律的な道徳を身につけた段階。

●3水準6段階

上記の3水準は，それぞれ2段階に分かれる。

前慣習的水準	段階1：罰と服従が中心
	段階2：ナイーブな利己的判断が中心
慣習的水準	段階3：よい子として振る舞うことが中心
	段階4：法と**秩序**が中心
脱慣習的水準	段階5：社会契約的な考え方が中心
	段階6：普遍的な道徳原則が中心

発達の理論②

ここが出る! ▶▶

- エリクソンの発達課題説について知っておこう。8つの時期の課題を答えさせる問題がよく出る。
- ハヴィガーストの発達課題説も要注意。エリクソンのものと混同しないよう注意のこと。

A **1** **エリクソンの発達課題説** 頻出 秋田，群馬，神奈川，沖縄

人生の各時期には，達成すべき課題があるといわれている。

● 概念

□【 発達課題 】…人生の各時期において達成すべき課題。課題達成に成功すると，個人の幸福や社会的承認が得られ，後の段階での課題達成も容易になる。

□ エリクソンの発達課題説が有名。フロイトの発達段階説（前テーマ）を下敷きにしている。

● 各時期の発達課題（エリクソン）

時期	心理社会的危機	好ましい結果
□乳児期 （0〜1歳）	信頼 VS 不信 ＊左側が課題達成の状態	他者に対する基本的信頼感を得る。
□幼児期前期 （1〜3歳）	自律性 VS 恥・疑惑	排泄を自分でこなすなど，自律の感覚を得る。
□幼児期後期 （3〜6歳）	積極性 VS 罪悪感	目的を定め，自分の行動を開始する。
□児童期 （6〜12歳）	勤勉性 VS 劣等感	知的，社会的，身体的技能を身につける。
□青年期	同一性 VS 同一性拡散	自分は何者か，何ができるかという自我を確立すること❶。
□成人期初期	親密性 VS 孤立	配偶者選びなど，親密で永続する関係を形成する。
□壮年期	生殖性 VS 停滞	子を産み育て，社会的な業績を挙げる。
□老年期	統合 VS 絶望	自分の人生に満足感を得る。

---

❶青年期は，一人前の人間の役割遂行を猶予されたモラトリアムの時期とされる。

C 2　ハヴィガーストの発達課題説　頻出 神奈川

　ハヴィガーストは，人生の6つの時期に分け，各時期の発達課題の
リストを提示している。その一部を掲げる。

時期	発達課題のリスト
乳幼児期 0〜6歳	□歩行の学習 □固形の食物をとることの学習 □話すことの学習 □排泄の仕方を学ぶこと □性の相違を知り，性に対する慎みを学ぶこと
児童期 6〜12歳	□普通の遊戯に必要な**身体的技能**の学習 □成長する**生活体**としての自己に対する健全な態度の獲得 □友達と仲良くすること □男子ないしは女子としての**社会的役割**❷を学ぶこと □読み・書き・計算の基礎的能力を発達させること
青年期 12〜18歳	□同年齢の男女としての洗練された交際を学ぶこと □男性ないしは女性としての社会的役割を学ぶこと □自分の身体の構造を理解し，身体を有効に使うこと □両親や他の大人から情緒的に**独立**すること □経済的な独立について自信を持つこと

□壮年初期，**中年期**，および老年期は省略。

□上記の説は，1940年代頃のアメリカの**中産階級**を想定したものとみら
　れる。

B 3　発達の最近接領域　頻出 神奈川，大分

　最後に，**ヴィゴツキー**が提唱した発達の最近
接領域についてである。

⏱□【 **発達の最近接領域** 】…子どもが自力で到
　達可能な発達水準と，他者からの援助によっ
　て到達可能な発達水準の間の範囲。

□教育の役割は，この領域に働きかけて，子ど
　もの現時点での**発達水準**を引き上げるととも
　に，その**潜在的**な発達可能性を広げること。

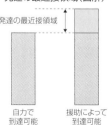

発達の最近接領域（図解）

発達の最近接領域

自力で
到達可能　　援助によって
到達可能

---

❷現在では，このような性役割規範を子どもに学ばせることは好ましくないといわれる。

教育心理　発達の理論②

ここが出る！ ▶▶
- 生後まもない乳児の初期発達や初期学習は重要である。インプリンティングや愛着といった重要概念を押さえよう。
- スキャモンの発達曲線も要注意。曲線を提示して，型の名称を答えさせる問題が頻出。

C 1 インプリンティング

ローレンツの学説による。

⏱□【 インプリンティング 】…ひな鳥が，孵化後，最初に目にした動く物体の後を追随する現象。刻印づけ，**刷り込み**ともいわれる。

□孵化後の一定期間に限って起こる初期学習である

□この現象は，ある学習が可能な一定の限定された期間（臨界期）が存在することを示唆する。

B 2 愛着

頻出 秋田，神奈川

● 概念と測定

⏱□【 愛着 】…人と人との間に形成される心理的きずな。英語で**アタッチメント**という。ボウルビィが提唱。

□エインズワースは，愛着の状態を測定するストレンジ・シチュエーション法を考案。愛着の質として①回避型，②安定型，③葛藤型，④無秩序型，の４つのタイプがある。

● 愛着行動の規定要因

□ハーローは，アカゲザルの実験から，**接触**の快が，愛着行動をもたらすに当たって重要であることを示した。

□アカゲザルの子は，授乳してくれるが触り心地が悪い代理母よりも，布製の**触り心地のよい**代理母にしがみついた。

● ホスピタリズム

□【 ホスピタリズム 】…施設に，長期の間，家族から離れて収容された子どもに起こる症状の総称。

□ボウルビィは，乳幼児期における愛着のパターン（安心と不安）が，その後の発達に持続的な悪影響を与えることを指摘している。

C 3　養育態度の類型　　　　類出 福井

サイモンズは，親の養育態度の4類型を提示している。

サイモンズによる親子関係の4類型

□①**過保護型**（受容かつ支配），②**残忍型**（拒否かつ支配），③**無視型**（拒否かつ服従），④**甘やかし型**（受容かつ服従），の4類型を設定。

□親の養育態度は，子どもの**性格形成**とも関連している。

C 4　スキャモンの発達曲線　　　　類出 福井

身体の各部位は，成人するまでにどのような発達の軌跡をたどるか。**スキャモンの発達曲線**は，この点について教えてくれる。

●**概念**

□【　発達曲線　】…成人に達するまでの，身体の諸組織の発達の様相を曲線で描いたもの。

□横軸に**年齢**，縦軸に**成人の発育量を100としたときの発育量（%）**をとった座標上に，各組織の発達曲線が描かれている。

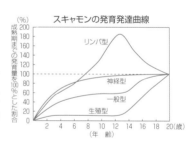

スキャモンの発育発達曲線

●**身体発達の4類型**

曲線の型として，おおよそ，以下の4つが見出される。

□【　一般型　】…骨や筋肉など，第一次性徴期と第二次性徴期にかけて急激に発達するタイプ。

□【　神経型　】…脳やせき髄など，生後に急激に発達し，その後はゆるやかな発達を遂げるタイプ。

□【　生殖型　】…思春期ごろから急激に発達するタイプであり，睾丸や卵巣などの生殖器官の発達の型がこれに含まれる。

□【　リンパ型　】…胸腺やリンパ節など，免疫機能に関わる組織の発達タイプであり，10代の前半に大きなピークを迎えた後，成人の水準に近づいていく。やや特異な型。

● 教育心理（学習）
動機と欲求

ここが出る！ ▶▶

・動機づけの理論について知っておこう。特に，内発的動機づけの促進要因や阻害要因についてよく問われる。
・マズローの欲求階層説について熟知しておこう。5つの欲求を，低次なものから高次なものへと並べ替えさせる問題がよく出る。

B 1 動機づけ
頻出 沖縄

動機づけとは，行動を引き起こし，方向づけ，持続させることである。

● 動機づけ

□【 **外発的動機づけ** 】…賞罰を用いた動機づけ。人間は賞や罰によらなければ学習しない怠け者であるという人間観に依拠している。

□【 **内発的動機づけ** 】…当人の内的な要因（知りたい，学習したいという好奇心など）による動機づけ。

□【 **エンハンシング効果** 】…外発的動機づけで内発的動機づけが強まること。言語的報酬（褒めること）で伸ばすなど。

● 自己決定理論

□デシとライアンによる自己決定理論では，自律性の程度によって，外発的動機づけと内発的動機づけを連続的に捉える。

外発的		⟷		内発的
①外的調整 報酬・罰	②取り入れ 義務感	③同一化 必要性	④統合 目的と合致	⑤内的調整 楽しい

□内発的動機づけの基盤は，「自己決定性」と「自己の有用性」の自覚。

C 2 過正当化効果
頻出 奈良，岡山

内発的に動機づけられている行為に，余計なお節介をすると，それが損なわれてしまうことがある。

□【 **過正当化効果** 】…内発的に行われていた行動に対し，外的な報酬を与えることで，その行動が内発的に行われなくなること。**アンダーマインニング**効果ともいう。

□たとえば，自発的にお絵かきをしていた幼児が，報酬を与えられ，それを期待するようになると，自分からお絵かきをする頻度は減じてし

まう。

一口に動機といっても，いくつかの種類がある。

●達成動機と親和動機

□【 達成動機 】…難しいことをうまくやり遂げようとする動機。

□【 親和動機 】…人に近づき，協力し，愛情の交換を欲する動機。

□双方とも，**マーレー**が考案した概念であり，**主題統覚検査**(テーマ7を参照)によって測定され得る。

●失敗回避動機と成功回避動機

□【 失敗回避動機 】…失敗，ないしは失敗によって否定的に評価されることへの恐れから，課題に取り組むことを避けようという動機。

□【 成功回避動機 】…成功することを恐れ，成功しそうになると，それを回避しようとする動機。女性で強いといわれる。

学習を含めた，あらゆる行為の源泉は**欲求**である。

●欲求の2区分

□【 第一次欲求 】…食欲や性欲など，身体的生理的必要を満たすための欲求。人間のみならず，すべての動物が備えている。

□【 第二次欲求 】…地位欲や権力欲など，人間的・社会的な欲求。

●欲求階層説

低次から高次へと積み上げた，**マズロー**の**欲求階層説**は有名である。

⏱□【 生理的欲求 】…生存のため，最低限満たさねばならない欲求。

□【 安全欲求 】…外からの脅威に脅かされずに，安全に生活したいという欲求。

□【 愛情欲求 】…集団に属し，他者から愛情を得たいという欲求。

□【 尊厳欲求 】…他者から認められたい，尊敬されたいという欲求。

⏱□【 自己実現欲求 】…創造的な活動をしたい，自己成長を遂げたいという欲求。最も高次の欲求である。

自己実現欲求

尊厳欲求

愛情欲求 ｝欠乏欲求

安全欲求

生理的欲求

● 教育心理（学習）

学習の理論

ここが出る！ ▶▶

- 子どもに好ましい反応を定着させようとする際，条件づけ理論は大いに参考になる。古典的条件づけと道具的条件づけの相違点，ならびにそれらを編み出した実験の詳細について知っておこう。
- 各理論の概要，提唱者，そして実験内容を一括して覚えること。

A 1 古典的（レスポンデント）条件づけ 頻出 奈良，山口，大分

連合説によると，学習とは，ある刺激（Stimulation）に特定の反応（Response）が連合することで起こると解される。パブロフの古典的条件づけは有名だ。

●概念

□【 **古典的条件づけ** 】…条件刺激と無条件刺激を交互に繰り返し提示して，無条件刺激に対して起きていた反応を，条件刺激に対しても起こるようにすること。

□**条件刺激**とは，もともとは反応を誘発する力を持たないが，条件づけを経ることによって，それができるようになる刺激のことである。

●パブロフの実験

□犬に対し，ベルの音（**中性**刺激）を聞かせた後，肉粉（**無条件**刺激）を与えることを繰り返す。

□最初は，肉粉（**無条件**刺激）を出されることでのみ生じていた唾液反応が，次第に，ベルの音（**条件**刺激）を聞かされるだけで生じるようになった。

□本来，無関係であるはずのベルの音（条件刺激）と唾液反応が**連合**したことになる。**条件反射**ができたともいう。

A 2 道具的（オペラント）条件づけ 頻出 岩手，東京，長崎

スキナーの道具的条件づけも連合説に属する。

●概念

□【 **道具的条件づけ** 】…ある刺激に対して望ましい反応が生起したときに，報酬を与えることによって，その反応の生起率を高めること。

●スキナーの実験

□レバーを押すと餌が出る仕掛けを施した箱の中にネズミを入れる
□ネズミは餌を求めて走り回るが，偶然レバーを押すと餌が出る。
□ネズミは，次第に**自発的**にレバーを押すようになる。

□刺激の提示で，レバーを押すという反応が**強化**されたことになる。
□上記は「正の強化」だが，行動変容として以下の4タイプがある。

	行動増加	行動減少
刺激の提示	正の強化	正の罰
刺激をなくす	負の強化	負の罰

B 3 認知説　　　　　　　　　類出 東京，奈良，宮崎

認知説は，事態の構造の認知や見通しで学習が起こると考える。

□【 サイン・ゲシュタルト説 】…学習とは，記号と意味の関連を認知
することである，という考え方。**トールマン**が提唱。

⏱□【 洞察説 】…学習とは，自分が置かれた状況に，それまで気づかな
かった新しい意味を見出すことと考える説。**ケーラー**が提唱。

例：檻内のチンパンジーが，遠い位置のバナナを取ろうとする。
　　→バナナにつけられたひもや棒に，道具としての意味を見出す。
　　→それらを使って目標を達成。

□【 モデリング学習 】…モデルをみて，それと類似した新たな反応を
形成したり，既存の反応を修正したりすること。**バンデューラ**が提唱。

A 4 学習に関する重要概念　　　　類出 神奈川，奈良，山口，長崎

●重要概念

□【 レディネス 】…学習が成立するための準備状態。学習が成立する
かどうかは，指導方法のみならず，学習者の準備状態にも依存する。

□【 プラトー 】…高原現象と訳される。電信作業の受信訓練などの
際，学習の進歩が一時的に停滞する現象をいう。

□【 学習の転移 】…以前に行った学習が，後の学習に影響すること。
前者が後者を促進する場合，**正**の転移といい，逆にそれを妨害する場
合，**負**の転移という。

⏱□【 レミニッセンス 】…記憶したことが，その直後よりも，一定の時間を置いた後で明確に思い出されること。

⏱□【 学習性無力感 】…課題解決に失敗し続けると自身の無力を学習し，課程解決しようとしなくなること。**セリグマン**が提唱。

●**適性処遇交互作用**

⏱□【 適性処遇交互作用 】…学習の成果は，学習者の適性と処遇（指導法）の組合せによって決まるという考え方❶。

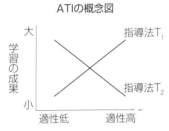

ATIの概念図

□ある学習への適性の度合いが高い子どもは，T1 の指導法のもとで最も高い学習成果を示すが，その学習への適性の度合いが低い子どもは，T2 の指導法のもとで最も高い学習成果を示す。

●**有意味受容学習**

⏱□【 有意味受容学習 】…教師が知識を提供する際，生徒が既に持っている知識体系と関連づけることで，生徒がその意味を理解しながら学習できるようにすること。**オーズベル**が提唱。

□事前に学習内容の関連図書を読んでこさせるなど，先行オーガナイザーを与えるのがよい。

B 5 記憶 頻出 秋田，東京，福井

記憶とは，学習内容を記銘・保持することである。

●**短期記憶と長期記憶**

□【 短期記憶 】…短時間（約30秒）しか保持されない記憶。その短い間のうちに反復されなければ，消失してしまうものである。

□【 長期記憶 】…永続的に保持される記憶。短期記憶が反復されたり，その意味が分析されたりすることで，安定した長期記憶になる。

●**エピソード記憶と意味記憶**

□【 エピソード記憶 】…「いつ，どこで」というように，時間と場所が定位された，個人的経験の記憶。

❶Aptitude Treatment Interactionを略して，ATI という。クロンバックが考案。

□【　意味記憶　】…言語の意味の記憶のように，特定の状況に依存せず，常に思い出され，使用することのできるもの。

●ワーキングメモリ(作業記憶)

□【　ワーキングメモリ　】…複雑な認知課題の解決のために，必要な情報を必要な時間だけ保持する機構。バドリーが提唱。

□ワーキングメモリは音韻ループ，視・空間スケッチパッド，中央実行系からなり，処理できる情報量は処理資源に規定される。

●記憶の保持曲線

⏱□【　保持曲線　】…記憶したことの保持量が，時間の経過に伴ってどのように変わるかを表した曲線。エビングハウスが考案。

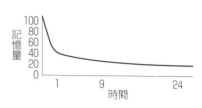

●系列位置効果

□【　記銘　】…何らかの経験を覚え込むこと。

□横軸に記銘した順序，縦軸に再生率をとったグラフを描くとU字型になる。最初の方で記銘した事柄の再生率がよいことを初頭効果，最後の方で記銘した事柄の再生率がよいことを新近効果という。

B 6 原因帰属　　　　　　　　　　　頻出 大分

人は，課題達成の失敗の原因をどう考えるか。

●原因帰属の分類

□ワイナーは，原因がどこにあるか，安定的か否かによって原因帰属を4つに分類した。

		安定性	
		安定	不安定
原因の所在	内(自分)	能力	気分，努力
	外(自分以外)	課題の難易度	運

●各グループの特徴

⏱□失敗の原因を努力に帰属させるグループは，動機づけに改善が見られ，成績を顕著に低下させることは少ない(ドウェック)。

□失敗の原因を内的かつ安定的なものに帰属させるほど，学習性無力感が起きやすい(セリグマン)。

人格の理論

頻出度 **B**

- ・クレッチマーとシェルドンによる人格の類型論について熟知しておこう。体型と人格類型を結びつけさせる問題がよく出る。
- ・人格測定検査では，投影法の検査技法が頻出。似たり寄ったりのものがあるので，内容を識別できるようにしておくこと。

B 1 人格の理論

頻出 三重, 宮崎

類型論と特性論に分かれる。

● 類型論

□ **クレッチマー**は，体型と人格類型の対応関係を見いだしている[1]。

体型	人格類型	特徴
細長型	分裂質	敏感と鈍感という二面性を持ち，非社交的，内気，神経質，というような特徴を持つ。
肥満型	躁鬱質	社交性や外向性に富むが，激しく陽気になったり陰気になったりする。
闘士型	粘着質	義理がたい，几帳面，くどい，融通性に欠けるなど，粘着性を特徴とする。

□ **ユング**は，心的エネルギー（リビドー）の向かう方向に注目している。

外向性	外部の事物や社会的事件などに関心を向ける。リビドーが外部に向かっている。
内向性	精神的なもの，内面的なものに関心を向ける。リビドーが内部に向かっている。

● 特性論

□特性論は，人格を構成する要素（因子）に着眼する。

論者	人格の特性
オルポート	共通特性，個人的特性
キャッテル	表面的特性，根源的特性
アイゼンク	外向・内向性，神経症傾向，精神病的傾向

□【 **ビッグ・ファイブ** 】…人格を「神経症傾向」「外向性」「親和性」「勤勉性」「開放性」という5つの特性で説明（ゴールドバーグによる）。

---

[1]シェルドンも，体格による人格類型を見いだしている。

血液型占いではないが，人格を**測定**する技法は数多く開発されている。

●質問紙法

⏱□【　矢田部・ギルフォード性格検査　】…抑うつ性，劣等感，支配性，外向性など，12の性格特性を測る120の質問項目について尋ね，結果をプロフィール図で示すもの。YG性格検査ともいう。

□【　ミネソタ多面人格目録　】…心気症，抑うつ，ヒステリーなどの尺度，550項目の質問項目を含む。ハサウェイらが考案。MMPIテストともいう。

●作業検査法

⏱□【　内田・クレペリン検査　】…隣り合った1桁の数字を足し，答えの1の位の数字をその問に書き込む作業を行わせ，分ごとの作業量曲線から，対象者の性格や精神機能を推定するもの。

●投影法

曖昧な刺激への反応から，対象者の人格を推し測るもの。

□【　ロールシャッハ・テスト　】…左右対称の図版を提示し，それに対する反応の形式や内容を分析することにより，対象者の性格を把握しようとするもの。

⏱□【　主題統覚検査　】…1〜2名の人物を含む絵を提示して，その絵に関する物語をつくらせ，それを分析することで，性格特性を把握しようとするもの。英語表記の頭文字をとって，TATと略称される。

□【　文章完成検査　】…「私の母は…」，「世間は私を…」，「昔をふりかえって…」というような未完成の文章を提示し，それを自由に完成させるもの。SCTと略称される。

□【　絵画フラストレーションテスト　】…子どもが教師に叱られている場面など，欲求不満を呈している人物を含む絵を提示し，当該の人物の立場になって応答させるもの。**ローゼンツワイク**が考案。

●描画法

□【　バウム・テスト　】…「実のなる一本の木を描いてください」という指示を出して，自由に樹木画を描かせるもの。**コッホ**が考案。

□【　HTPテスト　】…家・木・人を描かせ，その内容から性格や知的水準を推し量る。House-Tree-Person Testの略。

教育心理

人格の理論

テーマ 8 ● 教育心理（人格）

防衛機制

頻出度 **C**

ここが出る！ ▶▶

・子どもは，あらゆる防衛機制を駆使して，欲求不満の状況に対処している。この機制について熟知しておくことは重要である。

・具体的な事例を提示して，防衛機制のどの種類のものかを答えさせる問題が多い。対応できるようにしよう。

C 1 防衛機制とは

人間誰しも，嫌なことがあると，理屈づけをするものである。

□【 **防衛機制** 】…欲求不満の状態に陥った際，情緒の安定や平衡を得るために無意識的に作動する心理的メカニズム。

□個人が，不適応状態に陥ることなく，環境からの要請に応えるためのメカニズムでもあることから，<u>適応機制</u>ともいう。

B 2 防衛機制の種類 頻出 岐阜，滋賀，神戸市

防衛機制には，好ましいものもあれば，そうでないものもある。**昇華**のような健全な防衛機制を図るよう，子どもを仕向けたいものである。

●種類

□【 **抑圧** 】…自分を傷つける不快な体験や，望ましくない衝動を意識化させないようにする心理機制。

□【 **同一視** 】…尊敬する人物と自分を同一視したり，目標とする状況に自分が到達したと思い込んだりすることで，欲求の充足を図ろうとする心理機制。

□【 **退行** 】…成熟の初期の水準に，人格や行動傾向が逆戻りすること。通常，このような退行を経ることで，成熟が進んだ段階での高い欲求水準は引き下げられるので，欲求不満や不安が軽減される。

□【 **逃避** 】…適応困難な状況を回避したり拒否したりすることで，自己を守ろうとする心理機制。

□【 **置き換え** 】…ある特定の対象に喚起された感情が，別の対象に向け変えられること。**補償**ともいう。

□【 **昇華** 】…性的欲求や攻撃欲求のような社会的に承認されにくい欲求（エネルギー）を，社会的に評価される別の対象に向けることで，一

応の充足感を得ようとするもの。最も健全な防衛機制。

⏱□【　合理化　】…それなりの理屈(言い訳)をつけて，自分の行動や失敗を正当化すること。

□【　投影　】…自分が持っている欠点や望ましくない感情を，自分のものと認めず，他人が持っていると考えること。

□【　反動形成　】…社会的に承認されない，ないしは見られたくない衝動を封じ込め(抑圧して)，それとは真逆の態度や行動をとること。

●事例

以下の事例が防衛機制のどれに当たるか，判別できるか。

投影	浮気性の夫が，妻も隠れて浮気しているのではないかと心配になる。
同一視	人気歌手のコスチュームを装着して，当人になりきる。
昇華	攻撃欲求をスポーツに向けたりする。
反動形成	殺したいほど憎んでいる相手に対し，きわめて親切に振る舞う。
抑圧	親から虐待を受けた経験を意識化させないようにする。
逃避	不登校，ひきこもり。
合理化	エラーをしたのは，グローブが傷んでいたからだ。
置き換え	父親に対する憎しみを抑圧していた子どもが，教師を憎む。

C 3 心の葛藤　　　　　　　　　　頻出 滋賀

複雑な心の内を科学的に説明する概念がある。

●葛藤

□【　葛藤　】…2つの以上の相反する要求や態度などがもとで，対立や抗争が生じること。

□レヴィンは，心理的葛藤のタイプとして，以下の3つを挙げている。

接近－接近型	ハイキングにも行きたい，遊園地にも行きたい…
回避－回避型	学校に行きたくない，働きたくもない…
接近－回避型	試験に受かりたい，でも勉強はしたくない…

●フラストレーションとアンビバレンス

□【　フラストレーション　】…何らかの障害により欲求が満たされない状態の結果，心の緊張と混乱が生じること。**欲求不満**と訳される。

□【　アンビバレンス　】…同一の対象に対し，相反する感情，態度，傾向が同時に存在する状態。**両向性**と訳される。

カウンセリング・心理療法 頻出度 B

ここが出る!
- カウンセリングの分類の大枠，技法の例，およびその前提条件となるラポールという概念を押さえよう。
- 著名な心理療法について押さえよう。技法の名称と内容文を結びつけさせる問題がよく出る。

B 1 カウンセリング　　　　　　　　　　　　　頻出 福井

●カウンセリング・マインド
□カウンセリング・マインドとして**ロジャーズ**は，①自己一致，②共感的理解，③無条件の肯定的配慮，の３つを挙げている。

●分類
□【 指示的カウンセリング 】…命令，禁止，助言，および解釈などの技法を中心とする立場。**ウィリアムソン**が提唱。

□【 非指示的カウンセリング 】…クライエントの自発的な力による問題解決や成長を促す立場。**来談者中心カウンセリング**ともいわれる。**ロジャーズ**が提唱。

●ラポール
□【 ラポール 】…心理療法を行う治療者とこれを受ける相談者の間に親密な信頼関係があり，心の通い合った状態にあること。

A 2 心理療法　　　　　　　　　　　頻出 栃木，和歌山，大分，沖縄

心因性の行動異常を治療する**心理療法**には，いくつかの種類がある。

●精神分析療法
□【 精神分析療法 】…精神分析の理論を用いて行われる心理療法。フロイトによって創始された。

□自由連想や夢分析などを用いて，患者に，自分の**無意識**下に抑圧されている葛藤の内容を自覚させ，それに対する解釈や洞察を行わせる。

●行動療法
□【 行動療法 】…学習の心理学理論に依拠して，行動の変容を図る。条件づけによって異常行動を消去し，望ましい行動を強化する。

□例として，ウォルピの系統的脱感作法が挙げられる。

●その他の心理療法

⏱□【 認知療法 】…精神疾患の原因を認知の歪み(誤解, 思い込み, 拡大解釈など)に求め, それを是正する。**ベック**が創始。

□【 交流分析 】…互いに反応し合っている人との間の交流を分析する技法。**バーン**が提唱。

□【 集団療法 】…集団内部の相互作用の力を利用して, 問題の解決を図ろうとするもの。たとえば, 家族関係を調整する**家族療法**など。

□【 心理劇 】…即興劇を演じさせ, 心の深い部分を表現させ, 自己への洞察を深めてもらう。サイコドラマともいう。**モレノ**が考案。

□【 箱庭療法 】…患者に箱庭を自由につくらせ, 言語化されにくい, 心の深い部分を表現させる。**ローウェンフェルド**が考案。

□【 遊戯療法 】…遊戯(遊び)を通して, 子どもの無意識下に潜む葛藤を把握しようとするもの。プレイセラピーともいう。

□【 自律訓練法 】…自己催眠によって, 自己の解放を目指すもの。**シュルツ**が提唱。

□【 森田療法 】…あるがままになることを原理とする遮断療法。個室での臥床や作業療法からなる。**森田正馬**が提唱。

□【 トー◯ン・エコノミー 】…適切な行動ができたら報酬を与えることをくり返し, 行動の自己コントロール力を高めること。

B 3 心理障害 頻出 福井, 山口

□【 トラウマ 】…心的外傷のこと。虐待を受けるなどのショック体験は心の傷となり, 後の生活に悪影響を及ぼす。

□【 PTSD 】…心的外傷を受けた後に起こる, 精神障害の総称。Post Traumatic Stress Disorderの略称。

⏱□【 選択性かん黙 】…発語発声器官に障害がないのに, **心理的**な要因により, 特定の場面で音声や言葉が出ない状態。

□【 チック 】…突発的に現れる無目的な筋肉の動き。震え, まばたき, 咳払い, うなずきの繰り返しなど。

□【 アダルトチルドレン 】…親の過干渉のため, 青年期になっても大人になれない幼稚化傾向。

□【 ASD 】…コミュニケーションに持続的な障害があり, 行動や興味が限定された反復様式で示される。自閉症スペクトラムともいう。

ここが出る！ ▶▶
・学校（学級）は集団生活の場である。この集団をよくするために，人間関係の測定も行われる。代表的なテストを知ろう。
・リーダーシップの類型論について知っておこう。特に三隅のPM理論は要注意。図がよく出題されるので，よくみておくこと。

C 1 集団とは

●集団の分類

□成員の関係が濃い集団とドライな集団がある。

	一次的集団	二次的集団
例	家族，仲間集団など	企業，官公庁など
規模	小規模	大規模
成員の人間関係	成員同士がきわめて**親密**であり，情緒的・情愛的な人間関係が支配的。	成員同士の接触は**間接**的であり，成員間の親密性もあまり高くない（**分業**体系）。
機能	成員の社会化機能や情緒安定機能を果たすのに適している。	特定の目標，ならびにそれを**効率**的に達成するのに適している。

□学校は，一次的集団と二次的集団の性格を併せ持っている。

●準拠集団

□【 準拠集団 】…人が，自らの行為や考え方の拠り所とする集団。

□人は，自分が属する集団の規範に依拠して，自分の**行為**や考え方を決めることが多い。

□【 Q−U 】…学級集団のアセスメント尺度。学級満足度尺度と学校生活意欲尺度からなる。

B 2 集団の人間関係の測定 　　　　　類出 青森，富山，福井

学級の人間関係がどのようなものかは，教師の重大な関心事である。

●ソシオメトリー

⏱□【 ソシオメトリー 】…「今度の班決めで，誰と一緒の班になりたいか（なりたくないか）」などを尋ねて，生徒間の相互選択関係，排斥関係を明らかにするもの。**モレノ**の理論に基づく。

●ソシオグラム

ソシオメトリーの結果は，ソシオグラムの形で図示される。

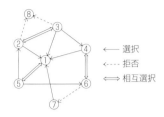

← 選択
←--- 拒否
⟺ 相互選択

□【　ソシオグラム　】…個々の生徒間の選択ないしは排斥関係を，矢印の種類を使い分けて，視覚的に分かるようにしたもの。

□右図でいうと，⑧は排斥児，①はスターということになる。

●ゲス・フー・テスト

⏱□【　ゲス・フー・テスト　】…「やさしい人は(　　　)です」というような文章を提示して，カッコ内に，そういう人格であると思われる人物の名前を書かせる。

□つまり，集団の成員同士で，人格を相互に評価させるものである[1]。

C 3 リーダーシップの理論　　　　　類出 東京，福井

学級集団がうまく機能するには，教師の**リーダーシップ**が重要である。

●リーダーシップの3類型

レヴィンは，リーダーシップを以下の3つに類型している。

	リーダーの性質	成員はどうなるか
□民主型	成員の意志や感情を尊重	目標達成意欲が高水準
□専制型	成員の意見を無視した独裁	攻撃化ないしは無気力化
□放任型	何もせず，すべて成員任せ	作業成績悪化，意欲低減

●PM理論

⏱□【　PM理論　】…リーダーの目標達成機能（P機能）と，集団維持機能（M機能）の強弱に着目した類型論。三隅二不二による。

□両機能の強弱の組み合わせにより，リーダーシップの4類型が得られる（右図）。

□両機能とも強いPM型（統合型）のリーダーシップのもとにおいて，集団の生産性が最も高くなる。

リーダーシップの4類型（三隅）

強
↑
集団維持機能M

pM型　　　　PM型

pm型　　　　Pm型

目標達成機能P　→強

---

[1] guess-who testとは，誰か(who)を選ぶ(guess)テストという意味である。

ここが出る！ ▶▶
・ブルームによる評価の3類型について押さえよう。大変よく出題される。
・評価を歪める心理効果について知っておこう。ピグマリオン効果やハロー効果の出題頻度が高い。

A 1 教育評価の3類型
頻出 秋田，神奈川，沖縄

評価は，教授活動の最後にのみ行われるのではない。指導の前や中盤にも行われる。ブルームによる有名な3類型をみておこう。

□【 **診断的評価** 】…学習指導の前に，生徒の現状を診断し，効果的な学習指導計画の立案に生かすこと。

□【 **形成的評価** 】…学習指導の途中で，生徒の理解度を確認し，指導計画の修正や改善を図るために実施するもの。

□【 **総括的評価** 】…単元終了時，学期末，ないしは学年末において，学習の成果を総括的に評価すること。

B 2 評価の方法
頻出 神奈川，福井，和歌山，宮崎

絶対評価と相対評価に加えて，**個人内評価**というものもある。

● 絶対評価と相対評価

□【 **絶対評価** 】…生徒の学習の成果が，目標とする水準にどれほど到達しているかに依拠して，評価をするもの。

□【 **相対評価** 】…生徒の学習の成果が，集団内でどのような位置を占めるかに依拠して，評価をするもの。

絶対評価と相対評価の評価基準の例

	1	2	3	4	5
絶対評価	60点未満	60〜69点	70〜79点	80〜89点	90点以上
相対評価	10%	20%	40%	20%	10%

● 新たな評価方法

□【 **個人内評価** 】…評価の基準を，当人の過去の成績や他教科の成績といった内的なものに求めるやり方。当人の努力（がんばり）の度合いや，当人の内部でみた長所や短所を明らかにできる。

□【 ポートフォリオ評価 】…学習の過程で作成したメモ，資料，テストなどのファイルをもとに，多面的・総合的な評価を行うこと。

□【 ルーブリック 】…学習の目標と達成レベルを示した評価基準の表。

□【 パフォーマンス評価 】…実際の活動の中で，能力や技能を評価する。

● これからの評価の基本的な考え方

□目標に準拠した評価(いわゆる<u>絶対評価</u>)を一層重視するとともに，児童生徒一人一人のよい点や可能性，進歩の状況などを評価するため，<u>個人内評価</u>を工夫することが重要である。(教育課程審議会)

A 3 評価に関わる心理効果　頻出 神奈川，和歌山，佐賀

● ピグマリオン効果

□【 ピグマリオン効果 】…教師が期待をかけ，肯定的な態度で接した生徒の成績がよくなる現象。(ローゼンタール)

□低い期待により低いレベルに変化することを，<u>ゴーレム効果</u>という。

● その他

□【 ハロー効果 】…相手がある優れた特徴を持っている場合，それに引きずられて，他のすべての部分についても(不当に)高く評価してしまう心理的傾向。

□【 中心化傾向 】…評価者が，極端によい(悪い)評価をつけるのをためらい，評価が，評価尺度の中心付近に集中する現象。

□【 期末誤差 】…最後のほうのパフォーマンスが，全体評価に影響を与えやすいこと。

□【 対比効果 】…周囲の人物が優れている場合，評価対象の人物の評価が実際より低くなるなど，周囲との対比で評価がゆがめられること。

□【 寛大化傾向 】…評価が甘くなること。評価者が業務内容をよく知らない，人間関係を壊したくないと思うことなどによる。

□【 スリーパー効果 】…コミュニケーションによる意見の変化が，直後よりも，数週間経過した後に大きくなること。(ホヴランド)

□【 ホーソン効果 】…授業などで他者からの注目が集まることで，学習者の動機づけが高まること。

□【 ブーメラン効果 】…熱心に説得をすると，かえって相手から逆の反応をされがちなこと。

テーマ **12** ● **教育心理（評価）**
知能

頻出度 **C**

ここが出る！ ▶▶

・一口に知能といっても，加齢とともに下がるものもあれば上がる
　ものもある。知能について複眼的な見方ができるようになろう。
・短文を提示して，どの知能検査のものかを答えさせる問題が頻出。
　知能指数の概念の説明を求める問題もまれに出る。要注意。

C 1　知能の理論　　　　　　　　　　　　　頻出 大分，宮崎

　知能の構成要素（因子）や種類に関する学説をみておこう。

●**知能の因子説**

□【　**2因子説**　】…知能は，すべての知的活動に用いられる一般因子
　と，特定の知的活動にのみ用いられる特殊因子からなると考える。ス
　ピアマンが提唱。

□【　**7因子説**　】…知能は，①**言語**を使う能力の因子，②語の流暢性の
　因子，③空間の因子（図形を知覚する能力），④**数**の因子，⑤記憶因
　子，⑥**推理**の因子（所与の現実から一般的規則を導く能力），⑦知覚の
　因子，から構成されると考える。**サーストン**が提唱。

□キャッテルは，因子分析により**16**の性格特性を提唱した。

●**知能の種類**

　キャッテルによる2分類がよく知られている。

□【　**流動性知能**　】…新しい場面に適
　応する際にはたらく知能。青年期を
　ピークとして，その後低下していく。

□【　**結晶性知能**　】…過去に学んだこ
　とを上手く適用して問題に対処する
　能力。加齢とともにゆるやかに上昇
　していく。

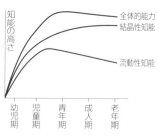

□ガードナーは，音楽的知能や対人的知能なども知能として含める**多重
　知能理論**を提唱した。

B 2　知能検査　　　　　　　　　　　　　　　頻出 福井

　知能を測る知能検査としては，以下のものが有名である。

●ビネー式知能検査

⏱□【 ビネー式知能検査 】…フランスのビネーが，知的障害児を検出する目的で作成した，世界で最初の知能検査。

□その後の改訂版では，**精神年齢**の概念が導入され，一般人の知能水準を測る尺度としても用いられるようになった。

●ウェクスラー式知能検査

⏱□【 ウェクスラー式知能検査 】…代表的な知能検査。言語理解や視空間等の4つの指標得点を算出する。

□16歳以上の成人用を<u>WAIS</u>(Wechsler Adult Intelligence Scale)，児童用を<u>WISC</u>(Wechsler Intelligence Scale for Children)という。

●その他の知能検査

□【 イリノイ式精神言語能力検査 】…言語能力に障害のある子どもを発見するための検査。ITPAと略称される。

□【 グッドイナフ人物画知能検査 】…男女の人物画を描かせ，その描かれ方をマニュアルによって採点し，対象者の知能を測るもの。

●評価の基準

□知能検査の成績は<u>正規分布</u>を念頭に評価される。

□全体の約68.3%が平均±1標準偏差に含まれ，全体の約95%が含まれる範囲を<u>正常</u>，含まれない範囲を<u>異常</u>とみなす。

C 3 　知能指数　　　　　　　　　　　　　頻出 福井

⏱□【 知能指数 】…精神年齢(MA)を生活年齢(CA)で除した値に，100を乗じて得られる数値❶。よって，次のようにいえる。

> IQ>100　⇒　生活年齢に相応した水準よりも高い知能を持つ。
> IQ=100　⇒　生活年齢に相応した知能を持つ。
> IQ<100　⇒　生活年齢に相応した水準よりも低い知能を持つ。

□【 アンダー・アチーバー 】…学力が，知能から期待される水準よりも低い生徒。対語は，知能から期待される水準よりも学力が高い**オーバー・アチーバー**である。

----

❶精神年齢とは，知能の発達の程度を年齢の形で表現したものであり，生活年齢とは暦上の年齢をいう。

心理学の重要人物

ここが出る！ ▶▶
- 著名な心理学者について知っておこう。人物の名称と業績に関する説明文を結びつけさせる問題がよく出る。
- 各人物の学説を熟知しておく必要はない。ゲゼル＝成熟優位説というように，キーワードを押さえておくだけで十分である。

A **1**　学者とキーワード　★超頻出★

人物(生没年)	国籍	キーワード，著書など
□アドラー (1870〜1937)	オーストリア	「個」の心理学の創始者，劣等感を克服する意思を重視。
□ヴィゴツキー (1896〜1934)	ソヴィエト	発達の最近接領域，『思考と言語』，『精神発達の理論』
□ウェルトハイマー (1880〜1943)	チェコ	ゲシュタルト心理学者，プレグナンツの法則
□ヴント (1832〜1920)	ドイツ	世界初の心理学実験室を開設，内観報告(自己観察報告)
□エビングハウス (1850〜1909)	ドイツ	フェヒナーの精神物理学に感銘，記憶の保持曲線
□エリクソン (1902〜1994)	ドイツ	発達課題，**アイデンティティ**，『幼児期と社会』
□オールポート (1897〜1967)	アメリカ	パーソナリティーの特性論(共通特性と個人的特性)
□キャッテル (1905〜1998)	アメリカ	知能を流動性知能と結晶性知能に分類
□ギルフォード (1897〜1987)	アメリカ	120の因子からなる知能の構造モデル，因子分析法
□クレッチマー (1888〜1964)	ドイツ	体型と性格の対応関係(細長型－分裂質，肥満型－躁鬱質など)
□ゲゼル (1880〜1961)	アメリカ	**成熟優位説**，一卵性双生児の実験，乳幼児の発達診断テスト，
□ケーラー (1887〜1967)	ドイツ	ゲシュタルト心理学者，洞察理論，チンパンジーの実験

	人物	国	内容
	□ゴールトン (1822〜1911)	イギリス	天才家系の研究から遺伝説を支持，優生学，相関や回帰の概念を提唱
	□シェルドン (1899〜1977)	アメリカ	体格と性格の関連(内胚葉型－内臓緊張型，中胚葉型－身体緊張型など)
	□シュテルン (1871〜1938)	ドイツ	発達には，遺伝と環境の双方が影響するという輻輳説
⏱	□スキナー (1904〜1990)	アメリカ	スキナー箱の実験，道具的(オペラント)条件づけ，プログラム学習
⏱	□ソーンダイク (1874〜1949)	アメリカ	問題箱の実験，試行錯誤，効果の法則，教育測定運動の父
	□セリグマン (1942〜)	アメリカ	犬を被験体とした実験，**学習性無力感**
	□トールマン (1886〜1959)	アメリカ	**サイン・ゲシュタルト説**(S−S 理論)
	□パブロフ (1849〜1936)	ロシア	パブロフの犬，古典的(レスポンデント)条件づけ
⏱	□ピアジェ (1896〜1980)	スイス	認知の発達段階説(感覚運動期，前操作期，**具体的操作期**，形式的操作期)
	□ビネー (1857〜1911)	フランス	ビネー式知能検査，新教育運動，『新しい児童観』
	□ブルーム (1913〜1999)	アメリカ	教育評価の 3 類型(診断的評価，**形成的評価**，総括的評価)
⏱	□フロイト (1856〜1939)	ウィーン	性的発達段階説，**イド**，**自我**，超自我，エディプス・コンプレックス
	□ポルトマン (1897〜1982)	スイス	哺乳類を就巣型と離巣型に分類，生理的早産
	□マズロー (1908〜1970)	アメリカ	欲求の階層説(生理的欲求，安全欲求，愛情欲求，尊厳欲求，**自己実現欲求**)
⏱	□ユング (1875〜1961)	スイス	リビドー，外向性と**内向性**，フロイトと訣別
	□レヴィン (1890〜1947)	ドイツ	グループ・ダイナミックス(集団力学)，場の理論，B＝f(P，E)
	□ロジャーズ (1902〜1987)	アメリカ	カウンセリング・マインド，来談者中心カウンセリング
⏱	□ワトソン (1878〜1958)	アメリカ	行動主義心理学者，S−R 理論，**環境説**を強烈に支持

教育心理

心理学の重要人物

発達

●Answer●

□ 1　ジェンセンの環境閾値説によると，身長の伸びなどは，環境刺激をほとんど要さずに発現する。　　　　　　　→P.256

1　○

□ 2　シュテルンは，成熟説と環境説を折衷させた輻輳説を提唱した。　　　→P.257

2　○

□ 3　スピッツは，生後4か月頃の乳児の人見知り反応を4か月不安と呼んだ。
　　　　　　　　　　　　　　　　→P.257

3　×
　4か月ではなく，8か月である。

□ 4　幼児期では，仲間集団で遊ぶギャングエイジを迎える。　　　　　→P.257

4　×
　幼児期ではなく，児童期である。

□ 5　レヴィンは青年期を，所属集団が明確でない境界人の時期と性格づけた。
　　　　　　　　　　　　　　　　→P.257

5　○

□ 6　ホリングワースは，青年期を疾風怒濤の時期と呼んだ。　　　　　→P.257

6　×
　ホリングワースではなく，ホールである。

□ 7　既存の認識枠組み（シェマ）を新しい経験に適応させることを同化という。
　　　　　　　　　　　　　　　　→P.258

7　×
　同化ではなく，調節である。

□ 8　ピアジェが提唱した認知発達段階説の最初の段階は前操作期である。　→P.258

8　×
　前操作期ではなく，感覚運動期である。

□ 9　フロイトによると，異性の親に精愛を抱き，同性の親を競争相手とみなすエディプス・コンプレックスは，3〜6歳頃の男根期に起きる。　　　　　→P.259

9　○

□10　コールバーグの道徳性発達理論によると，最も高い段階では法と秩序が中心となる。　　　　　　　　　　→P.259

10　×
　法と秩序ではなく，普遍的な道徳原則である。

□11　エリクソンによると，青年期の発達課題は自我同一性を確立することである。
　　　　　　　　　　　　　　　　→P.260

11　○

□12 ハヴィガーストは、発達の最近接領域
の考え方を提唱した。　　　→P.261

□13 ある学習が可能な一定の限られた期間
を臨界期という。　　　　　→P.262

□14 ボウルヴィは、愛着の状態を測定する
ストレンジ・シチュエーション法を考案し
た。　　　　　　　　　　　→P.262

□15 スキャモンの発達曲線によると、脳や
せき髄などは、生後に急激に発達し、その
後はゆるやかに発達する。　→P.263

学習

□16 内発的に行われていた行動に対し、外
的な報酬を与えることで、その行動が内発
的に行われなくなることを、過正当化効果
という。　　　　　　　　　→P.264

□17 難しいことをうまくやり遂げようとす
る動機を達成動機という。　→P.265

□18 マズローの欲求階層説によると、最も
高次の欲求は尊厳欲求である。　→P.265

□19 パブロフは、犬を被験体とした実験を
もとに、古典的条件づけの理論を提唱した。
　　　　　　　　　　　　　→P.266

□20 道具的条件づけは、別名レスポンデン
ト条件づけといわれる。　　→P.266

□21 洞察説は、学習とは記号と意味の関連
を認知することであるとみなす。　→P.267

□22 モデルをみて、類似した反応を形成し
たり、既存の反応を修正したりするモデリ
ング学習は、バンデューラが提唱した。
　　　　　　　　　　　　　→P.267

□23 レディネスとは、学習が成立するため
の準備状態をいう。　　　　→P.267

12 ×
ハヴィガーストではなく、
ヴィゴツキーである。

13 ○

14 ×
ボウルヴィではなく、エ
インズワースである。

15 ○

16 ○

17 ○

18 ×
尊厳欲求ではなく、自
己実現欲求である。

19 ○

20 ×
レスポンデントではな
く、オペラントである。

21 ×
洞察説ではなく、サイン・
ゲシュタルト説である。

22 ○

23 ○

□24　学習の進歩が一時的に停滞する現象を
レミニッセンスという。　　　　→P.267

□25　セリグマンは，課題解決に失敗し続け
ると自身の無力を学習し，課程解決しよう
としなくなることを学習性無力感と呼んだ。
　　　　　　　　　　　　　　　→P.268

□26　オーズベルは，学習の成果は学習者の
適性と指導法の組み合わせで決まるという
適性処遇交互作用の考え方を提唱した。
　　　　　　　　　　　　　　　→P.268

□27　時間と場所が定位された，個人的記憶
を意味記憶という。　　　　　　→P.268

□28　必要な情報を必要な時間だけ保持する
機構を，ワーキングメモリという。
　　　　　　　　　　　　　　　→P.269

□29　記憶の保持曲線は，エビングハウスが
考案した。　　　　　　　　　　→P.269

□30　最後の方で記銘した事柄の再生率がよ
いことを新近効果という。　　　→P.269

□31　失敗の原因を努力に帰属させるグルー
プは，動機づけに改善が見られ，成績を顕
著に低下させることは少ない。　→P.269

人格

□32　クレッチマーによると，闘士型の体系
には粘着質の人格類型が対応する。
　　　　　　　　　　　　　　　→P.270

□33　フロイトは，心的エネルギー（リビド
ー）の向かう方向に注目し，外向性と内向
性かなる人格類型を提示した。　→P.270

□34　矢田部・ギルフォード性格検査では，
20の性格特性を測る120の質問項目につい
て尋ねるものである。　　　　　→P.271

24　×
　　レミニッセンスではな
　　く，プラトーである。

25　○

26　×
　　オーズベルではなく，
　　クロンバックである。

27　×
　　意味記憶ではなく，エ
　　ピソード記憶である。

28　○

29　○

30　○

31　○

32　○

33　×
　　フロイトではなく，ユ
　　ングである。

34　×
　　20ではなく，12である。

□35 ミネソタ多面人格目録は，MMPIテスト
ともいう。　　　　　　　　　→P.271

□36 バウム・テストは，左右対称の図版を
提示し，それへの反応を分析する性格テス
トである。　　　　　　　　　→P.271

□37 主題統覚検査は，英語表記の頭文字を
とってSCTと略される。　　　→P.271

□38 置き換えは，社会的に承認されにくい
欲求を，社会的に評価される別の対象に向
けることで充足感を得ることである。

　　　　　　　　　　　　　　→P.272

□39 理屈をつけて，自分の行動や失敗を正
当化することを合理化という。　→P.273

□40 試験に受かりたいが勉強はしたくない
という葛藤は，「接近－回避型」の葛藤で
ある。　　　　　　　　　　　→P.273

□41 ウィリアムソンは，クライエントの自
発的な力による問題解決を促す非指示的カ
ウンセリングを提唱した。　　　→P.274

□42 心理療法を行う治療者と相談者の間に
信頼関係があり，心が通い合っている状態
をコンプライアンスという。　　→P.274

□43 行動療法は，条件づけによって異常行
動を消去し，望ましい行動を強化すること
である。　　　　　　　　　　→P.274

□44 モレノは，認知の歪みを是正する認知
療法を提唱した。　　　　　　→P.275

□45 的外傷を受けた後に起こる精神障害
を総称してトラウマという。　　→P.275

評価・知能

□46 学級の生徒間の相互選択関係，排斥関
係を明らかにするテストは，ゲス・フー・
テストである。　　　　　　　→P.276

35　○

36　×
バウム・テストではな
く，ロールシャッハ・
テストである。

37　×
SCTではなく，TATで
ある。

38　×
置き換えではなく，昇
華である。

39　○

40　○

41　×
ウィリアムソンではな
く，ロジャーズである。

42　×
コンプライアンスでは
なく，ラポールである。

43　○

44　×
モレノではなく，ベッ
クである。

45　×
トラウマではなく，PTSD
である。

46
ゲス・フー・テストで
はなく，ソシオメトリ
ーである。

□47　レヴィンによると，民主型のリーダーシップの下では，成員の目標達成意欲は高くなる。　→P.277

□48　PM理論は，目標達成機能と集団維持機能の強弱に基づいて，リーダーシップを4つに類型したものである。　→P.277

□49　ブルームの教育評価類型のうち，学習指導の途中で生徒の理解度を確認する評価は診断的評価である。　→P.278

□50　相対評価は，学習の成果が目標水準にどれほど達しているかに依拠する評価である。　→P.278

□51　教師の低い期待により，子どもの知能が低いレベルに変化することを，ピグマリオン効果という。　→P.279

□52　特定の優れた特徴に影響され，他の部分についても高く評価してしまう心理傾向を，ハロー効果という。　→P.279

□53　評価が，評価尺度の中心付近に集中する現象を寛大化傾向という。　→P.279

□54　キャッテルは，音楽的知能や対人的知能なども知能として含める多重知能理論を提唱した。　→P.280

□55　世界で最初の知能検査を開発したのは，フランスのビネーである。　→P.281

□56　児童用のウェクスラー知能検査の略称は，WAISである。　→P.281

□57　正規分布では，全体の約68.3％が平均±1標準偏差に含まれる。　→P.281

□58　知能指数は，精神年齢を生活年齢で除して算出する。　→P.281

47　○

48　○

49　×
診断的評価ではなく，形成的評価である。

50　×
相対評価ではなく，絶対評価である。

51　×
ピグマリオン効果ではなく，ゴーレム効果である。

52　○

53　×
寛大化傾向ではなく，中心化傾向である。

54　×
キャッテルではなく，ガードナーである。

55　○

56　×
WAISではなく，WISCである。

57　○

58　○

実力確認問題

教育原理

教育史

教育法規

教育心理

教育原理

1 以下は，著名な教授・学習理論と提唱者（実践者）の組合せである。組合せが正しいものはどれか。記号で答えよ。 →テーマ2

	名称	提唱者
ア	実物教授	コメニウス
イ	プロジェクト・メソッド	パーカースト
ウ	ドルトン・プラン	スキナ
エ	イエナ・プラン	ウォシュバーン
オ	発見学習	ブルーム
カ	完全習得学習	デューイ

2 教育課程に関する以下の問いに答えよ。 →テーマ3

(1)以下の3つは，カリキュラムの類型の説明文である。それぞれの名称を答えよ。

①いくつかの教科ないしは科目の枠を取り払い，それらを融合させて新しい教科・科目を編成したカリキュラム。

②全体の教科・科目を，いくつかの広い領域に分けて編成したカリキュラム。

③教科や科目の枠は保ちつつ，内容が類似したもの同士を関連づけて生徒に学習させるカリキュラム。

(2)以下の表は，各学校段階の教育課程の領域を示したものである。空欄に適語を入れよ。

小学校	各教科，（ ① ），（ ② ），総合的な学習の時間，（ ③ ）
中学校	各教科，（ ① ），総合的な学習の時間，（ ③ ）
高等学校	各教科に属する科目，（ ④ ），（ ③ ）

3 以下の文章は，小学校学習指導要領総則の第1「小学校教育の基本と教育課程の役割」からの抜粋である。空欄に当てはまる言葉を語群から選び，記号で答えよ。　　　　　　　　　　　　→テーマ4

　　学校の教育活動を進めるに当たっては，各学校において，第3の1に示す主体的・（　①　）で深い学びの実現に向けた授業改善を通して，創意工夫を生かした特色ある教育活動を展開する中で，次の(1)から(3)までに掲げる事項の実現を図り，児童に（　②　）を育むことを目指すものとする。

　　(1)基礎的・基本的な知識及び技能を確実に習得させ，これらを活用して課題を解決するために必要な思考力，判断力，（　③　）等を育むとともに，主体的に学習に取り組む態度を養い，（　④　）を生かし多様な人々との協働を促す教育の充実に努めること。その際，児童の発達の段階を考慮して，児童の（　⑤　）など，学習の基盤をつくる活動を充実するとともに，家庭との連携を図りながら，児童の（　⑥　）が確立するよう配慮すること。(以下，略)

ア	生活習慣	イ	対話的	ウ	表現力	エ	生きる力
オ	確かな学力	カ	探究活動	キ	創意工夫	ク	個性
ケ	言語活動	コ	長所	サ	創造的	シ	学習習慣

4 小学校学習指導要領の記載事項に関する以下の文章のうち，誤っているものはどれか。番号で答えよ。　　　　　　　　　　　→テーマ4

①学習指導要領の内容は，特に示す場合を除き，いずれの学校においても取り扱わなければならない。

②学習指導要領に示されていない内容を加えて指導することはできない。

③各教科，道徳科，外国語活動及び特別活動の内容に掲げる事項の順序は，特に示す場合を除き，指導の順序を示すものではない。

④各教科等の授業は，長期休業の期間に授業日を設定する場合を含め，特定の期間に行うことができる。

⑤10分から15分程度の短い時間を活用して，特定の教科等の指導を行うことができる。

解答

3 ①：イ　②：エ　③：ウ　④：ク　⑤：ケ　⑥：シ　**4** ②（⇒加えて指導できる）

5 以下の文章は，小学校学習指導要領総則の第3「教育課程の実施と学習評価」からの抜粋である。下線部が正しい場合は○，誤っている場合は正しい語句を記せ。　　　　　　　　　　　→テーマ4

　　単元や題材など内容や時間のまとまりを見通しながら，児童の主体的・対話的で深い学びの実現に向けた①授業改善を行うこと。

　　特に，各教科等において身に付けた知識及び技能を活用したり，思考力，判断力，表現力等や学びに向かう力，②主体性等を発揮させたりして，学習の対象となる物事を捉え思考することにより，各教科等の特質に応じた物事を捉える視点や考え方が鍛えられていくことに留意し，児童が各教科等の特質に応じた見方・考え方を働かせながら，知識を相互に関連付けてより深く理解したり，③情報を精査して考えを形成したり，問題を見いだして解決策を考えたり，思いや考えを基に④発表したりすることに向かう過程を重視した学習の充実を図ること。

6 高等学校の教育課程に関する以下の問いに答えよ。　　→テーマ5

(1)以下の文章の空欄に当てはまる数字を答えよ。

　　○卒業までに修得させる単位数は，（　①　）単位以上とする。

　　○単位については，1単位時間を（　②　）分とし，（　③　）単位時間の授業を1単位とする。

　　○専門学科の専門教科・科目について，全ての生徒に履修させる単位数は，（　④　）単位を下らないこと。

　　○全日制の課程における週当たりの授業時数は，（　⑤　）単位時間を標準とする。

　　○留学を許可された生徒について，外国の高等学校における履修を高等学校における履修とみなし，（　⑥　）単位を超えない範囲で単位の修得を認定できる。

(2)全学科に共通する教科のうち，2018年の高等学校学習指導要領改訂で新設された教科の名称を答えよ。

(3)公民科の必修科目の名称を答えよ。

解答

5 ①○　②人間性　③○　④創造

6 (1)①：74　②：50　③：35　④：25　⑤：30　⑥：36　(2)理数　(3)公共

7 道徳教育に関する以下の問いに答えよ。　　　　　→テーマ6，7

(1)以下の文書は，小学校学習指導要領総則の第1「小学校教育の基本と教育課程の役割」からの抜粋である。空欄に当てはまる言葉を語群から選び，記号で答えよ。

　道徳教育は，（　①　）及び学校教育法に定められた教育の根本精神に基づき，自己の生き方を考え，（　②　）な判断の下に行動し，自立した人間として他者と共によりよく生きるための基盤となる（　③　）を養うことを目標とすること。

ア　生きる力	イ　日本国憲法	ウ　創造的	エ　倫理観
オ　教育基本法	カ　道徳性	キ　科学的	ク　主体的

(2)特別の教科・道徳の指導と内容に関する以下の文章のうち，誤っているものはどれか。番号で答えよ。

①道徳教育推進教師を中心とした指導体制を充実する。

②道徳科が学校の教育活動全体を通じて行う道徳教育の要としての役割を果たすことができるよう，計画的・発展的な指導を行う。

③情報モラルに関する指導を充実する。

④他の教科と同じく，数値による評価も実施する。

8 特別活動に関する以下の問いに答えよ。　　　　　→テーマ10

(1)以下の文章は，小学校の特別活動の目標である。空欄に適語を入れよ。

　（　①　）や社会の形成者としての見方・考え方を働かせ，様々な集団活動に自主的，（　②　）に取り組み，互いのよさや可能性を発揮しながら集団や自己の生活上の課題を解決することを通して，次のとおり資質・能力を育成することを目指す。（以下，略）

(2)以下の表は，各学校段階の特別活動の領域をまとめたものである。空欄に適語を入れよ。

小学校	学級活動，児童会活動，（　①　），（　②　）
中学校	学級活動，生徒会活動，（　②　）
高等学校	（　③　），生徒会活動，（　②　）

解答

7 (1)①：オ　②：ク　③：カ　(2)：④

8 (1)①集団　②実践的　(2)①クラブ活動　②学校行事　③ホームルーム活動

9 学習指導要領は大よそ10年おきに改訂されてきている。以下の改訂内容を時代順に正しく並べ替えたのはどれか。記号で答えよ。

→テーマ11

①小学校低学年の社会と理科を統合して生活科を創設した。
②教育課程に「総合的な学習の時間」を新設した。
③教育内容の現代化が掲げられ、教育内容が増やされた。
④学習指導要領が、法的拘束力を持つ国家基準となった。
⑤学習指導要領に示していない内容も加えて指導できるようにした。

ア	④	→	①	→	②	→	③	→	⑤
イ	③	→	④	→	⑤	→	②	→	①
ウ	②	→	⑤	→	③	→	①	→	④
エ	④	→	③	→	①	→	②	→	⑤
オ	⑤	→	④	→	③	→	①	→	②

10 学習指導と評価に関する以下の問いに答えよ。　　→テーマ13，15

(1)以下の文章は、著名な学習指導の方法について述べたものである。それぞれの名称を語群から選び、記号で答えよ。

①学習課題をパートに分け、学習を分担し、各自が成果を教え合う。
②教師が、幾人かの助教を介して、大人数の生徒を教育する。
③成員を6人ずつのグループに分け、6分間討議させた後、各グループの討議の結果を持ち寄って全体討議をする。
④授業の内容や方法に合わせて、授業の1単位時間を柔軟に変更して時間割を編成する。
⑤批判禁止をルールとし、多くの考えを自由に出させる討議法。

ア　バズ学習	イ　モジュール方式	ウ　ディベート
エ　ジグソー学習	オ　モニトリアル・システム	カ　ブレイン・ストーミング

(2)観点別学習状況の評価の観点は3つあり、そのうちの2つは「知識・技能」と「思考・判断・表現」である。残りの1つを答えよ。

解答

9 エ　**10** (1)①：エ　②：オ　③：ア　④：イ　⑤：カ　(2)主体的に学習に取り組む態度

11 以下の文章は，文部科学省の『生徒指導提要』（改訂版）において，生徒指導の意義について述べられた部分である。下線部が正しい場合は○，誤っている場合は正しい語句を記せ。　　　　→テーマ16

　生徒指導とは，児童生徒が，社会の中で自分らしく生きることができる存在へと，自発的・①主体的に成長や発達する過程を支える教育活動のことである。なお，生徒指導上の課題に対応するために，必要に応じて指導や②援助を行う。

＊
（中略）
＊

　生徒指導は，児童生徒一人一人の③長所の発見とよさや可能性の伸長と社会的資質・能力の発達を支えると同時に，自己の④利益追求と社会に受け入れられる⑤自己実現を支えることを目的とする。

12 生徒指導や教育相談に関する以下の文章のうち，誤っているものはどれか。番号で答えよ。　　　　→テーマ16，17

①生徒指導の実践上の視点の一つとして，「自己決定の場の提供」というものがある。

②発達支持的生徒指導は，問題兆候のある一部（特定）の児童生徒を対象とする。

③校則については，改めて学校の教育目的に照らして適切な内容か，現状に合う内容に変更する必要がないか，また，本当に必要なものか，絶えず見直しを行うことが求められる。

④教育相談は，個人の資質や能力の伸長を支援するという発想が強い。

⑤スクールカウンセラーは心の専門家として，公立の小学校，中学校，高等学校等に児童生徒の臨床心理に関して，高度に専門的な知識・経験を有する者と位置付けられ配置されている。

⑥アサーショントレーニングは，対人場面で自分の伝えたいことをしっかり伝えるためのトレーニングである。

解答

11 ①○　②○　③個性　④幸福　⑤○
12 ②（⇒全ての児童生徒を対象とする）

13 いじめに関する以下の問いに答えよ。 →テーマ18

(1)以下は，いじめ防止対策推進法第１条である。空欄に当てはまる言葉を語群から選び，記号で答えよ。

　この法律は，いじめが，いじめを受けた児童等の（　①　）を受ける権利を著しく侵害し，その心身の健全な成長及び人格の形成に重大な影響を与えるのみならず，その（　②　）又は身体に重大な危険を生じさせるおそれがあるものであることに鑑み，児童等の（　③　）を保持するため，いじめの防止等のための対策に関し，基本理念を定め，国及び（　④　）等の責務を明らかにし，並びにいじめの防止等のための対策に関する基本的な方針の策定について定めるとともに，いじめの防止等のための対策の基本となる事項を定めることにより，いじめの防止等のための対策を総合的かつ効果的に推進することを目的とする

ア　学校	イ　授業	ウ　安全
エ　家庭	オ　生命	カ　精神
キ　尊厳	ク　教育	ケ　地方公共団体

(2)以下の文章で誤っているものはどれか。番号で答えよ。

①学校及び学校の教職員は，当該学校に在籍する児童等がいじめを受けていると思われるときは，適切かつ迅速にこれに対処する責務を有する。

②保護者は，子の教育について第一義的責任を有する。

③学校は，いじめが犯罪行為として取り扱われるべきものであると認めるときであっても，警察署への通報は控え，教育的指導を粘り強く行うことに徹する。

④いじめの不登校重大事態と認めるための年間欠席日数の目安は30日である。

⑤いじめは，どの子供にも，どの学校でも，起こりうるものである。

⑥いじめ重大事態は，事実関係が確定した段階で重大事態としての対応を開始するのではなく，「疑い」が生じた段階で調査を開始しなければならない。

解答

13 (1)①：ク　②：オ　③：キ　④：ケ　(2)：③（⇒所管警察署と連携した対応を行う）

14 体罰に関する以下の問いに答えよ。　　　　　→テーマ21

(1)体罰を禁止している法律の名称を答えよ。

(2)以下の行為のうち体罰と判定されるものはどれか。全て選び，番号で答えよ。

①授業中，教室内に起立させる。

②児童が教員の指導に反抗して教員の足を蹴ったため，児童の背後に回り，体をきつく押さえる。

③放課後に児童を教室に残留させ，児童がトイレに行きたいと訴えたが，一切，室外に出ることを許さない。

④体育の授業中，危険な行為をした児童の背中を足で踏みつける。

⑤試合中に相手チームの選手とトラブルになり，殴りかかろうとする生徒を，押さえつけて制止させる。

⑥宿題を忘れた児童に対して，教室の後方で正座で授業を受けるよう言い，児童が苦痛を訴えたが，そのままの姿勢を保持させた。

15 以下の問いに答えよ。　　　　　　　　　　→テーマ22

(1)特別支援学校の対象となる障害の程度を定めた政令の名称を答えよ。

(2)以下の表は，特別支援学校の対象となる障害の程度である。下線部が正しいものは全部でいくつあるか。

視覚障害者	両眼の視力がおおむね ₐ0.1未満のもの又は視力以外の視機能障害が高度のもののうち，ᵦ拡大鏡等の使用によつても通常の文字，図形等の視覚による認識が不可能又は著しく困難な程度のもの。
聴覚障害者	両耳の聴力レベルがおおむね ꜀60デシベル以上のもののうち，d補聴器等の使用によつても通常の話声を解することが不可能又は著しく困難な程度のもの。
知的障害者	①知的発達の遅滞があり，他人との ₑ会話が困難で日常生活を営むのに頻繁に援助を必要とする程度のもの。②知的発達の遅滞の程度が前号に掲げる程度に達しないもののうち，社会生活への₊適応が著しく困難なもの。

解答

14 (1)学校教育法　(2)：③，④，⑥　15 (1)学校教育法施行令　(2)4つ（⇒aとeは誤り）

16 特別支援学校の教育課程に関する以下の文章のうち，正しいものは
どれか。全て選び，番号で答えよ。　　　　　　　　　　**→テーマ23**

①特別支援学校小学部の教育課程は，各教科，特別の教科である道
徳，外国語活動，総合的な学習の時間，特別活動，自立活動からな
る。

②知的障害者の教育を行う特別支援学校小学部の教科は，生活，国
語，算数，社会，音楽，図画工作，体育である。

③重複障害者のうち，特に必要がある場合には，総合的な学習の時間
を主として指導を行うことができる。

④自立活動の内容は，ア）健康の保持，イ）心理的な安定，ウ）人間
関係の形成，エ）環境の把握，という4つの柱からなる。

⑤自立活動においては，長期的及び短期的な観点から指導目標を設定
し，それらを相互に関連付け，具体的に指導内容を設定する。

⑥知的障害者を対象とした，各教科を合わせた指導の形態の一つとし
て，遊びの指導がある。

17 通常の学校における特別支援教育に関する以下の問いに答えよ。
　　　　　　　　　　　　　　　　　　　　　　　　　　→テーマ24

⑴以下のうち，通級による指導の対象となる障害種はどれか。全て選
び，番号で答えよ。

| ①知的障害者 | ②学習障害者 | ③肢体不自由者 |
| ④難聴者 | ⑤身体虚弱者 | ⑥注意欠陥多動性障害者 |

⑵以下は，文部科学省「交流及び共同学習ガイド」（2019年）の記載
事項である。空欄に適語を入れよ。

　我が国は，障害の有無にかかわらず，誰もが相互に人格と個性を
尊重し合える（　①　）の実現を目指しています。

（中略）

　交流及び共同学習は，相互の触れ合いを通じて豊かな人間性を育
むことを目的とする（　②　）の側面と，教科等のねらいの達成を
目的とする（　③　）の側面があります。

解答

16 ①，⑤，⑥　**17** ⑴：②，④，⑥　⑵①共生社会　②交流　③共同学習

18 以下の文章は，文部科学省通知「特別支援教育の推進について」（2007年）の記述である。空欄に当てはまる語句を語群から選び，記号で答えよ。　　　　　　　　　　　　　　　→テーマ26

　特別支援教育は，障害のある幼児児童生徒の（　①　）や社会参加に向けた主体的な取組を支援するという視点に立ち，幼児児童生徒一人一人の（　②　）を把握し，その持てる力を高め，生活や学習上の困難を改善又は克服するため，適切な指導及び必要な（　③　）を行うものである。

　また，特別支援教育は，これまでの特殊教育の対象の障害だけでなく，知的な遅れのない（　④　）も含めて，特別な支援を必要とする幼児児童生徒が在籍する（　⑤　）において実施されるものである。

　さらに，特別支援教育は，障害のある幼児児童生徒への教育にとどまらず，障害の有無やその他の個々の違いを認識しつつ様々な人々が生き生きと活躍できる（　⑥　）の形成の基礎となるものであり，我が国の現在及び将来の社会にとって重要な意味を持っている。

ア　特別支援学校	イ　共生社会	ウ　自立
エ　配慮	オ　発達障害	カ　全ての学校
キ　課題	ク　総活躍社会	ケ　支援
コ　幸福	サ　精神障害	シ　教育的ニーズ

19 以下に示すのは，同和問題・人権教育に関する国内外の政策である。時代順に並べ替えた時，4番目にくるものはどれか。番号で答えよ。
　　　　　　　　　　　　　　　→テーマ32

①人権教育・啓発に関する計画を策定。
②国連総会で世界人権宣言を採択。
③ユネスコ国際成人教育会議で学習権宣言を採択。
④部落差別の解消の推進に関する法律を制定。
⑤人権教育及び人権啓発の推進に関する法律を制定。
⑥同和問題審議会答申を公表。

解答

18 ①：ウ　②：シ　③：ケ　④：オ　⑤：カ　⑥：イ
19 ⑤（⇒②，⑥，③，⑤，①，④という順である）

20 学校事故や頭頸部外傷への対応について述べた以下の文章のうち，誤っているものはどれか。番号で答えよ。　　　　　→テーマ39

① 対応する「事故」は，原則として，登下校中を含めた学校の管理下で発生した事故とする。

② 被害児童生徒の生命に関わる緊急事案については，管理職への報告よりも救命措置を優先させ迅速に対応する。

③ 意識や呼吸の有無が分からない場合，呼吸と思えた状況が死戦期呼吸である可能性にも留意して，意識や呼吸がない場合と同様の対応とし，速やかに心肺蘇生とAED装着を実施する。

④ 頭頸部外傷事故は，体格の発達や運動能力の向上に伴って増加し，部活動においては，競技経験の浅い初心者に事故が起こりやすい。

⑤ 脳振盪の一項目である意識消失から回復した場合は，医療機関の受診や医師の指示を仰ぐことは必要でない。

21 情報教育に関する以下の問いに答えよ。　　　　　→テーマ41

(1) 以下の文章は，児童生徒に身に付けさせる情報活用能力について述べたものである。下線部が正しい場合は○，誤っている場合は正しい語句を記せ。

　「情報活用能力」は，世の中の様々な事象を情報とその結び付きとして捉え，情報及び①通信技術を適切かつ効果的に活用して，問題を発見・解決したり自分の考えを形成したりしていくために必要な資質・能力である。

　より具体的に捉えれば，学習活動において必要に応じて②コンピュータ等の情報手段を適切に用いて情報を得たり，情報を整理・比較したり，得られた情報を分かりやすく発信・伝達したり，必要に応じて保存・共有したりといったことができる力であり，さらに，このような学習活動を遂行する上で必要となる情報手段の基本的な操作の習得や，③プログラミング思考，④情報エチケットに関する資質・能力等も含むものである。

(2) 1人1台端末を掲げた国の構想を何というか。

解答

20 ⑤　**21** (1)①情報技術　②○　③○　④情報モラル　(2)GIGAスクール構想

22 以下のうち，第4期教育振興基本計画に示された，5つの基本的な方針に含まれないものはどれか。番号で答えよ。　　　→テーマ43

①学びのセーフティネットの構築。

②誰一人取り残さず，全ての人の可能性を引き出す共生社会の実現に向けた教育の推進。

③地域や家庭で共に学び支え合う社会の実現に向けた教育の推進。

④教育デジタルトランスフォーメーション（DX）の推進。

⑤計画の実効性確保のための基盤整備・対話。

23 以下の文章は，教師に求められる資質・能力に関するものである。空欄に当てはまる語句を語群から選び，記号で答えよ。　→テーマ44

　教師に求められる資質・能力は，例えば，（　①　）や責任感，教育的愛情，教科や教職に関する専門的知識，実践的指導力，総合的人間力，コミュニケーション能力，（　②　）能力などが挙げられている。

　時代の変化に対応して求められる資質・能力として，近年では，（　③　）やロボティクス，ビッグデータ，IoTといった技術が発展した（　④　）時代の到来による情報活用能力等が挙げられ，特に，学習履歴（スタディ・ログ）の利活用など，教師のデータリテラシーの向上が一層必要となってくると考えられる。

ア　ファシリテーション	イ　倫理観	ウ　Society5.0	エ　ICT
オ　自己指導	カ　Society4.0	キ　AI	ク　使命感

24 教員の働き方改革に関する以下の問いに答えよ。　　　→テーマ45

(1) 1か月の時間外在校等時間の上限は，原則何時間か。

(2) 以下は，超勤4項目である。空欄に適語を入れよ。

生徒の実習に関する業務	学校の（　①　）に関する業務
職員会議に関する業務	（　②　）の場合に必要な業務

教育原理

25 以下の文章は，2021年1月の中央教育審議会答申「令和の日本型学校教育の構築を目指して」からの抜粋である。空欄に当てはまる語句を語群から選び，記号で答えよ。　　　　　　　　　→テーマ49

　子供一人一人の特性や学習進度，学習到達度等に応じ，指導方法・教材や学習時間等の柔軟な提供・設定を行うことなどの「指導の（　①　）」が必要である

　基礎的・基本的な知識・技能等や，言語能力，（　②　）能力，問題発見・解決能力等の学習の基盤となる資質・能力等を土台として，幼児期からの様々な場を通じての体験活動から得た子供の興味・関心・（　③　）形成の方向性等に応じ，探究において課題の設定，情報の収集，整理・分析，まとめ・表現を行う等，教師が子供一人一人に応じた学習活動や学習課題に取り組む機会を提供することで，子供自身が学習が最適となるよう（　④　）する「学習の個性化」も必要である。

　以上の「指導の（　①　）」と「学習の個性化」を教師視点から整理した概念が「個に応じた指導」であり，この「個に応じた指導」を学習者視点から整理した概念が「（　⑤　）な学び」である。

ア　自己指導	イ　計画	ウ　個別最適	エ　個性化
オ　設定	カ　個別化	キ　進路	ク　調整
ケ　キャリア	コ　最適	サ　情報活用	シ　共感

26 わいせつ教員対策法に関する以下の文章のうち，誤っているものはどれか。番号で答えよ。　　　　　　　　　　　　　　→テーマ50

①この法律でいう児童生徒等とは，学校に在籍する幼児・児童・生徒，ないしは学校に在籍しない18歳未満の者をさす。

②教育職員は，児童生徒等が教育職員等による児童生徒性暴力等を受けたと思われるときは，適切かつ迅速にこれに対処する責務を有する。

③国は，特定免許状失効者等（児童生徒性暴力等により，免許状が失効，ないしは免許状取上げの処分を受けた者）に関する情報に係るデータベースを整備する。

④特定免許状失効者等に対しては，免許状を再授与することはできない。

解答

25 ①：カ　②：サ　③：ケ　④：ク　⑤：ウ　**26** ④

教育史

1 西洋教育史の人物に関する以下の記述のうち，正しいものはどれか。番号で答えよ。　　　　　　　　　　　　　　　　　→テーマ1，2，3

①ルターは，人間の精神は白紙であると説き，著書の『教育論』において紳士教育論を展開した。

②バゼドウは，1774年に性格形成学院を創設し，そこにおいて現世内的人間を尊重する教育を行った。

③セガンは知的障害児教育の先駆者で，独自の生理学的教育法（セガン法）が知られている。

④ケルシェンシュタイナーが創設した学校では，オイリュトミーやフォルメンという独自の教科が設けられていた。

⑤マカレンコは，教育と労働の結合による全面発達や，総合技術教育の必要性を主張した。

2 西洋教育史の人物，著作，業績（思想）を正しく組み合わせたものはどれか。番号で答えよ。　　　　　　　　　　　　　　→テーマ1，2，3

	人物	著作	業績（思想）
①	アリストテレス	『国家』	リュケイオンという独自の学校を経営。
②	デカルト	『人間悟性論』	「われ思う，ゆえにわれあり」という言葉が有名。
③	ヘルバルト	『一般教育学』	教授5段階説（分析，総合，連合，系統，方法）を提唱。
④	スペンサー	『教育論』	古典教育を批判し，実用的な科学の教育を重視。
⑤	ナトルプ	『生の形式』	理論，経済，審美，社会，権力，宗教の6指標で性格を分類。
⑥	ニイル	『問題の子ども』	汎愛学院を創設し，徹底した自由主義教育を実践。

解答

1 ③　**2** ④

3 以下は，西洋教育史の人物に関する記述である。下線部が正しい場合は○，誤っている場合は正しい語句を記せ。　→テーマ1，2，3

①近代教授学の祖と仰がれるコメニウスは，史上初の絵入り教科書の ア『教理問答書』を著した。

②ロックは著書の イ『人間悟性論』において生得観念を否定し，人間の精神は白紙であって，その上に教育が望ましい観念を書き込むと考えた。

③ルソーは，人間の善なる本性が，余計な教育によって悪へと変貌することを避ける ウ「消極教育」を提唱した。

④孤児院を経営し，貧民の子弟の教育に取り組んだペスタロッチは，感覚的直観を重視した エ直観教授を提唱した。

⑤1837年に世界初の幼稚園を創設したフレーベルは，教育用の玩具の オ「恩物」を考案した。

⑥進歩主義教育の先駆者のデューイは，シカゴ大学附属実験学校において， カ能力主義の教育を実践した。

4 日本教育史の人物，著作，業績（思想）を正しく組み合わせたものはどれか。番号で答えよ。　→テーマ5，6

	人物	著作	業績(思想)
①	山鹿素行	『集義和書』	学校教育を通じた能力主義的人材登用を説く。
②	伊藤仁斎	『論語古義』	私塾の積徳堂を開き，軍学を教授。
③	緒方洪庵	『自然真営道』	私塾の適塾を開き，蘭学の教育を行った。
④	伊沢修二	『実際的教育学』	『小学唱歌集』を刊行し，音楽教育の発展に貢献。
⑤	芦田恵之助	『綴り方教授』	自由に文章を綴らせる「随意選題」を提唱。
⑥	鈴木三重吉	『自由教育真義』	八大教育主張講演会で「自由教育論」を論じた。

解答

3 ア：『世界図絵』　イ：○　ウ：○　エ：○　オ：○　カ：経験主義　**4** ⑤

304

5 日本教育史に関する以下の問いに答えよ。　　　　→テーマ4，5

(1)以下は，江戸期の著名な藩校と，置かれていた藩である。正しく組み合わせているのはどれか。番号で答えよ。

①	明倫館－長州藩	時習館－熊本藩	弘道館－水戸藩
②	明倫館－庄内藩	時習館－水戸藩	弘道館－会津藩
③	明倫館－米沢藩	時習館－長州藩	弘道館－熊本藩
④	明倫館－水戸藩	時習館－会津藩	弘道館－長州藩
⑤	明倫館－会津藩	時習館－庄内藩	弘道館－米沢藩

(2)以下の事項を時代順に正しく並べ替えたのはどれか。番号で答えよ。

ア　尋常小学校と高等小学校が統合され，国民学校となる。

イ　諸学校令が公布され，体系的な学校体系ができる。

ウ　小学校令改正により，義務教育の年限が6年となる。

エ　学制が布告され，国民皆学の精神が説かれる。

オ　青年訓練所と実業補習学校が統合され，青年学校となる。

①	イ	→	エ	→	ア	→	オ	→	ウ
②	エ	→	イ	→	ウ	→	オ	→	ア
③	オ	→	ア	→	ウ	→	エ	→	イ
④	ア	→	ウ	→	エ	→	イ	→	オ
⑤	ウ	→	オ	→	イ	→	ア	→	エ

6 日本教育史の人物に関する以下の記述のうち，誤っているものはどれか。番号で答えよ。　　　　→テーマ5，6

①貝原益軒の『和俗童子訓』は，我が国初の体系的な教育論として知られている。

②勅撰修身教科書を著した元田永孚は，教学聖旨や教育勅語の起草に関わった。

③福沢諭吉は「天は人の上に人を造らず，人の下に人を造らず」と述べ封建制を批判し，実学を重視した。

④谷本富は同志社英学校を創設し，慶應義塾に匹敵する青年教育の場を提供した。

解答

5 (1)：① (2)：② **6** ④

教育法規

1 以下は，日本国憲法の条文である。内容に誤りがあるものはどれか。番号で答えよ。　　　　　　　　　　　　　　　　　　　→テーマ1

①この憲法が国民に保障する基本的人権は，侵すことのできない永久の権利として，現在及び将来の国民に与へられる。

②すべて国民は，法の下に平等であつて，人種，信条，性別，社会的身分又は門地により，政治的，経済的又は社会的関係において，差別されない。

③すべて公務員は，全体の奉仕者であつて，一部の奉仕者ではない。

④国及びその機関は，宗教教育その他いかなる宗教的活動もしてはならない。

⑤すべて国民は，健康で文化的な最低限度の生活を営む権利を有する。

⑥児童は，これを虐待してはならない。

2 以下のうち，教育基本法第2条が定める「教育の目標」に含まれないものはどれか。番号で答えよ。　　　　　　　　　　　　　→テーマ2

①個人の価値を尊重して，その能力を伸ばし，創造性を培い，自主及び自律の精神を養うとともに，職業及び生活との関連を重視し，勤労を重んずる態度を養うこと。

②正義と責任，男女の平等，自他の敬愛と協力を重んずるとともに，公共の精神に基づき，主体的に社会の形成に参画し，その発展に寄与する態度を養うこと。

③生命を尊び，自然を大切にし，環境の保全に寄与する態度を養うこと。

④伝統と文化を尊重し，それらをはぐくんできた我が国と郷土を愛するとともに，他国を尊重し，国際社会の平和と発展に寄与する態度を養うこと。

⑤職業についての基礎的な知識と技能，勤労を重んずる態度及び個性に応じて将来の進路を選択する能力を養うこと。

解答

1 ⑥　**2** ⑤（⇒学校教育法第21条が定める義務教育の目標である）

3 以下は，教育基本法の条文である。空欄に当てはまる語句を語群から選び，記号で答えよ。　　　　　　　　　　→テーマ2，3，4，5

○教育は，（　①　）の完成を目指し，平和で民主的な国家及び社会の形成者として必要な資質を備えた心身ともに健康な国民の育成を期して行われなければならない。

○法律に定める学校は，公の性質を有するものであって，国，地方公共団体及び法律に定める（　②　）のみが，これを設置することができる。

○法律に定める学校の教員は，自己の（　③　）な使命を深く自覚し，絶えず研究と修養に励み，その職責の遂行に努めなければならない。

○個人の要望や社会の要請にこたえ，社会において行われる教育は，国及び地方公共団体によって（　④　）されなければならない。

○法律に定める学校は，特定の政党を支持し，又はこれに反対するための（　⑤　）教育その他（　⑤　）的活動をしてはならない。

ア　推奨	イ　公民	ウ　人間	エ　崇高
オ　人格	カ　奨励	キ　団体	ク　宗教
ケ　知性	コ　政治	サ　高尚	シ　法人

4 教育基本法，義務教育に関連する以下の問いに答えよ。

→テーマ2，7，

(1)教育基本法が制定された年を西暦で答えよ。

(2)2006年12月の教育基本法改正によって新設された条文は以下のうちどれか。全て選び，番号で答えよ。

①第3条　生涯学習の理念	②第4条　教育の機会均等
③第5条　義務教育	④第8条　私立学校
⑤第9条　教員	⑥第10条　家庭教育
⑦第14条　政治教育	⑧第17条　教育振興基本計画

(3)義務教育の義務とは，誰が何をする義務のことか。

(4)義務教育の無償の範囲について述べよ。

解答

3 ①：オ　②：シ　③：エ　④：カ　⑤：コ

4 (1)：1947年　(2)：①，④，⑥，⑧　(3)保護者が学齢の子を義務教育諸学校に就学させる義務　(4)国公立の義務教育諸学校における授業料の不徴収

5 学校に関する以下の問いに答えよ。　　　　　　→テーマ 9，10

(1)以下は学校教育法第 1 条である。空欄に適語を入れよ。

　　この法律で，学校とは，（　①　），小学校，中学校，義務教育学
　校，高等学校，（　②　）学校，特別支援学校，大学及び高等専門
　学校とする。

(2)以下のうち，学校教育法第21条が定める義務教育の目標に含まれな
　いものはどれか。番号で答えよ。

　①学校内外における社会的活動を促進し，自主，自律及び協同の精
　　神，規範意識，公正な判断力並びに公共の精神に基づき主体的に
　　社会の形成に参画し，その発展に寄与する態度を養うこと

　②読書に親しませ，生活に必要な国語を正しく理解し，使用する基
　　礎的な能力を養うこと。

　③健康，安全で幸福な生活のために必要な基本的な習慣を養い，身
　　体諸機能の調和的発達を図ること。

　④家族と家庭の役割，生活に必要な衣，食，住，情報，産業その他
　　の事項について基礎的な理解と技能を養うこと。

　⑤生活を明るく豊かにする音楽，美術，文芸その他の芸術について
　　基礎的な理解と技能を養うこと。

6 学校図書館・読書活動に関する以下の文章のうち，誤っているもの
はどれか。番号で答えよ。　　　　　　　　　　　　　→テーマ12

①学校には，学校図書館を設けなければならない。

②学校図書館は，その目的を達成するのに支障のない限度において，
　一般公衆に利用させることができる。

③学校には司書教諭を置かなければならないが，当該の司書教諭は，
　司書教諭の講習を修了した者であることが望ましい。

④学校には，学校司書を置くよう努めなければならない。

⑤子ども読書の日は，4 月23日である。

⑥子どもの読書活動の推進に関する法律は，2001年に制定された。

解答

5 (1)①幼稚園　②中等教育　(2)：③（⇒学校教育法第23条が定める幼稚園の目標である）

6 ③（⇒司書教諭の講習を修了した者でなければならない）

7 以下の表は，公立小・中学校の1学級当たりの児童生徒数の標準を
まとめたものである（義務標準法による）。空欄に当てはまる数字を
答えよ。　　　　　　　　　　　　　　　　　　　　　　→テーマ13

小学校	同学年の児童で編制する学級は（　①　）人。	
	2の学年の児童で編制する学級は（　②　）人。ただし，第1学年の児童を含む学年にあっては8人。	
	特別支援学級は（　③　）人。	
中学校	同学年の生徒で編制する学級は（　④　）人。	
	2の学年の生徒で編制する学級は8人。	
	特別支援学級は（　⑤　）人。	

8 教育活動の日程に関する以下の文章のうち，正しいものはどれか。
全て選び，番号で答えよ。　　　　　　　　　　　　　　→テーマ14

①小学校の学年は，4月1日に始まり，翌年3月31日に終わる。

②高等学校では，学年の途中においても，入学を許可し並びに各学年
の課程の修了及び卒業を認めることができる。

③公立小学校の休業日は，国民の祝日に関する法律に規定する日，日
曜日及び土曜日のみである。

④私立小学校における学期及び休業日は，当該学校の学則で定める。

⑤公立小学校の授業終始の時刻は，設置する自治体の教育委員会が定
める。

⑥校長は，感染症の予防上必要があるときは，臨時に，学校の全部又
は一部の休業を行うことができる。

9 以下は，学校運営協議会の権限について述べたものである。空欄に
当てはまる語句を答えよ。　　　　　　　　　　　　　　→テーマ17

○（　①　）が作成する学校運営の基本方針を承認する。

○学校運営に関する意見を（　②　）又は校長に述べることができ
る。

○教職員の（　③　）に関して，教育委員会規則に定める事項につい
て，教育委員会に意見を述べることができる。

解答

7 ①：35　②：16　③：8　④：40　⑤：8　**8** ①，②，④

9 ①校長　②教育委員会　③任用

教育法規

309

10 以下は，就学義務について学校教育法の条文である。空欄に当てはまる語句を語群から選び，記号で答えよ。　→テーマ18

　保護者は，子の（　①　）に達した日の翌日以後における最初の学年の初めから，満12歳に達した日の属する学年の終わりまで，これを小学校，（　②　）学校の前期課程又は（　③　）学校の小学部に就学させる義務を負う。

　保護者は，子が小学校の課程，（　②　）学校の前期課程又は（　③　）学校の小学部の課程を修了した日の翌日以後における最初の学年の初めから，（　④　）に達した日の属する学年の終わりまで，これを中学校，（　②　）学校の後期課程，（　⑤　）学校の前期課程又は（　③　）学校の中学部に就学させる義務を負う。

ア　特別支援	イ　満5歳	ウ　満7歳	エ　高等
オ　満6歳	カ　義務教育	キ　満14歳	ク　満16歳
ケ　中等	コ　満15歳	サ　中等教育	シ　特殊

11 就学に関する以下の文章のうち，誤っているものはどれか。番号で答えよ。　→テーマ18，19

①経済的理由によつて，就学困難と認められる学齢児童又は学齢生徒の保護者に対しては，市町村は，必要な援助を与えなければならない。

②市町村の教育委員会は，相当と認めるときは，保護者の申立てにより，その指定した小学校，中学校又は義務教育学校を変更することができる。

③児童生徒等をその住所の存する市町村の設置する小学校，中学校（併設型中学校を除く）又は義務教育学校以外の小学校，中学校，義務教育学校又は中等教育学校に就学させようとする場合には，保護者は，就学させようとする学校の校長に届けなければならない。

④市町村の教育委員会は，当該市町村の区域内に住所を有する学齢児童及び学齢生徒について，学齢簿を編製しなければならない。

⑤義務教育諸学校においても，長期欠席者や成績不良者の原級留置はあり得る。

解答

10 ①：オ　②：カ　③：ア　④：コ　⑤：サ　**11** ③

12 児童生徒への懲戒に関する以下の問いに答えよ。　　　→テーマ20

(1)児童生徒への体罰を禁じている法律の名称を答えよ。

(2)児童生徒への懲戒に関する以下の文章のうち，誤っているものはどれか。記号で答えよ。

①校長及び教員が児童等に懲戒を加えるに当つては，児童等の心身の発達に応ずる等教育上必要な配慮をしなければならない。

②懲戒のうち，退学，停学及び訓告の処分は，校長が行う。

③高等学校においては，学力劣等で成業の見込がないと認められる者に対し，退学の措置をとることができる。

④公立・国立・私立を問わず，義務教育諸学校では，退学の措置をとることはできない。

⑤市町村の教育委員会は，出席停止を命ずる場合には，あらかじめ保護者の意見を聴取するとともに，理由及び期間を記載した文書を交付しなければならない。

13 児童福祉法に関する以下の問いに答えよ。　　　→テーマ23

(1)以下は，児童福祉法第1条と第2条第1項の条文である。下線部が誤っているものはいくつあるか。

　全て児童は，児童憲章の精神にのつとり，適切に養育されること，その生活を保障されること，愛され，保護されること，その心身の健やかな成長及び発達並びにその自立が図られることその他の福祉を等しく保障される権利を有する。

　全て国民は，児童が良好な環境において生まれ，かつ，社会のあらゆる分野において，児童の年齢及び発達の程度に応じて，その意見が尊重され，その幸福追求権が優先して考慮され，心身ともに健やかに育成されるよう努めなければならない。

(2)小学校に就学している児童であつて，その保護者が労働等により昼間家庭にいないものに，授業の終了後に児童厚生施設等の施設を利用して適切な遊び及び生活の場を与えて，その健全な育成を図る事業を何というか。

解答

12 (1)学校教育法　(2)：④　**13** (1)2つ　(2)放課後児童健全育成事業

14 児童虐待に関する以下の文章のうち，正しいものはどれか。全て選び，番号で答えよ。　　　　　　　　　　　　　　　　→テーマ23

①児童虐待のうち，児童に対する著しい暴言又は著しく拒絶的な対応，児童が同居する家庭における配偶者に対する暴力その他の児童に著しい心理的外傷を与える言動を行うことを，心理的虐待という。

②教職員は，正当な理由がなく，その職務に関して知り得た児童虐待を受けたと思われる児童に関する秘密を漏らしてはならない。

③児童虐待を受けたと思われる児童を発見した者は，速やかに，これを市町村，都道府県の設置する福祉事務所若しくは児童相談所又は児童委員を介して市町村，都道府県の設置する福祉事務所若しくは児童相談所に通告しなければならない。

④児童の親権を行う者は，学校の教職員とは違い，児童のしつけに際し，体罰を行うことを法律で禁じられてはいない。

⑤学校や教育委員会等は，保護者から虐待を認知するに至った経緯や通告元を教えるよう求められた場合，情報公開の観点から，それらの情報について保護者に伝える。

15 以下の表は，教職員の配置についてまとめたものである。空欄①〜⑦に「置かなければならない」が入る場合はＡ，「置かなければならないが，場合によっては置かなくてもよい」が入る場合はＢ，「置くことができる」が入る場合はＣの記号を記せ。　　　　　→テーマ24

	小・中学校，義務教育学校	高等学校	中等教育学校
校長	Ａ	①	Ａ
副校長	②	Ｃ	Ｃ
教頭	Ｂ	Ｂ	③
主幹教諭	Ｃ	Ｃ	④
教諭	⑤	Ｂ	Ｂ
養護教諭	Ｂ	⑥	Ｂ
事務職員	Ｂ	⑦	Ａ

解答

14 ①，②，③　**15** ①：Ａ　②：Ｃ　③：Ｂ　④：Ｃ　⑤：Ｂ　⑥：Ｃ　⑦：Ａ

16 教職員の任用，教員免許状に関する以下の文章のうち，誤っているものはどれか。　　　　　　　　　　　　　　　　→テーマ26，27

①市町村（政令市除く）が設置する学校の教職員の任命権者は，都道府県の教育委員会である。

②教員免許状がその効力を失い，当該失効の日から3年を経過しない者は，校長又は教員になることはできない。

③公立学校の教員の場合，最初の条件付き任用の期間は1年間である。

④学校の運営上特に必要がある場合には，教員免許状を持たない者であっても，校長として任命し又は採用することができる。

⑤普通免許状は，学校（義務教育学校，中等教育学校及び幼保連携型認定こども園を除く）の種類ごとの教諭の免許状，養護教諭の免許状及び栄養教諭の免許状とし，それぞれ専修免許状，一種免許状及び二種免許状（幼稚園教諭の免許状にあつては，専修免許状及び一種免許状）に区分する。

⑥臨時免許状は，授与権者の置かれる都道府県内において3年間有効である。

17 以下の文章は，教育公務員特例法第22条の5，第22条の6の抜粋である。空欄に当てはまる語句を語群から選び，記号で答えよ。

→テーマ28

公立の小学校等の校長及び教員の（　①　）は，文部科学省令で定めるところにより，当該校長及び教員ごとに，研修の受講その他の当該校長及び教員の資質の向上のための取組の状況に関する記録を作成しなければならない。

公立の小学校等の校長及び教員の（　②　）は，…（中略）…相談への対応，情報の提供並びに指導及び（　③　）を行うに当たつては，当該校長及び教員に係る（　④　）及び教員研修計画を踏まえるとともに，当該校長及び教員の研修等に関する記録に係る情報を活用するものとする。

| ア　指標 | イ　指導助言者 | ウ　支援 | エ　研修実施者 |
| オ　助言 | カ　任命権者 | キ　データ | ク　記録 |

解答

16 ⑤（⇒幼稚園教諭ではなく高等学校教諭）　**17** ①：カ　②：イ　③：オ　④：ア

18 地方公務員の服務等に関する以下の問いに答えよ。

(1)以下の表は，職務上と身分上の服務をまとめたものである。空欄に適語を入れよ。

職務上の義務	服務の宣誓義務
	法令等及び上司の職務上の（　①　）に従う義務
	職務に（　②　）する義務
身分上の義務	（　③　）失墜行為の禁止
	（　④　）を守る義務
	政治的行為の制限
	争議行為等の（　⑤　）
	（　⑥　）等の従事制限

(2)県費負担教職員の服務を監督するのは誰か。

(3)政治的行為の制限は，一般の公務員と教育公務員ではどう違うか。簡潔に述べよ。

(4)県費負担教職員の給与は，都道府県と国が負担する。国の負担割合を答えよ。

19 教育委員会に関する以下の文章のうち，誤っているものはどれか。番号で答えよ。　　　　　　　　　　　　　　　　　　→テーマ34

①教育委員会は，教育長及び4人の委員をもって組織する。

②1956年の教育委員会法制定に伴い，教育委員会の委員は，首長による任命で選ばれることになった。

③地方公共団体の長は，教育委員会の委員の任命の際，委員のうちに保護者である者が含まれるようにしなければならない。

④教育長及び委員は，再任されることができる。

⑤総合教育会議は，地方公共団体の長と教育委員をもって構成し，地方公共団体の長が招集する。

解答

18 (1)①命令　②専念　③信用　④秘密　⑤禁止　⑥営利企業　(2)市町村の教育委員会
(3)一般の公務員は，勤務する自治体の区域外で政治的行為をすることができるが，教育公務員の政治的行為の制限の範囲は全国に及ぶ。　(4)3分の1
19 ②（⇒教育委員会法ではなく地方教育行政法）

教育心理

1 ピアジェによると，子どもの認知の発達は 4 つの段階に分かれる。正しく並べ替えたのはどれか。番号で答えよ。　　　　→テーマ 2

①感覚運動期 → 前操作期 → 具体的操作期 → 形式的操作期

②前操作期 → 感覚運動期 → 具体的操作期 → 形式的操作期

③感覚運動期 → 前操作期 → 形式的操作期 → 具体的操作期

④形式的操作期 → 具体的操作期 → 感覚運動期 → 前操作期

2 フロイトの性的発達段階説に関する以下の問いに答えよ。

→テーマ 2

(1) 5 つの段階の順番として正しいものはどれか。番号で答えよ。

　①肛門期 → 口唇期 → 潜伏期 → 性器期 → 男根期

　②潜伏期 → 男根期 → 性器期 → 口唇期 → 肛門期

　③男根期 → 性器期 → 口唇期 → 肛門期 → 潜伏期

　④口唇期 → 肛門期 → 男根期 → 潜伏期 → 性器期

　⑤性器期 → 潜伏期 → 肛門期 → 男根期 → 口唇期

(2)男根期において，異性の親に性愛を抱き，同性の親を競争相手として憎むことを何というか。

3 コールバーグによると，道徳性の発達は以下の 6 つの段階に分けられる（順不同）。(1)と(2)の問いに答えよ。　　　　→テーマ 2

　①法と秩序が中心

　②罰と服従が中心

　③よい子として振る舞うことが中心

　④普遍的な道徳原則が中心

　⑤社会契約的な考え方が中心

　⑥ナイーブな利己的判断が中心

(1)順番に並べ替えたとき，4 番目にくるものはどれか。番号で答えよ。

(2)脱慣習的水準に含まれるものはどれか。2 つ選び，番号で答えよ。

解答

1 ①　**2** (1)：④　(2)エディプス・コンプレックス　**3** (1)：①　(2)：④，⑤

4 以下の表は，エリクソンによる発達課題の一覧（一部）である。左側が，課題達成の状態を意味する。空欄に当てはまる語句を答えよ。
→テーマ3

乳児期	（ ① ） VS 不信
幼児期前期	自律性 VS 恥・疑惑
幼児期後期	（ ② ） VS 罪悪感
児童期	（ ③ ） VS 劣等感
青年期	（ ④ ） VS 同一性拡散

5 以下のグラフは，スキャモンの発達曲線である。①～④の曲線の名称の組合せとして正しいものはどれか。記号で答えよ。　→テーマ4

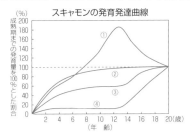

スキャモンの発育発達曲線

ア　①一般型　　②生殖型　　③神経型　　④リンパ型
イ　①リンパ型　②神経型　　③一般型　　④生殖型
ウ　①神経型　　②一般型　　③生殖型　　④リンパ型
エ　①生殖型　　②リンパ型　③神経型　　④一般型
オ　①リンパ型　②生殖型　　③一般型　　④神経型

6 マズローは欲求を5つに区分した。5つの区分を低次から高次へと正しく並べ替えたのはどれか。番号で答えよ。　→テーマ5
①安全欲求→生理的欲求→尊厳欲求→自己実現欲求→尊厳欲求
②生理的欲求→愛情欲求→安全欲求→尊厳欲求→自己実現欲求
③愛情的欲求→生理的欲求→安全欲求→尊厳欲求→自己実現欲求
④生理的欲求→安全欲求→愛情欲求→自己実現欲求→尊厳欲求
⑤生理的欲求→安全欲求→愛情欲求→尊厳欲求→自己実現欲求

解答
4 ①信頼　②積極性　③勤勉性　④同一性　**5** イ　**6** ⑤

7 以下の表は，学習の心理学理論をまとめたものである。空欄に当てはまる語句を語群から選び，記号で答えよ。　　　　　　→テーマ6

学説	提唱者	理論名
（　①　）説	パブロフ	（　⑤　）的条件づけ
	（　②　）	（　⑥　）的条件づけ
認知説	（　③　）	サイン・ゲシュタルト説
	（　④　）	洞察説
	バンデューラ	（　⑦　）学習

（語群）

ア　反応	イ　スキナー	ウ　初期	エ　トールマン
オ　古典	カ　ゲゼル	キ　道具	ク　記憶
ケ　モデリング	コ　ブルーム	サ　ケーラー	シ　連合

8 以下の文章は，学習心理学の概念に関わるものである。それぞれの名称を答えよ。　　　　　　　　　　　　　　　　　→テーマ6

①学習が成立するための準備状態。

②学習の進歩が一時的に停滞すること。

③以前に行った学習が，後の学習に影響すること。

④特定の状況に依存せず，常に思い出され，使用することのできる記憶。

⑤最後の方で記銘した事柄の再生率がよいこと。

9 以下の表は，ワイナーによる原因帰属の分類である。①〜④に当てはまるものを語群から選び，記号で答えよ。　　　　　　→テーマ6

		安定性	
		安定	不安定
原因の所在	内（自分）	①	②
	外（自分以外）	③	④

（語群）

ア　運　　イ　課題の難易度　　ウ　能力　　エ　気分，努力

解答

7 ①：シ　②：イ　③：エ　④：サ　⑤：オ　⑥：キ　⑦：ケ　**8** ①レディネス　②プラトー　③学習の転移　④意味記憶　⑤新近効果　**9** ①：ウ　②：エ　③：イ　④：ア

10 心理検査に関する以下の問いに答えよ。　　　　　　　　→テーマ7

(1)以下の文章は，著名な心理検査に関するものである。それぞれの名称を語群から選び，記号で答えよ。

①1〜2名の人物を含む絵を提示して，その絵に関する物語をつくらせ，それを分析することで，性格特性を把握する。

②左右対称の図版を提示し，それに対する反応の形式や内容を分析することにより，対象者の性格を把握する。

③「実のなる一本の木を描いてください」という指示を出して，自由に樹木画を描かせ，それをもとに対象者の性格測定を行う。

④隣り合った1桁の数字を足し，答えの1の位の数字をその間に書き込む作業を行わせ，分ごとの作業量から性格を推定する。

ア　バウム・テスト	イ　内田・クレペリン検査
ウ　主題統覚検査	エ　HTPテスト
オ　YG性格検査	カ　ロールシャッハ・テスト

(2)上記の①〜④のうち，投影法に含まれるものはどれか。全て選び，番号で答えよ。

11 カウンセリングや心理療法に関する以下の問いに答えよ。

→テーマ9

(1)カウンセリング・マインドとして，ロジャーズは3つを挙げた。そのうちの一つは「無条件の肯定的配慮」である。残りの2つを答えよ。

(2)心理療法を行う治療者と，これを受ける相談者の間に親密な信頼関係があることを何というか。

(3)以下の文章のうち，ベックに該当するものはどれか。

①認知の歪みを是正し，精神疾患を治療する認知療法を提唱。

②即興劇を演じさせ，心の深い部分を表現させ，自己への洞察を深めさせる心理劇を提唱。

③箱庭を作らせ，心の深い部分を表現させる箱庭療法を提唱。

④遊戯を通して，子どもの無意識下に潜む葛藤を把握しようとする遊戯療法を提唱。

解答

10 (1)①：ウ　②：カ　③：ア　④：イ　(2)①，②

11 (1)自己一致，共感的理解　(2)ラポール　(3)：①

12 評価・知能に関する以下の文章のうち，誤っているものはどれか。
番号で答えよ。 →テーマ11，12

①ブルームによる教育評価類型のうち，学習指導の途中で，生徒の理
解度を確認し，指導計画の修正や改善を図るために実施する評価を
形成的評価という。

②ポートフォリオ評価とは，学習の過程で作成したメモ，資料，テス
トなどのファイルをもとに，多角的・総合的な評価をいう。

③2000年の教育課程審議会答申によると，今後は，集団内での位置に
依拠した相対評価を一層重視するとされる。

④ハロー効果とは，対象者のある優れた特徴に引きずられて，他の全
ての部分についても不当に高く評価してしまう心理傾向をいう。

⑤キャッテルが提唱した結晶性知能は，過去に学んだことを適用して
問題に対処する能力で，加齢とともにゆるやかに上昇する。

13 以下の①～⑨は，心理学の概念・学説である。関連が深い人物を語
群から人名を選び，記号で答えよ。 →テーマ13

①カウンセリング・マインド

②120の因子からなる知能の構造モデル

③学習性無力感

④記憶の保持曲線

⑤成熟優位説

⑥発達の輻輳説

⑦生理的早産

⑧発達の最近接領域

⑨グループ・ダイナミックス

ア　セリグマン	イ　ヴィゴツキー	ウ　ゴールトン
エ　ケーラー	オ　ゲゼル	カ　エビングハウス
キ　ロジャーズ	ク　ギルフォード	ケ　ビネー
コ　マズロー	サ　エリクソン	シ　シュテルン
ス　レヴィン	セ　ピアジェ	ソ　ポルトマン

教育心理

解答

12 ③（⇒絶対評価を重視するとある）

13 ①：キ　②：ク　③：ア　④：カ　⑤：オ　⑥：シ　⑦：ソ　⑧：イ　⑨：ス

執筆者紹介

舞田　敏彦（まいた　としひこ）

教育社会学者。東京学芸大学大学院博士課程修了。教育学博士。

著　書　『47都道府県の子どもたち』『47都道府県の青年たち』『教育の使命と実態』（以上，武蔵野大学出版会），『データで読む 教育の論点』（晶文社）

●本書の内容に関するお問合せについて

　本書の内容に誤りと思われるところがありましたら，まずは小社ブックスサイト（jitsumu. hondana. jp）中の本書ページ内にある正誤表・訂正表をご確認ください。正誤表・訂正表がない場合や訂正表に該当箇所が掲載されていない場合は，書名，発行年月日，お客様の名前・連絡先，該当箇所のページ番号と具体的な誤りの内容・理由等をご記入のうえ，郵便，FAX，メールにてお問合せください。

　〒163-8671　東京都新宿区新宿1-1-12　実務教育出版　第二編集部問合せ窓口
　FAX：03-5369-2237　　E-mail：jitsumu_2hen@jitsumu.co.jp

【ご注意】

※電話でのお問合せは，一切受け付けておりません。

※内容の正誤以外のお問合せ（詳しい解説・受験指導のご要望等）には対応できません。

2025年度版　教員採用試験　教職教養らくらくマスター

2023年9月10日　初版第1刷発行　　　　　　　　　　〈検印省略〉

編　者　資格試験研究会
発行者　小山隆之

発行所　株式会社　実務教育出版
　　　　〒163-8671　東京都新宿区新宿1-1-12
　　　　TEL 編集03-3355-1812　　販売 03-3355-1951
　　　　振替　00160-0-78270

組　版　明昌堂
印　刷　シナノ印刷
製　本　東京美術紙工